新时代国有企业廉洁教育丛书

国有企业职务犯罪风险防控

李卫国　编著

中国方正出版社

前　言

国有企业是中国特色社会主义的重要物质基础和政治基础，是我们党执政兴国的重要支柱和依靠力量，在全面推进中国式现代化进程中发挥着不可替代的重要作用。党的二十大报告提出，要“推进国有企业、金融企业在完善公司治理中加强党的领导”“深化整治权力集中、资金密集、资源富集领域的腐败”。二十届中央纪委二次全会强调，“突出重点领域，深化整治金融、国有企业、政法、粮食购销等权力集中、资金密集、资源富集领域的腐败”；三次全会强调，坚持个案查处与系统整治相结合，深化整治金融、国企、能源、烟草、医药、基建工程和招投标等权力集中、资金密集、资源富集领域的腐败。锚定新时代新征程国有企业改革发展使命任务，持续深化国企领域正风肃纪反腐，是推动国有企业高质量发展、为“十四五”规划实施保驾护航的必然要求。

国有企业在生产、经营和竞争发展过程中必然会遇到各种各样的风险挑战。其中，职务犯罪是腐败风险极端恶化的表现，不仅会腐化国企人员，损害国企声誉，侵蚀国企的健康肌体，导致国有资产流失，而且扰乱市场经济秩序、恶化社会治理环境，进而给国家造成经济损失，动摇国民经济的坚强支柱。在实践中，我们发现很多国有企业十分重视企业廉洁建设和职务犯罪风险防控，许多企业人员都表达了学习相关纪律、法律知识的强烈愿望，尤其对涉及职务犯罪方面的法律知识很感兴趣。

为满足国有企业及相关工作人员需要，我们组织编写了《国有企业职务犯罪风险防控》一书。全书主要包括两方面内容，一是风险与防控，对国有企业职务犯罪风险防控进行概括介绍；二是职务犯罪风险识别，主要对职务犯罪及单位经济犯罪等进行详细阐释，以帮助国企人员正确识别犯罪风险，明辨罪与非罪的区分与界限。

为了方便读者阅读，本书采取了通俗易懂的方式，尽量减少理论阐述，同时根据国企廉洁建设特点提出一些建议对策，旨在为国企人员强化法律学习、增强风险意识、廉洁平安履职，提供一部简明的法律知识普及读物。

限于时间和水平有限，书中不妥之处，敬请批评指正。

作　者

2024 年 4 月

目 录

第一章
国有企业职务犯罪风险及防控

一、国有企业职务犯罪风险概述

党的十八大以来，习近平总书记多次强调，要坚持底线思维，增强忧患意识，提高防控能力，着力防范化解重大风险，保持经济持续健康发展和社会大局稳定。国有企业是国民经济的主导力量和社会主义市场经济的重要支柱，大多处在关系国家安全、国民经济命脉的重要行业和关键领域，在市场经济活动中会面临各式各样的风险考验，必须提高风险意识，全面考量、客观评估国有企业在新形势下面临的各种风险，采取得力措施，切实增强有效化解风险的能力。

通常而言，风险是在一定时间内和环境中出现某种危险、损害的可能性。国有企业职务犯罪风险是国有企业刑事犯罪风险的一部分，一般指国有企业组织、经营、管理、监督等活动中发生职务犯罪的可能性。结合司法实践可以发现，国有企业刑事犯罪风险主要体现为以下几类：一是因腐败和职务行为产生的犯罪风险，主要来自企业内部，且以个人实施居多。二是单位作为主体参与市场经济活动，由于自身或外部原因产生的犯罪风险，主要以单位经济犯罪的形式存在。三是单位作为主体参加社会活动，因自身或外部原因产生的犯罪风险。与企业作为经济主体相关的刑事风险主要指前两类。

国有企业职务犯罪风险主要集中在重点企业、重点岗位、重点人群和重点事项。现实中，很多公司、企业都会推行风险管理，通过培育风险管理文化、建立健全风控体系、制订风险管理战略、采取风控措施、强化风险信息收集应用、强化内部控制等措施，来降低和减少职务犯罪风险。除了职务犯罪风险之外，国有企业还面临单位经济犯罪的风险。这主要指国有企业在参与市场经济活动中，违反刑法分则第三章破坏社会主义市场经济秩序罪的有关规定，从而导致的刑事风险，常见的罪名包括生产、销售伪劣商品罪，走私罪，妨害对公司、企业的管理秩序罪，破坏金融管理秩序罪，金融诈骗罪，危害税收征管罪，侵犯知识产权罪，扰乱市场秩序罪，等等。这些犯罪不同于前文所述职务犯罪，但也是企业人员尤其是企业高管在履行公司职责过程中发生的，所以也带有一定的职务性。

这里要特别说明的是，为了叙述方便，本书所讲的职务犯罪风险，是对所有涉及国有企业的职务犯罪的概称，既包括国有企业人员职务犯罪，也包括一些单位犯罪、国有企业的安全责任犯罪以及国有企业中公职人员实施的其他犯罪等。

二、国有企业职务犯罪及主要特征

职务犯罪是一类犯罪的概称，是指与职务有关的犯罪。尽管世界各国和国际组织对职务犯罪认识不一致，国内学者的观点也不尽相同，但是在职务犯罪与职务关系上的认识却是一致的，即都承认职务犯罪与职务之间的相关性。有的国家称职务犯罪为“公务员犯罪”或“白领犯罪”，专指具有特定身份的人员实施的与其职务相关的犯罪，也是将职务犯罪的主体限定为特定身份。

在我国，对于犯罪的认识可以统一到刑法的规定，即“一切危害国家主权、领土完整和安全，分裂国家、颠覆人民民主专政的政权和推翻社会主义制度，破坏社会秩序和经济秩序，侵犯国有财产或者劳动群众集体所有的财产，侵犯公民私人所有的财产，侵犯公民的人身权利、民主权利和其他权利，以及其他危害社会的行为，依照法律应当受刑罚处罚的，都是犯罪，但是情节显著轻微危害不大的，不认为是犯罪”。职务犯罪作为犯罪的一个类型，通常认为是国家公职人员利用职务便利实施的贪污受贿、玩忽职守、徇私舞弊、侵犯公民权利、破坏国家对公务活动的管理职能等，依照刑法规定应当受到刑罚处罚的行为。

至于国有企业职务犯罪，属于部门性、行业性、系统性的职务犯罪范畴，即职务犯罪在国有企业的具体化概念。简言之，国有企业职务犯罪就是国有企业工作人员利用企业职务之便实施的贪污受贿、失职渎职、破坏企业管理职能、侵犯企业财产，依照法律应当受到刑罚处罚的行为。与国家机关工作人员职务犯罪相比，国有企业职务犯罪的背景、环境和条件都是特定的。国家机关工作人员职务犯罪利用的是国家对经济、政治、社会、文化实施全面管理的各项公共权力。国有企业权力与上述公共权力存在较大区别，具体体现为国有企业的决策权、经营权、管理权等相对公共权力，刚性较弱，效力范围较窄，通常被限制在国有企业内部。国有企业职务犯罪主要发生在国有企业人员特别是管理人员在运用企业权力的过程之中，发生在国有企业经营、管理等各项工作之中。

一般来说，国有企业职务犯罪主要具有以下特征：

首先，国有企业职务犯罪作为犯罪的一个种类，具有犯罪的基本特征，即社会危害性、刑事违法性和应受惩罚性。国有企业职务犯罪与其他犯罪一样具有严重的社会危害性，体现为不同程度危害公司、企业的生存、利益和发展，进而危害特定的社会关系和社会利益。国有企业职务犯罪与其他犯罪一样违反刑事法律，即具有刑事违法性，如果没有违反法律则不构成犯罪。国有企业职务犯罪违反了法律，按照刑法规定必须承担相应法律后果，受到刑罚惩罚，即应受刑罚惩罚性。这种应受刑罚惩罚性是受到国家强制力保障的，经过专门机关调查、起诉、审判，然后决定应受的刑罚并交付执行。

其次，国有企业职务犯罪的发生范围相对较窄，主要发生于国有企业经营管理活动中，犯罪人利用包括企业决策、管理、经营、销售、融资等权力，实施侵占企业财物、收受贿赂、失职渎职等行为。这些职务犯罪涉及的范围比国家机关工作人员职务犯罪要窄很多。但是，由于一些国有企业组建跨国公司，其权力可能超越国界，影响力也可能涉及其他国家、地区和国际组织，所以，相应的国有公司、企业职务犯罪也被烙上国际化的印记，这是经济全球化背景下国有企业职务犯罪的一个新特点。

最后，利用国有企业权力实施的职务犯罪与国家机关工作人员职务犯罪相比，如果在相同条件下实施同类犯罪，其社会危害性相对较轻。国家机关工作人员职务犯罪危害国家的管理职能、社会利益和公众利益。国有企业职务犯罪背离公司、企业和职工利益，危害企业廉洁，侵害企业正常活动和管理职能，妨害企业运营秩序，进而可能对国家利益、经济秩序、公民财产权利构成威胁。当然，一些涉及国计民生的垄断性大型国有企业职务犯罪社会危害性可能会更大一些，很可能妨害、威胁国有资产安全，甚至影响政治、经济和社会治理。

三、国有企业职务犯罪的常见种类

如前文所述，国有企业职务犯罪实际上也是一个比较笼统的概念，狭义上的国有企业职务犯罪，仅指国有企业中国家工作人员实施的职务犯罪，必须同时具备四个方面的基本要件：

1. 职务犯罪的主体是国有公司、企业中从事公务的人员，具体可以分为两大类：一是国有公司、企业中从事公务的人员。国有公司指由国家授权投资的机构，或者是国家授权的部门单独投资设立的国有独资有限责任公司，或者是由 2 个以上 50 个以下国有投资主体共同出资设立的有限责任公司，以及国有企业单独作为发起人设立的股份有限公司。国有企业指财产属于国家所有，从事生产、经营或者服务活动的经济组织。

二是国家机关及国有公司、企业和事业单位委派到非国有公司、企业中从事公务的人员。非国有公司、企业指不占国家编制、不由政府拨经费、依法登记成立的公司、企业。在以上单位、团体和组织中担任公职的人员属于国家工作人员。国有控股公司、参股公司中国家工作人员以外的人员则是非国家工作人员职务犯罪的主体。

2. 从犯罪主观方面讲，国有企业人员职务犯罪可以是故意，也可以是过失。什么是故意呢？故意就是明知自己的行为会发生危害社会的结果，并且希望或者放任结果发生的心理状态。什么是过失呢？过失就是应当预见自己的行为可能发生危害社会的结果，因为疏忽大意而没有预见，或者已经预见而轻信能够避免的心理状态。在国有企业职务犯罪中，一些职务犯罪由故意构成，如贪污罪、受贿罪、挪用公款罪、巨额财产来源不明罪、隐瞒境外存款罪等；一些犯罪由过失构成，如签订、履行合同失职被骗罪等。

3. 从犯罪客体方面讲，国有企业人员职务犯罪侵犯的是国有企业的管理职能和廉洁性。国有企业人员职务犯罪直接破坏了国家对企业的管理、监督职能与国企管理的廉洁性。

4. 在犯罪客观方面，国有企业人员在国有企业特定职位上利用职务便利实施了犯罪行为，产生了危害国有企业和社会的结果，构成了对国有企业管理职能、廉洁性以及国有企业资产的侵害。犯罪事实是基本的和客观的，具体包括犯罪时间、地点、方法、手段等因素，足以表明职务犯罪的危害性及程度。

通常，人们较多关注国有企业国家工作人员职务犯罪，但由于很多国有控股、参股公司工作人员不具有国家工作人员身份，不属于国家工作人员，他们在公司、企业拥有职务，有决策、管理、控制、支配人、财、物的权力，虽然实施了与贪污罪、受贿罪等犯罪类似的犯罪行为，但依法只能定为公司、企业人员侵占罪、挪用资金罪，或者非国家工作人员受贿罪等。从这个角度出发，可以将国有企业职务犯罪分为两类，一是国家工作人员实施的职务犯罪，二是非国家工作人员实施的职务犯罪。国有企业中国家工作人员实施的职务犯罪主要是贪污贿赂犯罪。非国家工作人员实施的职务犯罪主要是妨害对公司、企业的管理秩序罪和侵犯财产罪中的一些犯罪。

从管辖权归属出发，可以将国有企业职务犯罪分为两类，一类是属于监察机关管辖的职务犯罪，主要是国有企业中国家工作人员实施的职务犯罪；另一类是属于公安机关管辖的犯罪，如妨害对公司、企业的管理秩序罪和侵犯财产罪中的一些犯罪。

从犯罪性质来说，可以将国有企业职务犯罪分为贪利型职务犯罪、失职渎职型职务犯罪、安全责任型犯罪、其他职务犯罪等。贪利型职务犯罪包括贪污贿赂犯罪等犯罪和非国家工作人员贪利型犯罪。失职渎职型职务犯罪包括故意（过失）泄露国家秘密罪，签订、履行合同失职被骗罪和国有公司、企业、事业单位人员失职罪，以及国有公司、企业、事业单位人员滥用职权罪，徇私舞弊低价折股、出售国有资产罪。

此外，实践中常见的还有公司、企业单位犯罪。公司、企业单位犯罪是指公司、企业为了给本单位谋取非法利益，经公司、企业单位集体决定，或者由负责人决定实施的危害社会，依照刑法规定应当负刑事责任的行为。单位犯罪主要分布在刑法分则第一章危害国家安全罪，第二章危害公共安全罪，第三章破坏社会主义市场经济秩序罪，第四章侵犯公民人身权利、民主权利罪，第六章妨害社会管理秩序罪，第七章危害国防利益罪和第八章贪污贿赂罪中。

一般来说，公司、企业单位犯罪的构成要件如下：

1. 公司、企业单位犯罪的主体。公司、企业单位犯罪的主体是公司、企业。这些主体是复合主体，由双重成分结合而成，即由公司、企业及其工作人员合二为一，但是又不同于单一主体，也不能分成两个主体。公司、企业单位犯罪以整个公司、企业单位为主体，由直接负责的主管人员和其他直接责任人员具体实施。在具体量刑时应当对单位和单位直接责任人员分别适用刑罚。

这里的“企业”是依法登记设立，以营利为目的，独立、连续地从事商品生产或提供劳务等经济活动的独立核算的经济组织。“公司”是企业的一种形式，是指依法定条件和组织程序设立的，以营利为目的的社团法人。公司与企业，既包括一切公有制性质的公司、企业，也包括一切私有制性质的公司、企业。

这里的“主管人员”是在公司、企业单位犯罪中负有直接责任的领导人员，可能是一个人，也可能是几个人，其行为与单位犯罪的危害结果之间有直接的因果联系。“直接责任人员”是直接执行单位的决策、具体实施犯罪行为的人员，可能是单位领导，也可能是一般工作人员。他们的行为同单位犯罪的危害后果之间存在直接因果关系。

2. 公司、企业单位犯罪的客体。公司、企业单位犯罪分布在危害国家安全罪，危害公共安全罪，破坏社会主义市场经济秩序罪，侵犯公民人身权利、民主权利罪，妨害社会管理秩序罪，危害国防利益罪，贪污贿赂罪等之中，其侵犯的客体也比较广泛，包括国家的安全，社会公共安全，市场经济秩序，公民人身权利、民主权利，社会管理秩序，国家的国防利益，国家机关及国家工作人员廉洁从政的正常秩序及公私财物的所有权，等等。公司、企业单位犯罪，同自然人触犯同一罪名之时侵犯的客体是一样的。

3. 公司、企业单位犯罪的主观方面，主要是指公司、企业实施犯罪行为时所持的主观心态、目的和动机。尽管单位本身没有意志，但可以通过自然人具体实施各项行为来体现。公司、企业单位犯罪的主观方面具有单位和自然人主观意志的二重性，体现为单位和自然人主观犯罪意志的同一性，即公司、企业单位犯罪必须具有为本单位牟取非法利益或维护本单位集体利益的目的。如果主观上是为了个人而以单位名义犯罪，那么属于自然人犯罪而不是单位犯罪。

4. 公司、企业单位犯罪在客观方面，主要是指单位实施了刑法禁止的危害社会的行为，产生了危害社会的后果。这些危害行为的表现需要以具体、明确的犯罪时间、地点、手段、方法等来说明。公司、企业单位犯罪须经单位决策，公司、企业的机构负责人决定，由直接负责的主管人员和其他直接责任人员以单位的名义实施，目的是为了维护或者谋取公司、企业的单位利益。可见，公司、企业单位犯罪包括单位领导的决策行为和直接责任人员的具体实施行为。当然，单位领导可能既是决策人，又是实施者、责任人。公司、企业单位犯罪的客观方面还体现为给犯罪的客体造成了具体的、直接的损害，如给他人造成人身伤害，给他人造成财产损害，对社会造成经济损失，等等。公司、企业单位犯罪的危害行为必须有法律规定，否则不构成犯罪，这是刑法罪刑法定原则的要求。另外，危害行为与危害结果之间须存在直接的、排他的因果关系，否则也无法认定。

实践中，认定公司、企业单位犯罪时还应当注意以下几个方面：

一是应划清公司、企业单位犯罪与非罪的界限。这一界限依刑法“罪刑法定”的原则划分，法律有明文规定的属于单位犯罪的行为才能构成单位犯罪，否则不能构成单位犯罪。

二是应划清公司、企业单位犯罪与自然人犯罪的界限。自然人犯罪可以是单个人犯罪或共同犯罪，公司、企业单位犯罪是由单位和单位中的自然人双重主体构成的，二者缺一不可。自然人犯罪以个人意志为转移，由个人自行决定，单位犯罪反映单位决策层整体意志，是集体意见。个人犯罪是出于个人目的，单位犯罪是出于单位目的。自然人犯罪由自然人承担责任，单位犯罪由单位和单位主管人员及直接责任人共同承担责任。

三是应划清单位犯罪与共同犯罪的界限。根据刑法规定，二人以上共同故意犯罪为共同犯罪。共同犯罪的主体是两个以上的自然人，而单位犯罪的构成主体是单位，行为主体是主管和直接责任人。共同犯罪在主观上是故意，单位犯罪可以是故意，也可以是过失。共同犯罪行为人按照各自在共同犯罪中的地位、作用不同而承担各自的刑事责任。单位犯罪中的自然人不直接具备刑事犯罪主体资格，必须在单位犯罪的前提下，作为单位的构成要素而承担相应刑事责任。

四是对单位犯罪的处罚。我国对单位犯罪的刑罚以双罚制为主，单罚制为补充。所谓双罚制原则，即单位犯罪的，对单位判处罚金，同时对单位直接负责的主管人员和其他直接责任人员判处刑罚。为全面准确体现罪刑相适应的原则和实际情况，刑法规定，如果刑法分则和其他法律对单位犯罪的处罚另有规定，依照规定处罚。对少数单位犯罪实行单罚制，即对单位不判处罚金，只对直接责任人员进行处罚。

这里还要提到的是公司、企业单位经济犯罪。通常认为，经济犯罪是一种特殊类型的犯罪。公司、企业单位经济犯罪属于经济犯罪，是指公司、企业实施的违反国家经济管理法规，危害经济生产、流通和分配，侵犯全民、集体和公民私人所有的合法财产，破坏经济秩序，致使国家和人民的利益遭到重大损害，应受到刑罚惩罚的行为。根据刑法规定和司法实践，公司、企业单位经济犯罪分布在刑法分则第三章破坏社会主义市场经济秩序罪和第八章贪污贿赂罪中。公司、企业直接负责的主管人员和其他直接责任人员在公司、企业单位经济犯罪中充当重要角色，单位经济犯罪与其职务、职责具有紧密关联性，应当给予特别重视。

四、国有企业职务犯罪成因分析

(一) 主要状况和特点

国有企业职务犯罪的主体大都有一定职务，或是位居企业管理层的高级管理人员，或是具有特长、能独当一面的专业人员。近年来，国有企业人员职务犯罪的手段不断翻新，由直接转向间接，由公开转向隐蔽。一些谙熟专业技能的企业人员往往经过精心策划，甚至有组织、有计划、有步骤地实施职务犯罪。由于新技术的应用和新领域的不断出现，国有企业职务犯罪也出现了新的手段、新的方式，利用电子计算机管理系统、网络系统实施犯罪早已屡见不鲜。国有企业职务犯罪表现出较强的贪婪性、冒险性，犯罪数额随着经济社会的发展逐渐增大。另外，不少国有企业人员已从利用职务犯罪的赃款满足生活需求、进行挥霍和消费，转而向资本积累和经营谋利方向发展。国有企业职务犯罪涉及的范围也存在逐渐扩大的趋势，覆盖的行业和领域都在扩大，主要体现出以下几个特点：

1. 从发案数量看，国有企业职务犯罪发案数量一直较多，是查处职务犯罪的工作重点。

2. 国有企业职务犯罪多发生在重点行业、国有大中型企业。其中，大中型企业的案件占了很大比例，集中在亏损企业、垄断行业和热门行业。另外，国有企业派驻机构和在下属企业兼职的负责人也占较大比例。一些省属企业近年来查处的腐败案件也表明，二、三级企业的领导人员是腐败高发群体。

3. 犯罪人员以高级管理人员尤其是“一把手”居多，重点岗位以工程招标、物资采购、财务管理以及其他业务岗位居多。一些国有企业“一把手”集企业的人、财、物权力于一身，成为一些人竞相“围猎”的对象。

4. 国有企业职务犯罪涉案数额往往特别巨大。从查办的案件情况看，发生在国有企业包括金融企业的贪污贿赂案件，涉及的犯罪数额总体上比其他领域的贪污贿赂数额都要大，这与国有企业的资金、资源、资产属性有直接关系。

5. 靠企吃企的廉洁风险长期存在，且日趋隐蔽。一些国企人员利用职务便利，将国企当成“唐僧肉”，损公肥私，或者内外勾结，造成国有资产流失。大型国有企业大多具有资源富集、资金密集、资产结集、资信汇集的优势和特点，存在很多寻租、套利和输送利益的机会，导致出现“靠企吃企”乱象。有的企业变换花样增加工资、奖金，发放补贴、福利；有的企业利用改制机会，将企业最好的资源和业务切割，归少数人建立的合伙企业控制；有的企业违规支付并购款，违规向民企让利，造成国有资产流失；有的企业领导以较低价格甚至低于成本价将运输业务交由自己或亲友公司经营，损公肥私；有的企业存在利益输送，庇护一些私人老板大肆开采和销售煤炭，内外勾结“围猎”国有资产；等等。

6. 国有企业改革过程中监督缺失，为职务犯罪提供了可乘之机。在国有企业改革过程中，一些国企工作人员利用财物交接、股权变更和转让、资产重组、破产清算、企业兼并、机构撤并、人员分流等时机，损公肥私，直接侵吞公款，或者间接化公为私，造成国有资产严重流失。

7. 共同犯罪、群体犯罪较多，形成系列窝案、串案，甚至系统性腐败案件。有的企业人员与外单位人员相勾结，共同受贿、挪用公款。一些企业“一把手”腐败，并影响和带坏企业其他人员，往往是“拔出萝卜带出泥”，窝案、串案频发。

8. 国企职务犯罪具有明显趋利性，表现出很强的贪婪性。有的国企人员不惜损害、牺牲企业利益进行赤裸裸的权钱交易；有的国企人员纯粹是为了获取钱财用于消费；有的国企人员不只为满足利益占有和消费，而是企图通过资本运营用钱生钱。

9. 从犯罪手段看，智能化程度增高。这主要表现在两方面，一是犯罪主体的智力水平和犯罪技能增强，二是计算机技术的运用使犯罪更加猖獗。一些高智商、高学历、高职务的管理者不仅熟悉经营、管理和具体业务，而且研究政策和法律，往往经过细致谋划，在充分准备之后再实施犯罪，其手段越来越狡猾、隐蔽。一些企业人员利用从事国际贸易的便利实施犯罪，或者提前打算，以经营业务的借口将公款转移国外，一有“风吹草动”即潜逃国外，给案件的查处造成极大困难。

10. 从作案频次和时间跨度看，有的犯罪人员作案频繁，跨度时间很长，具有明显的惯性。

（二）成因分析

我们讨论国有企业职务犯罪的成因，离不开对一般犯罪的成因分析。犯罪具有危害性，是对人类社会现有秩序的挑战，犯罪以不同方式、从不同程度构成了对社会关系、经济秩序和法律秩序的直接威胁，在一定时期内引发破坏，带来损失。故意的犯罪行为是犯罪人的有意识行为，犯罪人在各种主观因素的共同支配下，在特定的环境、背景下发生犯罪行为。从因果关系来看，犯罪是有原因的，也是有条件的。犯罪的原因和条件决定了是否会发生犯罪行为，也从一定程度上影响了犯罪程度和犯罪后果。犯罪原因具有多样性，可以细分为多种因素，这些原因和因素之间存在联系和相互作用，共同形成一个交织、多层、开放的罪因体系。国有企业职务犯罪作为特殊的一类犯罪，原因不仅包括个人的，也包括公司、企业的，还包括社会、经济、文化等方面的。

具体讲，国企人员职务犯罪的原因可以从外部环境和个人两个方面来分析。

从外部环境讲，导致国企人员职务犯罪的原因包括监管不力、管理制度不完备、缺乏监督机制以及社会环境的负面影响等诸多方面，可简要归结如下：

1. 国有企业党的领导弱化、党的建设缺失、全面从严治党不力等情况还不同程度存在。从近年发现的问题看，国有企业党的领导弱化、党的建设缺失、党的观念淡漠、全面从严治党不力乃至违纪违法等问题，弱化了国有企业监督管理，导致国有企业违纪违法问题的发生。

2. 从企业管理方面来看，一些公司、企业存在制度不健全、管理不善、监督不力等问题。国有企业是市场经济条件下独立的市场主体，具有独立参与市场竞争的自主决策权和经营自主权，可以自主获取所需的不同生产要素，独立组织生产活动，组织产品销售活动。但是，一些公司、企业在忙于生产、经营、销售的同时暴露出很多问题，如管理制度不健全、监督制约机制缺乏、监督工作不到位等。主要表现为以下几个方面：

一是仍有一些公司、企业管理流于形式，并没有形成真正意义上的“产权清晰、权责明确、政企分开、管理科学”的现代企业制度。有的没有严格依法建立起规范的董事会、监事会、股东大会；有的没有依法运作，往往是董事长、总经理一人说了算，监事会、股东大会无法对董事会，尤其是对董事长进行监督制约，公司、企业经营权、管理权、处置权由一人独揽，而且不够透明，他人无法有效进行监督；有的管理流于形式，制度不够健全、管理不甚严格，执行起来又打折扣；有的在改制、联营、兼并等过程中钻空子，有法不依，违法办事；有的管理粗线条，制度不严密，管理不精细；有的没有形成健全的内控机制。

二是一些公司、企业决策、管理、监督制约的机制不配套、不顺畅。领导层和中层经理的责、权、利不均衡。一些企业违规决策，企业领导人员违反国有企业“三重一大”决策制度规定，违反企业内部的投资管理程序，滥用手中职权，违规拍板决策，甚至与外部人员相互勾结、私下交易，出卖国家利益，造成国有资产严重流失。有的公司、企业集产供销于一体，对于生产、采购、销售、管理等业务分工不够明确，对销售员、采购员、保管员等业务职责划分不清，存在一体管理、分工混乱的问题。

三是财务管理混乱。这种情况更多地存在于较低层级的企业，或者派出机构、部门等。有的是财务制度不健全，财务支出审批不严格，不按制度管理，随意性较大；有的公司、企业使用收据、发票不规范；有的外派机构存在公款私存问题；有的从账外倒账进行商业贿赂；有的企业资金搞体外循环，给违法犯罪分子提供了可乘之机；还有的公司、企业财务监督虚化，甚至出现内部人员相互勾结，共同侵占公司、企业资产等现象。

四是一些国有企业对高级管理层监督不力。公司、企业监事会的监督缺乏力度，包括一些上市公司的独立董事不能很好地发挥作用。有些管理人员打着为公司、企业办事的幌子，花公家的钱办自己的事。

五是一些国有企业对“一把手”监督不力。国有企业“一把手”手中权力较为集中，往往集决策、经营指挥、人事管理权力于一身，控制企业巨量资金、资源、资产的管理，在用人、花销、办事等方面拥有较大的决策权。有的国企行使权力缺少监督或者监督弱化，对国企领导人员的管理和监督存在短板；有的国企“一把手”将个人凌驾于组织之上，违背党的组织原则，搞“一言堂”“家天下”，“一把手”变成“一霸手”，“三重一大”事项集体决策制度形同虚设。职代会、工会等无法进行有效监督。

六是一些国有企业执行规章制度不严格，公司、企业人员出了问题或者视而不见，或者姑息迁就。有的公司、企业甚至在出现职务犯罪后选择“私了”，希望大事化小、小事化了。

3. 一些国有企业在用人制度方面，存在选人不准、用人不当的问题。大多数公司、企业都能按专门要求从市场公开招聘各种类型、级别的管理人员和业务人员，但一些国企人员徇私情、徇私利照顾亲朋好友，使得公开招聘打了“折扣”。有的国有企业选拔、任免、培养和使用干部机制不健全，干部考核不够认真、细致、全面，甚至在招聘、选拔干部时搞权钱交易，通过安排就业获取好处。

4. 国有企业教育方面存在职业道德教育不深刻、法制教育不深入、廉洁教育不到位等问题。有的企业重视抓经济而轻视、忽视抓教育，导致教育失误，使一些企业人员世界观、价值观偏离正确方向；有的企业主要领导法制观念薄弱，缺乏法治意识和制度管理理念；有的企业不重视企业文化建设，不懂得也不去学习如何营造良好的公司、企业文化氛围，推广和普及廉洁理念。

5. 社会环境方面，市场经济刺激一些国有企业人员产生趋利冲动。社会上的不良因素和不正之风影响助长、强化了一些国有企业人员的贪利动机。多元化的经济主体和激烈的市场竞争，导致商业行贿成为恶性竞争手段。

6. 在对国有企业职务犯罪查处和防范方面力度不够。一是对国有企业职务犯罪打击和惩处力度不够。一些部门和人员存在认识误区，借“改革中的问题”“保护企业家”等名义干扰办案、隐案不报，对犯罪人降格处理。一些企业从短期利益出发，或者因感情因素，对职务犯罪案件睁一只眼闭一只眼，庇护、掩盖、纵容犯罪，结果助长了一些企业人员的侥幸心理。专门机关也存在对公司、企业职务犯罪的查处力度不够、惩罚执行不彻底等现象。二是一些国有企业缺乏防范意识，有的公司、企业设计管理制度时对权力运行的有效制衡、监督考虑得不够，没有形成有效的内控机制；有的公司、企业分配制度、用人制度等存在不符合防范职务犯罪要求的内容；等等。

从个人主观方面讲，造成国有企业职务犯罪的原因主要包括以下几个方面：

1. 一些国有企业人员因为受单纯盈利、逐利的引导，片面追求奢靡享乐，进而诱发利用职权之便趋利、获利的动机。

在国有企业的发展中，如果公司、企业不注意对员工进行正确的引导，忽视职业教育、道德教育和职责教育，那么很多公司、企业人员就可能放任非分的欲望，围绕“取利”这一目标去利用职权实施贪利、侵占行为。

2. 一些国有企业人员心理状态失去平衡，为求补偿而萌生贪利型职务犯罪动机。

导致国有企业人员心理失衡的情况主要包括以下情形：一是即将退休的人员或因其他原因即将离开企业、公司的人员，由于担心失去工作生活保障，或者难以保持较高的经济水平，于是便想趁在职之日赶快捞些钱，为退休或离开公司之后作保障之用，典型的情形是“五九现象”。二是一些刚刚踏上工作岗位不久的年轻人，受到一些不良风气影响，羡慕社会上灯红酒绿的生活，看到本单位或相关业务单位的一些人员生活富裕、潇洒自如，对比之下，觉得自己工资、福利太低，便心生不平，开始打公款或者公司、企业资金的主意，将手伸向公款和公司、企业资金。三是一些公司、企业人员拿自己与同职级的其他人员相比，认为自己能力不差，付出的劳动也不少，工作成绩也很好，但是得到的回报却明显较少，所以心理不平衡，萌生犯罪动机，以求补偿。

3. 一些国有企业人员心存侥幸，受环境影响而跟风作案。有的企业人员在业务中看到本单位或相关业务单位的工作人员贪污受贿，不仅没有被查处，而且过着舒服自在的生活，容易形成社会就是这个风气的错误认识，继而认为大家都贪，不贪白不贪，不贪就吃亏，于是也跟风作案，以身试法。有的国有企业人员受到侥幸心理的影响和支配，过分自信，认为被发现的概率很低，自己不会出事，但在伸出犯罪之手时却被抓获。还有一些国有企业人员在重点领域和关键环节的生产经营中，钻监督不到位、制度不完善的“空子”、打“擦边球”，以兼职取酬、奖励激励、商务活动为借口，或者打着为职工谋福利等幌子，谋取个人私利。

4. 一些国有企业人员出于亲情、友情、感情的考虑，为满足亲戚、朋友的请求而主动或被动地采取个人或合伙方式，实施腐败犯罪。

5. 一些国有企业人员视公司、企业权力为商品，与他人进行等价交换，谋取私利。

6. 一些国有企业人员行为失范，不正确履行职责，违规破纪，出现犯罪的苗头。有的国企人员违反政治纪律，党性原则丧失，不忠诚、不老实，理想信念“总开关”出了问题；有的国企人员无视政治纪律，拉帮结派，搞团团伙伙；有的国企人员违反中央八项规定精神，违规收受礼品礼金；有的国企领导甚至违规取得、持有、实际使用高尔夫俱乐部会员卡，或者公款购买高档酒水、超标准接待。凡是受党纪政务处分的国企领导人员，大多存在不正确履职的问题，如违规决策公司重大事项，或者不正确履行公司职责，或者违规成立公司从事经营活动等。

7. 一些国有企业人员缺乏必要的道德修养，职业操守较差。他们以贪腐敛财为有能力、有本事，不仅收受而且主动索取，凡为人办事便拿人钱财。

8. 一些国有企业人员纪法意识、廉洁意识淡薄。在实践中可以发现，有不少国企人员不懂法，也不学法，他们对与职权和职务犯罪相关的法律所知甚少，不了解违法犯罪处刑标准、惩治政策和刑罚轻重，不能正确划分罪与非罪的界限。

五、国有企业职务犯罪风险防控

国有企业职务犯罪风险防控是国有企业风险防控的一项重要内容。通过风险防控能够化解风险威胁，减少可能产生的危险和损失。很多国有企业通过动员全体员工重视、培育和强化风险意识，识别风险性质、种类、等级和内容，健全内部控制的机制和制度，强化风险预判、预警，关注风险的苗头，努力从早从小抓起，采取必要的防控措施，以化解和降低风险。特别是在职务犯罪风险防控方面，许多国有企业都采取了积极有效的措施，取得了比较好的效果。

国有企业风险防控涉及的方面十分广泛，是一项综合性工作，应当通过把握规律，按照一体推进不敢腐、不能腐、不想腐的总体要求，从打击、教育、制度、管理、文化等各个方面综合施策。从国有企业层面来说，可以从以下方面着手，防控职务犯罪风险：

一是牢固树立风险意识。风险意识是前提，没有风险意识就无法做好风险防控。所谓风险意识，是对风险的强烈感受、深刻理解和正确认识，是应对和化解风险的敏锐反应和积极态度。

国有企业培养企业员工职务犯罪风险意识，应优先确立防控风险的总基调，定期分析研判各种犯罪风险问题。实践中，可从强化对犯罪风险的本质认识上着手，帮助企业员工正确认识犯罪风险与企业发展、个人利益之间存在的休戚与共、不可分割的关系。通过具体的风险提示，不断增强对不同犯罪风险的识别能力，明辨风险种类。通过经常性的提醒，持续强化、固化风险意识。国有企业还应当通过多种途径和形式，加强风险防范教育和培训，提高企业员工的风险意识和防范意识，将风险意识和防范意识融入企业文化之中。同时，不断强化风险管理的理念、知识、流程、管控机制和内容的教育，让企业全体人员掌握风险管理常识，自觉将风险管理纳入日常工作。国有企业通过持续努力，引导员工以积极态度对待风险，主动采取防范措施减少犯罪风险，降低风险威胁。

二是建全完善内控机制。犯罪风险内控机制是一个公司、企业为防范和减少犯罪风险的发生，对内部业务流程进行全过程的介入、监督和控制，从而建立起统一领导、分权制衡、及时检查、有效督导、整改修复的机制和制度。内控机制建设对于保障惩防结合、综合施治，有效防范、化解犯罪风险具有重要意义。企业内控机制通常以监督检查为关键，是包括动员部署、风险排查、内部审计、规范完善、评估整改、长效机制等在内的一系列关联性机制和措施体系，以及专门的评估标准体系。企业内控机制不等同于管理体制，但必须与管理体系深度融合。内控机制可以推动形成明确清晰的权责体系、务实高效的决策机制、规范顺畅的执行机制、相互协作与制衡的监督机制和科学有效的管理制度。建立犯罪风险内控机制应重点着眼于风险识别、风险管理和风险控制，通过这一机制发挥出快速诊断企业内部控制缺陷、准确评价内控效果的功能，帮助管理层及时了解和把控犯罪风险控制进程和效果，打造良性的内部控制环境，及时发现自身问题、及时整改问题、迅速修复企业正常功能。另外，内控机制还应充分发挥企业人员的作用，动员和鼓励他们一起参与风险防控。

三是采取综合性的风险防控措施。风险控制是为控制风险而采取的各项措施和方法，目的在于消除或减少犯罪风险，或者减少犯罪风险等事件可能带来的损失。国有企业腐败和单位经济犯罪风险控制的主要目标在于防止或减少犯罪发生，避免一般违纪违法问题由小坐大、由少变多，而且要在一旦发案的情况下将对公司、企业的影响和损害降到最小。这样的避险行为往往会与犯罪预防紧密结合、相互融合。这些工作具有较强的综合性，所以通常也是系统进行，采取包括教育的、文化的、制度的、法律的、管理的、监督的等在内的各种措施，通过依靠自身力量和借助外力一体推进，形成多管齐下、多部门齐抓共管的工作格局。

四是强化合规合法管理。合规合法首先是有规可依、有法可依。一方面要遵守内部制度、规定，另一方面要遵守法律。内部建立健全管理制度与遵守国家法律法规相结合，形成规定、制度、法律相统一的健全的制度、法律体系。接下来，应当培养合规守法的理念，内心有规有纪才能合规守法。这是合规守法管理的意识基础。进行经常性合规合法检查非常重要，通过这种方式可以检查和纠正一些违规违法问题，查找规定、制度中的漏洞并予以修改健全，还能促进企业人员的合规守法意识，强化合规守法要求。这项工作是犯罪风险防控工作的重点，必须持续地做下去，久久为功，一定可以收到功效。

五是强化犯罪监测预警，关注苗头性、倾向性问题，及时采取应对措施。建立反应灵敏的监测机制对于防控企业刑事风险十分重要。防控风险必须培养察微知著、由小见大、窥一斑而见全豹的能力，尤其要善于发现苗头性、倾向性问题，坚持做到抓早抓小、关口前移，及时采取措施，努力降低风险层级，减少风险发生的可能性。深入剖析典型案例尤其是本单位本系统发生的违规违纪违法案件，深挖案发原因，归结特点规律，形成综合报告，强化预测预警，及时提出、发布腐败犯罪风险提示，提醒、推动、督促相关单位和部门完善管理、堵漏建制，切实防范腐败风险。

六是建立犯罪风险的动态管控机制。针对国有企业职务犯罪发生、发展、变化过程的动态性，应当密切关注从违纪违规向违法犯罪的变化规律，建立动态应对机制和监管机制。可以实行全员参与、专人负责，重点从思想道德、制度机制、岗位职责、业务流程、监督管理、外部环境等方面全面梳理、认真查找可能发生腐败犯罪的风险点、薄弱点和隐患点，收集各种风险信息，进行风险识别，评估风险等级，明确防控责任，以此作为管控基础。同时保持一种连续性跟踪监督，及时收集各种变化的风险信息，保持对风险点的跟踪、分析、研判，针对已经变化的情况及时调整、健全防控措施，确保实现常态化防控和动态化管控。

附：常见罪名一览表

类型	具体罪名	刑法条目
国有企业贪利型职务犯罪	贪污罪	第 382 条
	挪用公款罪	第 384 条
	受贿罪	第 385 条
	单位受贿罪	第 387 条
	利用影响力受贿罪	第 388 条之一
	行贿罪	第 389 条
	对有影响力的人行贿罪	第 390 条之一
	对单位行贿罪	第 391 条
	单位行贿罪	第 393 条
	介绍贿赂罪	第 392 条
	巨额财产来源不明罪	第 395 条
	隐瞒境外存款罪	第 395 条
	私分国有资产罪	第 396 条
	非国家工作人员受贿罪	第 163 条
	对非国家工作人员行贿罪	第 164 条
	对外国公职人员、国际公共组织官员行贿罪	第 164 条
	职务侵占罪	第 271 条
	挪用资金罪	第 272 条
国有企业渎职型犯罪	故意泄露国家秘密罪	第 398 条
	过失泄露国家秘密罪	第 398 条
	签订、履行合同失职被骗罪	第 167 条
	国有公司、企业、事业单位人员失职罪	第 168 条
	国有公司、企业、事业单位人员滥用职权罪	第 168 条
	徇私舞弊低价折股、出售公司、企业资产罪	第 169 条
	非法经营同类营业罪	第 165 条
	为亲友非法牟利罪	第 166 条

续表

类型	具体罪名	刑法条目
国有企业渎职型犯罪	诱骗投资者买卖证券、期货合约罪	第 181 条
	违法发放贷款罪	第 186 条
	吸收客户资金不入账罪	第 187 条
	违规出具金融票证罪	第 188 条
	对违法票据予以承兑、付款、保证罪	第 189 条
	非法转让、倒卖土地使用权罪	第 228 条
国有企业安全责任型犯罪	重大责任事故罪	第 134 条
	消防责任事故罪	第 139 条
	重大劳动安全事故罪	第 135 条
	强令、组织他人违章冒险作业罪	第 134 条
	危险作业罪	第 134 条之一
	不报、谎报安全事故罪	第 139 条之一
	铁路运营安全事故罪	第 132 条
	重大飞行事故罪	第 131 条
	大型群众性活动重大安全事故罪	第 135 条之一
	危险物品肇事罪	第 136 条
	工程重大安全事故罪	第 137 条

第二章
国有企业贪利型职务犯罪的界定与识别

一、贪污罪

贪污罪是指国家工作人员利用职务之便，侵吞、窃取、骗取或者以其他手段非法占有公共财物的行为。贪污罪属贪利型腐败犯罪。国有企业工作人员在履职过程中，主管、经手、管理、处分公共财物，包括决策、经营、买卖、管理、投资、处置等具体事务，接触、处置财产、物资、资金，具有直接性、密切性、日常性、频繁性、多样性等诸多便利，因此，发生在国有企业的贪污罪占贪污罪总量比例较大。与国有企业其他职务犯罪相比，贪污罪发案也较多，系多发罪名之一。

贪污罪发生在国企经营管理过程中的经营、买卖、管理、投资、处置等诸多方面，发生在财务管理、货物保管、企业营销、物资采购、投资并购、股权交易等诸多岗位和部门，发生于不同行业、领域，涉及不同层级人员，包括企业领导、中层管理人员，也有一线员工。

案例1　某市国有企业经理林某贪污案

某市国有企业经理林某将该企业生产的钢窗批发给市五交化公司，五交化公司门市部应支付现金84万元人民币，林某向企业低报结算价格，开出发票，只将68万元支票拿回企业财务，将剩余16万元以现金形式提出，据为己有。林某作为国有企业经理，利用批发钢窗的职务便利私自截留公款，侵吞国有资产，构成贪污罪。

案例2　某市国有独资企业出纳张某贪污案

张某从某省财政学院会计专业毕业后分配至该省一市国有独资公司工作，经过一年试用成为正式员工，他利用保管、管理资金的职务便利，私自填写现金支票并盖好印鉴从公司在市建设银行某分理处和招商银行某办事处的账户，先后以备用金、差旅费、奖金、补助款、临时工工资等名义提取现金115万元。另外，张某还利用职务便利直接侵吞库存现金32万余元。张某将贪污所得大部分用于赌博、嫖娼，用于个人消费挥霍。张某作为国有企业财务人员，利用职务便利提取、侵吞公司款项，用于个人挥霍，其行为构成贪污罪。

(一) 犯罪构成

1. 犯罪主体

贪污罪的主体是特殊主体，即必须是国家工作人员。国家工作人员是指国家机关中从事公务的人员。所谓“公务”，是指依法进行的管理国家、社会或集体事务的职能活动，公务具有管理性，即对国家、社会或集体事务进行的管理活动；公务具有职能性，即行为人代表国家职能机关、国有公司、企业、事业单位中的职能部门进行的管理活动；公务具有依法性，即是依法进行，既包括依照法律的规定，也包括依照行政命令，还包括受国家机关、企业、事业单位和人民团体的委托等。国有公司、企业、事业单位、人民团体中从事公务的人员和国家机关、国有公司、企业、事业单位委派到非国有公司企业、事业单位、社会团体从事公务的人员，以及其他依照法律从事公务的人员，以国家工作人员论。

受国家机关、国有公司、企业、事业单位、人民团体委托管理、经营国有财产的人员，也可以成为本罪的主体。另外，不具有上述特殊身份的人员与上述人员勾结、伙同贪污的，以贪污罪的共犯论处。

贪污罪的主体可以具体列为：

（1）国家机关中的具有经营、管理财物职权的国家工作人员。

（2）受国家机关、国有公司、企业、事业单位、人民团体委托管理、经营国有财产的人员，利用职务便利，侵吞、窃取、骗取或者以其他手段非法占有国有财物的，以贪污罪追究其刑事责任。

（3）国有保险公司的工作人员和国有保险公司委派到非国有保险公司从事公务的人员利用职务便利，故意编造未曾发生的保险事故进行虚假理赔，骗取保险金归自己所有的，以贪污罪追究刑事责任。

（4）国有公司、企业或者其他国有单位中从事公务的人员和国有公司、企业或者其他国有单位委派到非国有公司、企业以及其他非国有单位从事公务的人员，利用职务便利，将本单位财物非法占为己有的，以贪污罪追究刑事责任。

（5）国家工作人员在国内公务活动或者对外交往中接受礼物，依照国家规定应当交公而不交公，数额较大的，以贪污罪追究刑事责任。

（6）从事公务的半劳务人员。如公共交通工具上的售票员，某些国有商场的兼职收款的售货员等，具有从事劳务和受委托从事公务双重性质，如果利用职务便利，将售票款、售货款侵吞、窃取、骗取或以其他手段非法占有的，以贪污罪论处。

（7）村民委员会等村基层组织人员协助人民政府从事下列行政管理工作的，如救灾、抢险、防汛、优抚、移民、救济款物管理；社会捐助公益事业款物的管理；国有土地的经营和管理；土地征用补偿费用的管理；代征、代缴税款；有关计划生育、户籍、征兵工作等。如果利用职务便利非法占有公共财物，以贪污罪论处。

（8）另外，以上人员以外的人，如果与以上人员勾结、伙同贪污的，以贪污罪的共犯论处。

国有企业能犯贪污罪的人员主要包括在上述第（2）（3）（4）（5）（6）的情形之中。

2. 犯罪客体

本罪既侵犯了公共财物的所有权，又侵犯了国家机关、国有企业事业单位的正常活动及职务廉洁性。一般来说，贪污罪的对象是公共财物或非国有单位财物，即公共财物、国有财物、非国有单位的财物。国有公司、企业中具有国家工作人员身份的人侵吞公司、企业财物，侵犯了公共财物所有权。中外合资、中外合作企业、股份制公司、企业中具有国家工作人员身份的人利用职务便利侵吞公司、企业财物属于侵犯公共财物所有权。受国家机关、国有公司、企业、事业单位、人民团体委托管理、经营国有财产的人员贪污罪的对象是公共财物。在国有单位从事公务的人员、受国有单位委派到非国有单位从事公务的人员贪污罪的对象是国有或非国有单位财物。勾结、伙同国家工作人员或受国家机关、国有公司、企业、事业单位和人民团体委托管理、经营国有财产的人员贪污罪的对象既可以是公共财物，也可以是国有财产。

3. 主观方面

贪污罪在主观方面必须是直接故意而非过失，以非法占有公共财物为目的。表现为行为人明知自己利用职务之便实施的行为会发生非法占有公共财物或非国有单位财物的结果，并希望结果发生。犯罪的目的是非法占有公共财物或非国有单位财物。行为人既可能是企图将公共财物或非国有单位财物永久占为己有，也可能是希望将公共财物或非国有单位财物非法转送他人。贪污罪不以特定犯罪动机为其必备要素，只要利用职务之便非法占有公共财物或非国有单位财物，无论出于何种动机，均可构成贪污罪。

4. 客观方面

犯罪客观方面表现为利用职务之便，侵吞、窃取、骗取或者以其他手段非法占有公共财物的行为。这是贪污罪区别于盗窃、诈骗、抢夺等侵犯财产罪的重要特征。

所谓职务的“便利”，是指利用职务上主管、经手、管理公共财物的权力及方便条件。犯罪人在职权范围之内或利用其地位形成的便利条件，以“合法”的形式实施贪污行为。所谓“主管”，是指调拨、使用、处分或者以其他方式支配公共财物、全面管理的职权，如厂长、经理等在一定范围内支配企业内部公共财产的权力。所谓“经手”，是指领取、支出等经办公共财物的职权。所谓“管理”，是指保护、保管公共财物等职权。所谓“受委托管理、经营国有财产”，是指因承包、租赁、聘用等而管理、经营国有财产。

贪污手段多种多样，但归纳起来不外乎是采取侵吞、窃取、骗取或者其他手段非法占有公共财物。

所谓“侵吞”，指将自己主管、经手、管理、使用的公共财物直接占为己有或非法转归他人所有，方法主要包括：将自己管理或经手的公共财物隐匿、扣留，应上交的不上交，应支付的不支付，应入账的不入账；将自己管理、使用或经手的公共财物非法转卖或擅自赠送他人；将追缴的赃款赃物或罚没款物私自用掉或非法据为私有。

所谓“窃取”，是指将自己或自己与他人共同经手、管理的公共财物秘密据为己有，即“监守自盗”。

所谓“骗取”，是指采用虚构事实、隐瞒真相的欺骗方法，非法占有公共财物。骗取的对象一般为他人经手、管理的公共财物，如私自填写空白单据以虚报冒领公款；涂改报销凭据增大报销数额，非法占有多报公款；出差人员涂改或者伪造单据，虚报或谎报支出冒领公款；工程负责人多报工时或伪造工资表冒领工资；收购人员谎报收购物资从中骗取公款等。其他方法有：内外勾结，合伙贪污；公款私存，坐吃利息；利用回扣返款非法占有公款；利用合同非法占有公款，差价私分；巧立名目，非法占有；私占应交单位的劳务收入；利用高科技手段进行贪污。如某县农村信用社主任及会计合伙将应付给贷款人的利息20万余元人民币以假名私存，后分期、分批将该项公款占为己有，构成贪污罪。

（二）犯罪认定

1. 贪污罪与一般贪污行为的区别

贪污罪与一般贪污行为的区别主要是根据贪污数额和情节轻重来划分的。其中，贪污的数额按累计方法计算。一是看数额。个人贪污数额在三万元以上的，构成贪污罪，不够三万元的为一般贪污行为。二是看情节。个人贪污数额在一万元以上不满三万元的，但具有贪污救灾、抢险、防汛、优抚、扶贫、移民、救济款物及募捐款物、赃款赃物、罚没款物、暂扣款物，以及贪污手段恶劣、毁灭证据、转移赃物等情节的，应当立案，以贪污罪论处。个人贪污数额不满一万元，情节较轻的，由其所在单位或上级主管机关酌情给予处分，属于贪污违法行为。“个人贪污”数额的认定，对共同犯罪的应按其实际取得数额计算，对多次贪污的则要累计计算。

2. 共同贪污

所谓“共同贪污”，是指二人以上共同的故意贪污犯罪。共同贪污犯罪必须是二人（含二人）以上，参与人有一个共同的犯罪目标，彼此之间互相联系、互相配合，共同实施非法占有公共财物或非国有单位财物的行为。共同贪污犯罪必须具有共同的贪污犯罪故意，否则不成为共同贪污。

非国家工作人一般不能单独犯贪污罪。但是，如果非国家工作人员与国家工作人员合伙，就可能共同贪污。也就是说，国家工作人员与非国家工作人员可以相互勾结，共同利用国家工作人员职务的便利进行贪污。根据刑法规定，与国家工作人员勾结、伙同贪污的，以共犯论处。例如，某国有企业财务科科长林某与某私有企业工作人员王某内外勾结，一个拨款，一个负责提现，然后共同占有财物，那么他们共同构成贪污罪。

3. 贪污罪与盗窃罪、诈骗罪的区别

贪污罪与盗窃罪、诈骗罪在形态上很相似，都以侵吞、窃取、骗取为基本行为形态。贪污罪与盗窃罪、诈骗罪的主要区别包括：从主体上讲，贪污罪是特殊主体，只有国家工作人员及受国家机关、国有公司、企业、事业单位、人民团体委托管理、经营国有资产的人员才能实施；盗窃罪、诈骗罪的主体是一般主体，任何有刑事责任能力的人都可以实施。从客观方面讲，贪污是行为人利用本人职务便利，以侵吞、窃取、骗取或者其他手段非法占有公共财物；盗窃和诈骗是单纯以盗窃、骗取、侵占的方法非法占有公私财物，犯罪手段与行为人的职务、职权或地位及便利条件无关，是否利用职务便利侵吞、窃取、骗取公共财物是区分贪污罪与盗窃罪、诈骗罪的关键。从犯罪客体讲，贪污罪同时侵犯了公务行为的廉洁性和公共财产所有权，盗窃罪、诈骗罪侵犯了公私财产所有权。另外，盗窃罪、诈骗罪的犯罪对象包括公共财物，也包括私人财物，贪污罪的对象必须是公共财物。

贪污罪的主体只能是国家工作人员，盗窃罪除了国家工作人员之外，其他人员也可以实施。国家机关中的纯劳务人员，如果利用熟悉地形、方便出入的条件盗窃公共财物，即犯盗窃罪。贪污罪必须利用职务的便利，盗窃罪和诈骗罪不必利用职务便利。即使是国家工作人员，但是如果没有利用职务便利窃取公款的，也属于盗窃罪。

例如，某国有公司会计杨某利用出入方便、熟悉地形等便利条件，将同一办公室出纳员张某保管的现金 7 万元窃取，用于个人消费。由于杨某的行为与职务无关，仅仅是利用熟悉作案环境、方便出入的工作条件，所以杨某所犯是盗窃罪而不是贪污罪。

再如，某国有企业业务员任某找熟人帮忙到医院虚开收费单据，每隔一段时间“正常报销”一次，在两年多的时间共分 30 次取得现金 3.5 万余元，但并没有利用主管、经手、管理财物或其他职位形成的便利，而是利用公费医疗政策，虚构看病就医的事实，虚造费用，骗取公款，所犯的是诈骗罪而不是贪污罪。

4. 贪污罪与职务侵占罪的区别

贪污罪和职务侵占罪都表现为利用职务便利，以侵吞、窃取、骗取或者其他手段非法占有财物，都是故意犯罪，目的都是非法占有。主要区别在于：贪污罪的主体是国家工作人员以及受国家机关、国有公司、企业、事业单位、人民团体委托管理、经营国有资产的人员，职务侵占罪的主体是公司、企业或者其他单位中除国家工作人员以外的其他工作人员；贪污罪侵犯的是公务行为的廉洁性和公共财产所有权，犯罪对象限于公共财物，职务侵占罪侵犯的是公司、企业或者其他单位的财产所有权，犯罪对象是公司、企业或者其他单位的财产。犯贪污罪的主体必须是国家工作人员，犯职务侵占罪的主体则是非国有公司、企业或其他单位的工作人员，或者是国有公司中的非国家工作人员。

（三）立案标准

涉嫌下列情形之一的，应予立案追诉：

1. 贪污数额在三万元以上的；

2. 贪污数额一万元以上不满三万元，但是贪污救灾、抢险、防汛、优抚、扶贫、移民、救济、防疫、社会捐助等特定款物的；曾因贪污、受贿、挪用公款受过党纪、行政处分的；曾因故意犯罪受过刑事追究的；赃款赃物用于非法活动的；拒不交代赃款赃物去向或者拒不配合追缴工作，致使无法追缴的；造成恶劣影响或者其他严重后果的。

3. 贪污数额的认定，对共同犯罪的应按其实际取得数额计，对多次贪污的则要累计计算。

（四）犯罪处罚

依据刑法，对犯贪污罪的，根据情节轻重，分别依照下列规定处罚：

1. 贪污数额较大或者有其他较重情节的，处三年以下有期徒刑或者拘役，并处罚金。

2. 贪污数额巨大或者有其他严重情节的，处三年以上十年以下有期徒刑，并处罚金或者没收财产。

3. 贪污数额特别巨大或者有其他特别严重情节的，处十年以上有期徒刑或者无期徒刑，并处罚金或者没收财产；数额特别巨大，并使国家和人民利益遭受特别重大损失的，处无期徒刑或者死刑，并处没收财产。

对多次贪污未经处理的，按照累计贪污数额处罚。

犯第一款罪，在提起公诉前如实供述自己罪行、真诚悔罪、积极退赃，避免、减少损害结果的发生，有第一项规定情形的，可以从轻、减轻或者免除处罚；有第二项、第三项规定情形的，可以从轻处罚。

犯第一款罪，有第三项规定情形被判处死刑缓期执行的，人民法院根据犯罪情节等情况可以同时决定在其死刑缓期执行二年期满依法减为无期徒刑后，终身监禁，不得减刑、假释。

根据《最高人民法院、最高人民检察院关于办理贪污贿赂刑事案件适用法律若干问题的解释》（2016 年 4 月 18 日起施行），对犯贪污罪的作如下处罚：

1. 贪污数额在三万元以上不满二十万元的，应当认定为刑法第三百八十三条第一款规定的“数额较大”，依法判处三年以下有期徒刑或者拘役，并处罚金。

2. 贪污数额在一万元以上不满三万元，具有下列情形之一的，应当认定为刑法第三百八十三条第一款规定的“其他较重情节”，依法判处三年以下有期徒刑或者拘役，并处罚金：

（1）贪污救灾、抢险、防汛、优抚、扶贫、移民、救济、防疫、社会捐助等特定款物的；（2）曾因贪污、受贿、挪用公款受过党纪、行政处分的；（3）曾因故意犯罪受过刑事追究的；（4）赃款赃物用于非法活动的；（5）拒不交待赃款赃物去向或者拒不配合追缴工作，致使无法追缴的；（6）造成恶劣影响或者其他严重后果的。

3. 贪污数额在二十万元以上不满三百万元的，应当认定为刑法第三百八十三条第一款规定的“数额巨大”，依法判处三年以上十年以下有期徒刑，并处罚金或者没收财产。

贪污数额在十万元以上不满二十万元，具有上述第 2 条规定的情形之一的，应当认定为刑法第三百八十三条第一款规定的“其他严重情节”，依法判处三年以上十年以下有期徒刑，并处罚金或者没收财产。

4. 贪污数额在三百万元以上的，应当认定为刑法第三百八十三条第一款规定的“数额特别巨大”，依法判处十年以上有期徒刑、无期徒刑或者死刑，并处罚金或者没收财产。

5. 贪污数额在一百五十万元以上不满三百万元，具有上述第 2 条规定的情形之一的，应当认定为刑法第三百八十三条第一款规定的“其他特别严重情节”，依法判处十年以上有期徒刑、无期徒刑或者死刑，并处罚金或者没收财产。

6. 贪污数额特别巨大，犯罪情节特别严重、社会影响特别恶劣、给国家和人民利益造成特别重大损失的，可以判处死刑。

符合前述规定的情形，但具有自首，立功，如实供述自己罪行、真诚悔罪、积极退赃，或者避免、减少损害结果的发生等情节，不是必须立即执行的，可以判处死刑缓期二年执行。

符合第一款规定情形的，根据犯罪情节等情况可以判处死刑缓期二年执行，同时裁判决定在其死刑缓期执行二年期满依法减为无期徒刑后，终身监禁，不得减刑、假释。

7. 对贪污罪判处三年以下有期徒刑或者拘役的，应当并处十万元以上五十万元以下的罚金；判处三年以上十年以下有期徒刑的，应当并处二十万元以上犯罪数额二倍以下的罚金或者没收财产；判处十年以上有期徒刑或者无期徒刑的，应当并处五十万元以上犯罪数额二倍以下的罚金或者没收财产。

二、挪用公款罪

挪用公款罪是指国家工作人员利用职务上的便利，挪用公款归个人使用，进行非法活动，或者挪用公款数额较大，进行营利性活动，或者挪用公款数额较大，超过三个月未还的行为。挪用公款罪是除贪污罪、受贿罪之外的另一个较为常见的国有企业职务犯罪罪名。挪用公款罪与贪污罪都有贪利性，但与贪污有明显区别。挪用公款要点在于“挪用”，使企业资金、款项处于失控状态，有较强的隐蔽性、间接性，但是挪用并非直接侵占，故而危害性比贪污较弱。国有企业工作人员在履职过程中，利用主管、管理、经手公款的职务便利，未经合法批准或者违反财经纪律擅自将公款脱离单位控制，挪作他用，就涉嫌挪用公款罪。国有企业工作人员挪用公款利用的是主管、管理、经手的职务便利，挪用公款归个人使用，既可以供其本人使用，也可以供其他个人使用。

案例1　某大型国有企业财务中心会计张某挪用公款案

张某利用担任某企业财务中心会计的职务便利，以转账形式先后从企业财务挪用公款人民币260万元，交其弟张某并一起经营一家私有企业，进行营利活动。一年后，其弟归还挪用款58万元，后经张某多次催还，一直未还余款。后经调查发现，其余202万元已被张某弟弟挥霍。张某与弟弟共同构成挪用公款罪。

案例2　××石油管理局××建设工程公司某施工处会计谭某挪用公款案

谭某在先后担任6个项目部的会计兼出纳期间，利用其负责项目部经费拨领、费用报销、成本核算、工程款结算以及财务报告等职务上的便利，采取截留工程款不入账、虚列项目部经费等方式，共挪用公款2000余万元，用于炒股或者赌博。案发时，尚有1900余万元没有归还，使国有资金遭受巨大损失。谭某被人民法院以挪用公款罪判处有期徒刑十五年。

(一) 犯罪构成

1. 犯罪主体

犯罪的主体是特殊主体，即国家工作人员，包括在国家机关中从事公务的国家工作人员；在国有公司、企事业单位和人民团体中从事公务的人员；受国有单位委派到非国有单位中从事公务的人员；其他依照法律从事公务的人员。

2. 犯罪客体

挪用公款罪侵犯的主要是公共财产的所有权和国家财经管理制度。挪用公款罪侵犯公款的使用权，同时侵犯对公款的占有和收益。但并不意味着所有权转移。挪用公款侵犯的主要客体是国家公共财产所有权，包括：国有财产的所有权；劳动群众集体财产的所有权；用于扶贫和其他公益事业的社会捐助或专项基金的财产的所有权；在国家机关、国有公司、企业、集体企业和人民团体管理、使用或运输中的私人财产的所有权；非国有公司、企业以及其他非国有单位资金的所有权；非国有金融机构中客户资金的所有权。挪用公款罪的犯罪对象既包括当然的公共资金款项，也包括拟定的公共资金款项。

本罪侵犯的对象主要是公款，既包括国家、集体所有的货币资金，也包括由国家管理、使用、运输、汇兑与储存过程中的私人所有的货币。国有企业、公司中具有国家工作人员身份的人挪用企业、公司的财物，属于侵犯公共财物的所有权。中外合资、合作、股份制公司、企业中具有国家工作人员身份的人挪用公司、企业资金，也属于侵犯公共财物所有权。用于救灾、抢险、防汛、优抚、扶贫、移民、救济的款物也可以成为本罪的侵犯对象。

3. 主观方面

主观方面是直接故意，行为人明知是公款而故意挪作他用，其目的是非法取得公款的使用权。在主观上，是暂时非法取得公款使用权，打算以后归还。挪用公款的行为人未经批准或许可，故意违反有关公款管理的规章制度而私自动用公款，目的是为了使用而不是占有。行为人挪用公款的动机多种多样，有的是为了营利，有的为了解决家庭困难，有的为赞助他人，有的是为了从事非法活动。

4. 客观方面

客观方面表现为行为人实施利用职务便利挪用公款归个人使用，进行非法活动，或者挪用数额较大的公款进行营利活动，或者挪用数额较大的公款超过三个月未还。行为人利用了职务上的便利，即利用了其主管、管理、经手公款的职务便利，未经合法批准或者违反财经纪律而擅自将公款脱离单位控制，挪作他用，包括归个人使用、由挪用者本人使用，以及由挪用者交给、借给他人使用。

挪用公款归个人使用，包括三种情形：

（1）挪用公款给自然人使用。即挪用公款给本人、亲友或者其他自然人使用。

（2）以个人名义将公款供其他单位使用。

（3）个人决定以单位名义将公款供其他单位使用，谋取个人利益。

挪用公款归个人使用，具体用途包括以下三种情况：

一是挪用公款归个人使用，并且数额较大，超过三个月未还的。如挪用公款建造私房、购置家具和个人消费，或者办理婚丧、支付医疗费、偿还家庭、个人债务等。其中“数额较大”是以五万元为起点，“数额巨大”以五百万元为起点。“未还”是指案发前（被司法机关、主管部门或者有关单位发现前）未还。如果挪用公款数额较大，超过三个月，在案发前已全部归还本金的，可以从轻处罚或减轻处罚。给国家、集体造成的利益损失应予追缴。挪用公款数额巨大，超过三个月，在案发前已全部归还本息的，可以从轻处罚。

二是挪用公款归个人进行营利活动，并且数额较大的。行为人挪用数额较大的公款作为自己或他人进行营利活动的资本，用于生产、经营、买房出租，参股、入股资金，存入银行或借给他人取利等。行为人为私利以个人名义将挪用的公款借给企业、事业单位、机关、团体使用的，不管这些单位是否将其挪用的公款用于营利活动，都应视为挪用公款归个人使用进行营利活动，而不能认为属于挪归公用。“数额较大”以挪用公款五万元为起点，“数额巨大”以挪用公款五百万元为起点。

三是挪用公款归个人使用进行非法活动。“非法活动”是指挪用公款供个人或他人进行走私、赌博等违法犯罪活动。挪用公款归个人使用，进行非法活动的，以三万元为“数额较大”的起点。

另外，根据司法解释，“挪用公款数额巨大不退还”，是指挪用公款数额巨大，因客观原因在一审宣判前无法退还的。这里的无法退还是出于客观原因，即主观想还但客观上无能力还。如果主观不想还，只要没有退还，则应认定为贪污性质。

（二）犯罪认定

1. 正常借款与挪用公款的区别

单位与单位之间正常支借公款，符合财经纪律和法律法规规定，不属于挪用公款。如果出借公款不符合财经纪律和法律法规，属于违法违纪。如果利用私人关系，假借单位与单位之间借款的名义“借”款给个人使用的，是挪用公款。

拆借资金是指银行或企业之间相互融通短期资金的一种借贷行为，可以解决公司、企业生产、流通资金暂时短缺问题，是合法的；挪用公款是将原定用于某方面的公款移作他用，干扰、破坏了经济健康发展。拆借资金是双方自愿，经所有权人同意，履行合法手续，要签订拆借协议等。挪用公款是行为人利用职务便利私自挪用公款，使国家或集体对公款失控，是违法的。

借贷公款是合法、自愿且用途合法的借贷行为，发生在单位与单位、个人与单位之间，只要办理必要的借款手续，符合法律、法规政策规定，都可以相互借用款项。个人借贷须经单位负责人或经管财务人员批准、决定，然后将公款借贷给个人使用。借贷行为和挪用行为都是将公款转给个人使用，具体对象都是公款，行为都具有违法性。借贷行为人一般是单位的负责人或其他主管财务人员，对内有经营决策权、公共财产支配权，对外有代表单位进行民事活动的资格。如果个人擅自决定将公款借贷给个人，是个人行为。借贷都要经过一定程序，办理相应手续，通过财务入账。挪用是未经领导批准擅自动用公款的行为，一般不需办理任何手续，一经挪用，就不具备合法性。借贷一般是出于为单位谋利，如有的是出于为单位创收，有的是想把单位的死钱变成活钱，搞活经济。而挪用是出于谋私利，即通过使用公款从中取得私人的经济利益或其他好处。

借贷行为人只有以个人名义，为了私利才能以挪用公款罪论处，如果是以单位的名义，出于公利就不能以挪用论处。行为人利用职权自批自借，或互批互借，或假名、冒名借贷，或由他人借款后又转归自己使用，应以挪用公款论处。对以下几种借贷行为，不能以挪用论处，应根据实际情况区别对待：对及时收回本息，未给单位造成损失的一般可作违反财经纪律处理。这种情况的社会危害性小，情节显著轻微，不宜以犯罪论处。不能及时收回本息，虽采取了积极追讨措施，但仍造成重大损失的，对直接负责的主管人员应按玩忽职守罪论处，因为其主观上对造成的危害结果具有过失。在办理借贷过程中收受对方财物，数额较大的，应以受贿罪论处，这是权钱交易行为。明知对方借款是用于走私等犯罪活动而借贷的应以走私等犯罪共犯论处，因为这是一种资助犯罪行为。内外勾结诈骗公款的，应以共犯论处。其中，主犯是内部人员的应以共同贪污罪论处，主犯是外部人员的应以共同诈骗罪论处，行为的性质由主犯的行为决定。

2. 挪用公款罪与贪污罪的区别

挪用公款罪与贪污罪在客观上都侵犯了公共财物的所有权，均是利用职务之便，都是出于直接故意。但是，又有如下区别：

（1）挪用公款罪只侵犯了公共财物的占有、使用、收益权，而贪污罪侵犯了公共财产的占有、使用、收益、处分权；挪用公款罪的犯罪对象是公款和特定公物，贪污罪的对象是公共财产。

（2）犯罪目的不同。贪污罪的目的是非法占有公共财物，希望永久地将公共财产非法占为己有；挪用公款的目的是将公款供自己或者借给他人使用，准备以后归还而不想非法占有，在客观上是将公款非法暂时挪归个人使用，而不是转移公款的所有权。

（3）犯罪对象范围不同。贪污罪侵犯的对象包括公款和公物，挪用公款罪侵犯的对象一般限于公款。挪用公物的应以违法违纪论，如果挪用公物进行其他犯罪活动的以其他犯罪论。

（4）犯罪手段不同。贪污罪采取侵吞、窃取、骗取或者其他手段将公款据为已有，挪用公款罪则采取挪用的手段将公款归个人使用。

3. 挪用公款罪与挪用资金罪的区别

（1）犯罪主体不同。挪用资金罪是公司、企业或其他单位的工作人员；挪用公款罪是依法从事公务的国家工作人员。国有公司、企业或其他单位的工作人员，或者国有单位委派到非国有单位依法从事公务的人员，利用职务上的便利挪用本单位资金或者借贷给他人的，按挪用公款罪论处。

（2）犯罪客体不同。挪用公款罪侵犯的客体是国家机关、企事业单位和人民团体以及接受委派人员的非国有单位的财务管理制度和资金所有权。挪用资金罪侵犯的是公司、企业或其他单位的财务管理制度及财产所有权。

（3）犯罪的对象不同。挪用资金罪的犯罪对象是公司、企业所有的资金，被挪用的可能是公共财产，也可能是投资者个人的财产。挪用公款罪的对象是公款。

（三）立案标准

涉嫌下列情形之一的，应予立案追诉：

1. 挪用公款归个人使用，进行非法活动，数额在三万元以上的；

2. 挪用公款归个人使用，进行营利活动或者超过三个月未还，数额在五万元以上的。

（四）犯罪处罚

犯本罪的，处五年以下有期徒刑或者拘役；情节严重的，处五年以上有期徒刑。挪用公款数额巨大不退还的，处十年以上有期徒刑或者无期徒刑。挪用用于救灾、抢险、防汛、优抚、扶贫、移民、救济款物归个人使用的，从重处罚。

其中“情节严重的”，包括两种情形：

1. 挪用公款归个人使用，数额较大、进行营利活动的，或者数额较大、超过三个月未还的，“情节严重”包括：挪用公款数额在二百万元以上的；挪用救灾、抢险、防汛、优抚、扶贫、移民、救济特定款物，数额在一百万元以上不满二百万元的；挪用公款不退还，数额在一百万元以上不满二百万元的；其他严重的情节。

2. 挪用公款归个人使用，进行非法活动的，“情节严重”包括：挪用公款数额在一百万元以上的；挪用救灾、抢险、防汛、优抚、扶贫、移民、救济特定款物，数额在五十万元以上不满一百万元的；挪用公款不退还，数额在五十万元以上不满一百万元的；其他严重的情节。

三、受贿罪

受贿罪是指国家工作人员利用职务便利，索取他人财物，或者非法收受他人财物，为他人谋取利益的行为。受贿罪是国有企业职务犯罪常见罪名。受贿罪的要点在于利用职务的便利，即利用本人职务范围内的权力，包括主管、负责或者承办某项事务的职权及其形成的便利条件。国有企业与国家机关发生的受贿罪有较大区别，但在利用权力及其形成的便利条件上是一致的。受贿罪发生于国有企业决策、执行、经营、管理等企业活动之中，情形复杂、多样。国有企业工作人员利用直接处理某项事务的职务便利，如决策、物资调拨、分配、销售、采购、重组、并购、人事任用等方面的便利和条件，索取他人财物，或者非法收受他人财物，为他人谋取利益，便涉嫌受贿犯罪。国有企业工作人员在经济活动中经常面临“回扣”“手续费”等问题，回扣、手续费是经营者在商品购销活动中给对方的让利行为。如果处理不当，便可能涉嫌受贿犯罪。根据《中华人民共和国反不正当竞争法》(以下简称《反不正当竞争法》)规定，经营者销售或者购买商品，可以以明示方式给对方折扣，也可以给中间人佣金。同时规定，经营者不得采用财物或者其他手段进行贿赂或者购买商品，凡在账外暗中给予对方单位或者个人回扣的，以行贿论处。对方单位或者个人在账外暗中收受回扣的，以受贿论处。

案例1　某市高新技术风险投资股份有限公司董事长董某受贿案

董某利用其担任某投资股份有限公司董事长等职务上的便利，在企业经营、股权投资、项目审批等事项上为他人谋取利益，索取、非法收受某生物公司总经理周某等6人给予的财物，折合人民币共计1048余万元。董某构成受贿罪，被人民法院判处有期徒刑7年，并处罚金人民币50万元。

案例2　中储粮××分公司董事长李某受贿案

韩某想承揽中储粮××分公司下属直属库粮仓防水隔热工程，找到该公司原董事长李某，请其帮忙并许诺给其好处费。后经李某打招呼，韩某得到“特殊照顾”，拿到总造价1000多万元的项目，为中储粮××分公司的10多个直属库做了防水隔热工程，赚到了钱。为感谢李某关照，韩某连续两年春节分别送给李某100万元人民币。李某作为国有企业董事长，利用职权为商人韩某承建本公司下属粮库隔热工程打招呼，帮助其中标，收取好处费200万元，构成受贿罪。

（一）犯罪构成

1. 犯罪主体

犯罪主体是特殊主体，即国家工作人员，包括在国家机关中从事公务的人员，国有公司、企事业单位、人民团体中从事公务的人员，国家机关、国有公司、企事业单位委派到非国有公司、企事业单位、社会团体从事公务的人员，以及其他依照法律从事公务的人员。

国家工作人员在经济往来中违反国家规定收受各种名义的回扣、手续费归个人所有的以受贿论处。“违反国家规定”，是指违反全国人大及其常委会制定的法律和决定，国务院制定的行政法规和行政措施、发布的决定和命令中关于在经济往来中禁止收受回扣和各种名义的手续费的规定，如《反不正当竞争法》《关于严禁在社会经济活动中牟取非法利益的通知》等。

非国家工作人员如果与国家工作人员勾结，伙同受贿的，可以构成受贿共犯。在具体犯罪中应当根据他们在共同受贿中所起的作用、所处的地位及分取的贿赂的数额等情节来定罪、量刑。

2. 犯罪客体

本罪侵犯的主要是国家机关、国有公司、企事业单位、人民团体的正常管理活动。另外，本罪还侵犯了国家工作人员职务行为的廉洁性。受贿罪的犯罪对象是财物，但不仅仅指现金、具体物品，还指财产或其他利益。利益可能已经实现，也可能在将来实现。作为受贿罪犯罪对象的财物必须具有物质性利益并以客观形态存在，包括：货币、有价证券、商品等。另外，受贿人所追逐的利益的着眼点既可以是财物的价值，也可以是财物的使用价值。

3. 主观方面

主观方面是故意，行为人出于故意而实施受贿行为构成本罪，过失不构成本罪。如国家工作人员为他人谋取利益而无受贿意图，他人以酬谢名义将财物送到其家中，而其并不知情，不能以受贿论处。有的国家工作人员利用职务便利为他人谋利益收受财物，象征性地付少量现金，实际是为了掩盖受贿行为，应以受贿论处。

4. 客观方面

客观方面表现为行为人利用职务便利向他人索取财物，或收受他人财物并为他人谋取利益。利用职务之便是受贿罪客观方面的一个重要构成要件。“利用职务上的便利”，是指利用本人职务范围内的权力，即自己职务上主管、负责或者承办某项公共事务的职权及形成的便利条件。职权是国家机关及公职人员依法作出一定行为的资格，是权力的特殊表现形式。利用本人职务范围内的权力即利用本人在职务上直接处理某项事务的权力，如负责物资调拨、分配、销售、采购的人满足行贿人的要求而收受财物。此外，国家工作人员利用本人职权或地位形成的便利条件，通过其他国家工作人员的职务行为，为请托人谋取不正当利益，索取请托人财物或收受请托人财物的，也应定为受贿罪。在同一部门、系统内，凭借职权去指挥、影响、说服与其职务活动有密切关系的上、下级或同级国家工作人员，让其为自己提供一定的职务便利，从而索取或收受请托人财物，或者利用自己的职权、地位所形成的影响去说服与自己职务活动密切相关或与自己业务上有密切往来的相邻部门、企业或事业单位等的国家工作人员，让其为请托人谋取不正当利益，而自己索取或收受请托人财物的，都应当定为受贿罪。利用第三者职务上的便利主要是指利用亲属关系、私人关系、职务关系。如果主要是利用血缘与感情关系，与本人职务无关，为请托人办事从中收受财物的，不应以受贿论。受贿人利用第三者的职务之便受贿必须具备以下条件，一是利用第三者的职务之便须以自己的职务为基础或利用与本人职务活动有紧密联系的身份便利。二是受贿人从中周旋使他人获得利益。

受贿罪在客观上具体表现为两种形式：

一是行为人利用职务便利向他人索取财物。“索取”他人财物是受贿人主动向对方索要财物。索贿不是独立罪名，但是比被动受贿主观恶性、社会危害性都大，应当从重处罚。利用职务便利索取他人财物的不以为他人谋取利益为必要要件，可以是索贿谋利，也可以是索贿不谋利。受贿人以公开或暗示的方法，主动向行贿人索贿，有的甚至公然要挟，迫使当事人行贿。索贿主观恶性严重，情节恶劣，社会危害性比受贿严重，所以对索贿的应当从重处罚。因被勒索给予国家工作人员财物而没有获得不正当利益的不是行贿。向他人索取财物的，不论是否为他人谋取利益均可构成受贿罪。

二是行为人利用职务便利收受他人贿赂，为他人谋取利益。“非法收受”他人财物是被动接受，也就是利用职务便利非法收受他人财物，为他人谋取利益。这种情况下构成受贿罪要以为他人谋取利益为必要要件。实际是否为行贿人或请托人谋取了利益不影响定罪，即使没有实际谋取利益，也构成受贿罪。“收受贿赂”一般是行贿人以各种方式主动收买腐蚀受贿人，受贿人一般是被动接受他人财物，或是接受他人允诺给予财物而为行贿人谋取利益。

根据最高人民法院、最高人民检察院1989年《关于执行〈关于惩治贪污罪贿赂罪的补充规定〉若干问题的解答》，非法收受他人财物，同时具有为他人谋取利益行为的，才能构成受贿罪。为他人谋取的利益是否正当，为他人谋取的利益是否实现，不影响受贿罪的成立。据此，“为他人谋取利益”是指客观上有为他人谋取利益的行为，而不要求实际上使他人取得了利益。

受贿罪中的非法收受或索取“他人财物”即贿赂，特指财物。贿赂与国家工作人员职务有关，是作为不正当报酬的利益。行为人具有某种职务才可能向他人索取贿赂，他人才会向其贿赂。贿赂是作为职务行为的不正当报酬的利益，与职务行为之间存在一定的对价关系，是对国家工作人员职务行为的不正当报酬。国家工作人员实施职务行为时本不应当索取或收受利益却索取、收受了利益。另外，贿赂还须是一种能够满足人的某种需要的利益。“他人财物”不包含无法用价值数额计算的财产利益，也不含不能实际取得所有权的财产利益。例如，为安排子女出国深造提供机会、提供出国旅游服务等。

受贿中的“利益”指利用职务便利为他人谋取的利益，包括正当利益和非正当利益。但是，利益是否实现对是否构成受贿罪无影响。非法收受他人财物且同时具有为他人谋取利益的行为才构成受贿罪。主动索贿的，即使没有实际实施为他人谋取利益的行为也构成受贿罪。通过其他国家工作人员的职务行为而实施受贿行为时，只有为请托人谋取的是“不正当利益”时，才构成受贿罪。

国家工作人员利用本人职权或者地位形成的便利条件，通过其他国家工作人员职务上的行为，为请托人谋取不正当利益，索取请托人财物或者收受请托人财物的，以受贿论处。其中“利用本人职权或者地位形成的便利条件”，是指行为人与被其利用的国家工作人员之间在职务上虽然没有隶属、制约的关系，但行为人利用了本人职权或地位产生的影响和一定的工作联系。“本人职权或者地位产生的影响”，是指行为人基于其职权或地位产生的“权力性影响力”，“工作联系”通常是基于职务、业务等工作关系产生的联系。

（二）犯罪认定

1. 受贿罪与贪污罪的区别

贪污罪的犯罪对象是公共财物，受贿罪的犯罪对象包括公共财物和私人财物。贪污罪侵犯的主要是公共财产所有权，受贿罪侵犯的主要是国家工作人员职务行为的廉洁性。贪污罪的手段是利用职务便利，侵吞、窃取、骗取或以其他手段非法将公共财物据为己有。受贿罪的手段是利用职务便利为他人谋取利益而非法收受、索取他人财物，即利用职务便利进行权钱交易。

2. 索贿与敲诈勒索罪的区别

索贿是受贿罪的一种。敲诈勒索罪指以威胁、要挟等办法强索公私财物，数额较大的行为。敲诈勒索罪与索贿的主要区别：

（1）索贿罪的主体是国家工作人员，敲诈勒索罪的主体为一般主体。

（2）索贿罪在主观上是想索取他人财物或者非法收受他人财物而为他人谋取利益；敲诈勒索罪是通过威胁、要挟方法强索公私财物。

（3）索贿表现为国家工作人员利用职务便利索取他人财物，敲诈勒索是行为人以威胁、要挟方法强索公私财物，数额较大。敲诈勒索罪与职务无关，是以杀害、伤害、毁坏财产、毁坏名誉、公开他人隐私等威胁、要挟，企图迫使他人交出财物。

3. 受贿罪与非国家工作人员受贿罪的区别

（1）主体不同。

受贿罪的主体是国家工作人员，非国家工作人员受贿罪的主体是公司、企业或者其他单位的工作人员。但是，根据刑法规定，国有公司、企业中从事公务的人员和国有公司、企业委派到非国有公司、企业从事公务的人员以及国有金融机构工作人员和国有金融机构委派到非国有金融机构从事公务的人员的受贿行为不构成非国家工作人员受贿罪，应以受贿罪论处。

（2）客观方面不同。

对于受贿罪，除了非法收受他人财物，还需要同时满足“为他人谋取利益”才能构成。索贿的，不要求“为他人谋取利益”。非国家工作人员受贿罪，无论是索取他人财物还是非法收受他人财物，都要求“为他人谋取利益”。

（3）犯罪客体不同。

受贿罪侵犯的客体是职务行为的廉洁性。非国家工作人员受贿罪侵犯了非国家工作人员职务行为的不可收买性，以及公司、企业或其他单位的正常管理制度。

4. 公司、企业人员接受客户回扣是否为受贿

《关于禁止商业贿赂行为的暂行规定》第五条规定，回扣是指经营者销售商品时在账外暗中以现金、实物或者其他方式退给对方单位或者个人的一定比例的商品价款。

根据刑法规定，公司、企业工作人员在经济往来中违反国家规定收受各种名义的回扣、手续费，归个人所有的，依非国家工作人员受贿罪处理，属于破坏社会主义市场经济秩序的犯罪。非国家工作人员受贿罪的主体是公司、企业工作人员，除了公司、企业管理人员外，还有利用职务便利的职工，但是其中的国家工作人员应以受贿罪论处。国家工作人员在经济往来中，违反国家规定，收受各种名义的回扣、手续费，归个人所有的，以受贿论处。国有公司、企业中从事公务的人员和国有公司、企业委派到非国有公司、企业从事公务的人员违反国家规定，收受各种名义的回扣、手续费，归个人所有的，构成受贿罪。不具备国家工作人员身份的职工如果接受客户的回扣或好处归个人所有的，应定为非国家工作人员受贿罪。

《反不正当竞争法》规定，经营者销售或者购买商品，可以以明示方式给对方折扣，也可以给中间人佣金。同时还规定，经营者不得采用财

物或者其他手段进行贿赂或者购买商品，凡在账外暗中给予对方单位或者个人回扣的，以行贿论处。对方单位或者个人在账外暗中收受回扣的，以受贿论处。

但是回扣的去向也会影响“回扣”的定性。根据“回扣”的最终去向可以将回扣分为以下情况：一是归单位所有，进入单位的账目；二是归小集体所有，成为“小金库”资金，或者账外资金；三是进入个人腰包，为个人所有。依法取得回扣、手续费与借口“回扣、手续费”收受、索取贿赂是不同的。

《反不正当竞争法》明确规定了公开原则，也就是说接受折扣、佣金应如实入账。可见，在经济往来中私自收受回扣、手续费，不入账而中饱私囊的，属受贿行为。如果将所得回扣、手续费如实报告单位，单位决定按规定将这笔钱奖励给个人，则不属受贿行为。另外，在国际贸易中按国际惯例提取折扣的，也不构成犯罪。

5. 接受馈赠与受贿的区别

应当根据不同的情况区分受贿与接受馈赠。礼尚往来是中华民族的传统美德，亲友间的馈赠是基于亲友感情公开进行的，一般是无条件赠与，而且数额一般不大。亲友之间出于亲情和友谊而馈赠礼物是正当、合法的，不应视为行贿、受贿。但是，有人借人家办理婚丧嫁娶的机会，向他们进行馈赠，实际上属于行贿。如果受贿一方接受“馈赠”，并且利用职务便利为馈赠人谋取利益，则构成受贿罪。借馈赠而行贿、受贿是基于某种利害关系，临时地、秘密地、有条件地进行馈赠，数额一般都比较大，属于贿赂犯罪。

6. 接受礼物然后回赠财物能否构成受贿罪

在社会交往中，国家工作人员接受礼物，然后进行回赠，这一现象属于正常的赠予与回赠。国家工作人员在公务活动中收受财物，不一定就是看上对方的财物，很多情况下是抹不开面子，所以只好先接受礼物。国家工作人员因为碍于情面不作出激烈的拒绝反应，但是，之后很可能会用回赠的办法将财物送回，以表明不收礼物的态度。

国家工作人员利用职务便利主动向他人索要并接受了他人财物，或者与请托人在谋取利益前即已约定，完成请托事项后得到确定或不确定的好处，如按比例提成，或要一定的好处，或者接受一定的财物，就是通常所说的受贿。如果在被发觉前没有退回和回赠的意思，表明行为人主观上具有非法占有收受的财物的故意，应当定为受贿罪。

如果在被发觉之前回赠，就应视为退回财物，说明行为人不想非法占有请托人送予的财物。如果回赠财物的数额与接受的财物大体相当，不应以受贿罪处罚。回赠财物价值如果明显小于所送财物，回赠只是做样子，那么应定为受贿。但是，也存在一些情况，即被发现而又没有采取侦查措施之前，为避免受到处罚才进行回赠的，这时，仍然可以视为退回财物。但是被立案侦查之后，才开始回赠，则不属于退回财物。

7. 有价证券受贿

有价证券是指券值所表现的财产权利必须通过实际持有其券才得以实现的书面凭证，包括：汇票、支票、本票、国库券、金融债券、企业债券、股票、提单、仓单等。有价证券是财物的表现形式，可以成为受贿罪的犯罪对象。行为人利用职务上的便利，索取、非法收受他人的有价证券，为他人谋取利益，可以构成受贿罪。这里的有价证券必须符合国家法律规定，而不是违法发行或已丧失价值的有价证券，也不是伪造的。有价证券一旦被受贿人实际取得，受贿罪即成立。有价证券价值的计算可以参照《最高人民法院、最高人民检察院关于办理盗窃刑事案件适用法律若干问题的解释》（2013 年 4 月 4 日起施行）精准计算：

（1）盗窃不记名、不挂失的有价支付凭证、有价证券、有价票证的，应当按票面数额和盗窃时应得的孳息、奖金或者奖品等可得收益一并计算盗窃数额；

（2）盗窃记名的有价支付凭证、有价证券、有价票证，已经兑现的，按照兑现部分的财物价值计算盗窃数额；没有兑现，但失主无法通过挂失、补领、补办手续等方式避免损失的，按照给失主造成的实际损失计算盗窃数额。

8. 股票受贿

股票是有价证券的一种，由股份公司发给股东，股东从而对公司财产拥有所有权。股票自身无价值，而是股东借以取得财产所有权、领取股利的凭证。但股票有一定价格，可以在规定场所买卖或转让，给股票持有人带来财产收入；股票持有人的股金投入不可赎回。国家工作人员利用职务便利收受股票，应认定为受贿。行为人收受股票后，无论股票价格是否涨跌，均不影响构成受贿罪。股票的数额可如下计算：

（1）对收受尚未批准上市交易的股票的，原则上按股票的票面价值认定。如已另外分得股利的，应同股票票面价值一并计算，如果行为人收受股票后转让的，应按行为人的转让价认定。

（2）对收受已经批准上市交易股票尚未转让的，原则上按其收受股票当日所公布的该种股票成交的收盘价格认定。如行为人收受股票后，取得股息和红利的，还应一并计算；如行为人收受股票后通过证券交易所转让的，应按其实际转让价认定。

9. 国家工作人员向请托人“低买高卖”房屋、汽车行为的定性

国家工作人员利用职务上的便利为请托人谋取利益，以明显低于市场的价格向请托人购买房屋、汽车等物品的；以明显高于市场的价格向请托人出售房屋、汽车等物品的；以其他交易形式非法收受请托人财物的，以受贿罪论处。受贿数额按照交易时当地市场价格与实际支付价格的差额计算。“市场价格”包括商品经营者事先设定的不针对特定人的最低优惠价格。根据商品经营者事先设定的各种优惠交易条件，以优惠价格购买商品的，不属于受贿。

10. 国家工作人员与请托人“合作”开办公司行为的定性

国家工作人员利用职务上的便利为请托人谋取利益，由请托人出资“合作”开办公司或者进行其他“合作”投资的，以受贿论处。受贿数额为请托人给国家工作人员的出资额。此类受贿犯罪行为主要包括两种，一是由请托人出资，国家工作人员“合作”开办公司或者进行其他“合作”投资，与直接收受贿赂财物无本质区别，应以受贿论处。二是以合

作开办公司或者进行其他合作投资为名义，没有实际出资，也不参与管理、经营。也就是说，行为人没有任何正当理由获取所谓“利润”，实际上就是以合作开办公司或者其他合作投资的名义变相受贿。

11. 未出资而委托请托人投资证券期货的定性

国家工作人员利用职务上的便利为请托人谋取利益，以委托请托人投资证券、期货或者其他委托理财的名义，未实际出资而获取“收益”，或者虽然实际出资，但获取“收益”明显高于出资应得收益的，以受贿论处。前一情形中的受贿数额，以“收益”额计算；后一情形中的受贿数额，以“收益”额与出资应得收益额的差额计算。可见，这种情况主要包括两种情形：一是国家工作人员利用职务便利为他人谋取利益，未实际出资，借委托他人投资证券、期货或者其他委托理财的名义变相收受他人财物；二是他人将国家工作人员出资实际用于投资活动，但国家工作人员所获“收益”与实际盈利明显不符，也是变相受贿。

12. 以赌博形式收受贿赂与赌博活动、娱乐活动界限

根据《最高人民法院、最高人民检察院关于办理赌博刑事案件具体应用法律若干问题的解释》第七条规定，通过赌博或者为国家工作人员赌博提供资金的形式实施行贿、受贿行为，构成犯罪的，依照刑法关于贿赂犯罪的规定定罪处罚。所以，国家工作人员利用职务上的便利为请托人谋取利益，通过赌博方式收受请托人财物的，构成受贿。实践中应注意区分贿赂与赌博活动、娱乐活动的界限，主要应结合以下因素作出判断：赌博的背景、场合、时间、次数；赌资来源；其他赌博参与者有无事先通谋；输赢钱物的具体情况和金额大小。

13. 家人、特定关系人“挂名”领取薪酬行为的定性

国家工作人员利用职务上的便利为请托人谋取利益，要求或者接受请托人以给特定关系人安排工作为名，使特定关系人不实际工作却获取薪酬的，以受贿论处。特定关系人“挂名”领取薪酬的，与直接接受财物没有实质区别，应以受贿论处。特定关系人参与工作领取的薪酬明显高于该职位正常薪酬水平的，尽管属于变相受贿，但由于一些企业尤其

是私营企业薪酬发放不规范，如何认定受贿数额存在困难。而特定关系人正常工作和领取薪酬的，不存在非法收受财物问题，不能以犯罪处理。

14. 特定关系人收取财物的定性

根据《最高人民法院、最高人民检察院关于办理受贿刑事案件适用法律若干问题的意见》，“特定关系人”是指与国家工作人员有近亲属、情妇（夫）以及其他共同利益关系的人。国家工作人员利用职务上的便利为请托人谋取利益，授意请托人以该意见所列形式，将有关财物给予特定关系人的，以受贿论处。特定关系人与国家工作人员通谋，共同实施前款行为的，对特定关系人以受贿罪的共犯论处。特定关系人以外的其他人与国家工作人员通谋，由国家工作人员利用职务上的便利为请托人谋取利益，收受请托人财物后双方共同占有的，以受贿罪的共犯论处。

实践中，一些国家工作人员尤其是职务较高的国家工作人员利用职务便利为请托人谋取利益，往往不是本人亲自收受请托人财物，而是授意请托人与特定关系人以买卖房屋、汽车等物品的方式进行交易，有关财物由特定关系人收取。虽然表面上国家工作人员本人没有获得财物，但实质上行贿人的指向很明确，送给特定关系人财物完全是根据国家工作人员的意思，故应以受贿论处。

15. 以“借用”为名收受房屋汽车未办理权属变更登记的定性

国家工作人员利用职务上的便利为请托人谋取利益，收受请托人房屋、汽车等物品，未变更权属登记或者借用他人名义办理权属变更登记的，不影响受贿的认定。在认定以房屋、汽车等物品为对象的受贿时，应注意其与借用的区分。具体认定时除双方交代或者书面协议之外，主要应当结合以下因素进行判断：有无借用的合理事由；是否实际使用；借用时间的长短；有无归还的条件；有无归还的意思表示及行为。

实践中，只要双方有明确的送、收的意思表示，并且受贿方实际占有房屋、汽车等，即可认定为受贿。

16. 收受请托人财物后及时退还或上交行为的定性

国家工作人员收受请托人财物后及时退还或者上交的，说明其主观上没有受贿故意，因此不是受贿。国家工作人员受贿后，因自身或者与其受贿有关联的人、事被查处，为掩饰犯罪而退还或者上交的，从法律上讲受贿行为已经实施完毕，而且主观上也没有悔罪的意思，依法应定罪处罚。

17. 离职后收受财物的定性

国家工作人员利用职务上的便利为请托人谋取利益之前或者之后，约定在其离职后收受请托人财物，并在离职后收受的，以受贿论处。国家工作人员利用职务上的便利为请托人谋取利益，离职前后连续收受请托人财物的，离职前后收受部分均应计入受贿数额。这实际上是一种期权式的腐败行为，比“现货”更加隐蔽。

（三）立案标准

涉嫌下列情形之一的，应予立案追诉：

1. 受贿数额在三万元以上的；

2. 受贿数额在一万元以上不满三万元，具有下列情形之一的：

（1）多次索贿的；

（2）为他人谋取不正当利益，致使公共财产、国家和人民利益遭受损失的；

（3）为他人谋取职务提拔、调整的；

（4）曾因贪污、受贿、挪用公款受过党纪、行政处分的；

（5）曾因故意犯罪受过刑事追究的；

（6）赃款赃物用于非法活动的；

（7）拒不交待赃款赃物去向或者拒不配合追缴工作，致使无法追缴的；

（8）造成恶劣影响或者其他严重后果的。

（四）犯罪处罚

根据刑法，对犯受贿罪的，根据情节轻重，分别依照下列规定处罚：

1. 受贿数额较大或者有其他较重情节的，处三年以下有期徒刑或者拘役，并处罚金。

2. 受贿数额巨大或者有其他严重情节的，处三年以上十年以下有期徒刑，并处罚金或者没收财产。

3. 受贿数额特别巨大或者有其他特别严重情节的，处十年以上有期徒刑或者无期徒刑，并处罚金或者没收财产；数额特别巨大，并使国家和人民利益遭受特别重大损失的，处无期徒刑或者死刑，并处没收财产。

对多次受贿未经处理的，按照累计受贿数额处罚。

犯第一款罪，在提起公诉前如实供述自己罪行、真诚悔罪、积极退赃，避免、减少损害结果的发生，有第一项规定情形的，可以从轻、减轻或者免除处罚；有第二项、第三项规定情形的，可以从轻处罚。

犯第一款罪，有第三项规定情形被判处死刑缓期执行的，人民法院根据犯罪情节等情况可以同时决定在其死刑缓期执行二年期满依法减为无期徒刑后，终身监禁，不得减刑、假释。

根据《最高人民法院、最高人民检察院关于办理贪污贿赂刑事案件适用法律若干问题的解释》（2016 年 4 月 18 日起施行），对犯受贿罪的作如下处罚：

1. 受贿数额在三万元以上不满二十万元的，应当认定为刑法第三百八十三条第一款规定的“数额较大”，依法判处三年以下有期徒刑或者拘役，并处罚金。

……

（2）曾因贪污、受贿、挪用公款受过党纪、行政处分的；

（3）曾因故意犯罪受过刑事追究的；

（4）赃款赃物用于非法活动的；

（5）拒不交待赃款赃物去向或者拒不配合追缴工作，致使无法追缴的；

（6）造成恶劣影响或者其他严重后果的。

2. 受贿数额在一万元以上不满三万元，具有上述第 1 条第二项至第六项规定的情形之一，或者具有下列情形之一的，应当认定为刑法第三百八十三条第一款规定的“其他较重情节”，依法判处三年以下有期徒刑或者拘役，并处罚金：

（1）多次索贿的；

（2）为他人谋取不正当利益，致使公共财产、国家和人民利益遭受损失的；

（3）为他人谋取职务提拔、调整的。

3. 受贿数额在二十万元以上不满三百万元的，应当认定为刑法第三百八十三条第一款规定的“数额巨大”，依法判处三年以上十年以下有期徒刑，并处罚金或者没收财产。

受贿数额在十万元以上不满二十万元，具有上述第 2 条规定的情形之一的，应当认定为刑法第三百八十三条第一款规定的“其他严重情节”，依法判处三年以上十年以下有期徒刑，并处罚金或者没收财产。

4. 受贿数额在三百万元以上的，应当认定为刑法第三百八十三条第一款规定的“数额特别巨大”，依法判处十年以上有期徒刑、无期徒刑或者死刑，并处罚金或者没收财产。

受贿数额在一百五十万元以上不满三百万元，具有上述第 2 条规定的情形之一的，应当认定为刑法第三百八十三条第一款规定的“其他特别严重情节”，依法判处十年以上有期徒刑、无期徒刑或者死刑，并处罚金或者没收财产。

5. 受贿数额特别巨大，犯罪情节特别严重、社会影响特别恶劣、给国家和人民利益造成特别重大损失的，可以判处死刑。

符合前述规定的情形，但具有自首，立功，如实供述自己罪行、真诚悔罪、积极退赃，或者避免、减少损害结果的发生等情节，不是必须立即执行的，可以判处死刑缓期二年执行。

符合第一款规定情形的，根据犯罪情节等情况可以判处死刑缓期二年执行，同时裁判决定在其死刑缓期执行二年期满依法减为无期徒刑后，终身监禁，不得减刑、假释。

对受贿罪判处三年以下有期徒刑或者拘役的，应当并处十万元以上五十万元以下的罚金；判处三年以上十年以下有期徒刑的，应当并处二十万元以上犯罪数额二倍以下的罚金或者没收财产；判处十年以上有期徒刑或者无期徒刑的，应当并处五十万元以上犯罪数额二倍以下的罚金或者没收财产。

四、单位受贿罪

单位受贿罪是指国家机关、国有公司、企业、事业单位、人民团体索取、非法收受他人财物，为他人谋取利益，情节严重的行为。有的国有公司、企业在经济活动中受到“不是个人收钱就没事”等错误认识误导，违背职责要求，索取、非法收受他人财物，为他人谋取利益，从而犯单位受贿罪。

案例　某国有公司单位受贿案

某国有公司总经理侯某与某高科技公司经理项某分别代表各自公司签订科技咨询服务协议，之后，根据协议，该国有公司按月将咨询费划交高科技公司，该高科技公司按约定的比例将咨询费中的35%作为返还款返给国有公司。国有公司经集体研究，将返还款不计入公司财务账，而由公司财务科长隋某个人记载收支情况，并负责管理现金。后来，该国有公司将咨询费中的30%在返还后作为劳务费发放给公司员工，咨询费中的5%在返还后由单位留存。在两年时间里，该国有公司共收高科技公司返还款110余万元。人民法院判处该公司犯单位受贿罪，罚金5万元。公司原总经理侯某、原财务科长隋某分别被判处刑罚。

（一）犯罪构成

1. 犯罪主体

本罪的主体是国有单位，包括：国家机关、国有公司、企业、事业单位、人民团体。集体经济组织、中外合资企业、中外合作企业、外商独资企业和私营企业，不能成为单位受贿罪主体。我国以公有制为基础，国家机关、国有公司、企业、事业单位、人民团体违背职责，索取或收受他人财物，并利用国家给予的权力为他人谋取利益，会损害法律尊严，破坏社会主义经济秩序，并使国家机关正常的职能活动受到严重侵犯，败坏国家机关、国有公司、企业、事业单位、人民团体的声誉，给国家利益造成严重损失，因此应追究其刑事责任。

2. 犯罪客体

单位受贿罪侵犯的是国家机关、国有公司、企业、事业单位、人民团体的正常职能活动和声誉以及公私财产所有权。犯罪对象是财物、回扣、手续费，主要包括有价值或使用价值的商品、物品、有价证券、货币等，其所有权人既可以是单位也可以是自然人。

3. 主观方面

主观表现为直接故意，即国有公司、企业、事业单位、国家机关、人民团体具有索取或收受贿赂，为他人谋取利益的动机、目的。这种故意是经单位决策机构授权或同意，由直接负责的主管人员和其他责任人员故意收受或索取贿赂表现出来，是法人整体意志的体现。

4. 客观方面

一是索取、收受他人财物，为他人谋取利益，情节严重。如某银行利用贷款的便利，向申请贷款的单位、个人索要好处费、回扣等。可以是主动地向他人索要，也可以是被动接受，同时为他人谋取非法利益或正当利益，是否为他人谋取了利益不影响犯罪成立。情节严重是指索取、收受他人大量财物或者索取、收受他人财物为他人谋取利益，给国家利益造成重大损害的。

二是在经济往来中，在账外暗中收受各种名义的回扣、手续费。《反不正当竞争法》第七条规定，“经营者不得采用财物或者其他手段贿赂下列单位或者个人，以谋取交易机会或者竞争优势：（1）交易相对方的工作人员；（2）受交易相对方委托办理相关事务的单位或者个人；（3）利用职权或者影响力影响交易的单位或者个人。经营者在交易活动中，可以以明示方式向交易相对方支付折扣，或者向中间人支付佣金。经营者向交易相对方支付折扣、向中间人支付佣金的，应当如实入账。接受折扣、佣金的经营者也应当如实入账”。国家机关、国有公司、企业、事业单位、人民团体等单位如果不按法律规定将折扣、佣金如实入账，而是在账外暗中收受各种名义的回扣、手续费且数额较大的，是单位受贿。若将折扣、佣金如实入账，则是符合《反不正当竞争法》的合法行为。国家机关、国家公司、企业、事业单位、人民团体实施了索取、收受他人财物、为他人谋取利益的行为但索取、收受的财物不足定罪标准，没有其他严重情节，应按一般单位受贿行为对待，不宜按犯罪处理。另外，对于索取、收受他人财物但没有为他人谋取利益的，也不宜按犯罪论处。

（二）犯罪认定

单位受贿罪与受贿罪的区别

单位受贿罪与受贿罪的犯罪主体不同。单位受贿罪的主体是国家机关、国有公司、企业、事业单位、人民团体等。受贿罪的主体是国家工作人员。单位受贿罪必须同时具备三个特征，即有索取或非法收受他人财物的行为，有为他人谋取利益的行为，情节严重。构成受贿罪不必以“情节严重”为必要要件。索贿不以为他人谋取利益为要件，索贿即使没有为他人谋取利益也构成犯罪。单位主要责任人员和主管人员以单位名义收受贿赂是单位受贿罪，而国家工作人员假借单位名义索贿、受贿属于受贿罪。

（三）立案标准

涉嫌下列情形之一的，应予立案追诉：

1. 单位受贿数额在十万元以上的；

2. 单位受贿数额不满十万元，但具有下列情形之一的：

（1）故意刁难、要挟有关单位、个人，造成恶劣影响的；

（2）强行索取财物的；

（3）致使国家或者社会利益遭受重大损失的。

（四）犯罪处罚

国家机关、国有公司、企业、事业单位、人民团体犯单位受贿罪的，对单位判处罚金，并对其直接负责的主管人员和其他直接责任人员，处三年以下有期徒刑或者拘役；情节特别严重的，处三年以上十年以下有期徒刑。

五、利用影响力受贿罪

利用影响力受贿罪是指国家工作人员的近亲属或者其他与该国家工作人员关系密切的人，通过该国家工作人员的职务行为，或者利用该国家工作人员的职权或者地位形成的便利条件，通过其他国家工作人员的职务行为，为请托人谋取不正当利益，索取请托人财物或者收受请托人财物，数额较大或者有其他较重情节的行为。

案例　钱某利用影响力受贿案

2011年，钱某经朋友介绍与国有企业董事长关某结识。此后，钱某每年春节都去看望关某，连续5年每年送给关某5万元，共计25万元。2016年关某退休，钱某去看望关某，提出想要承揽关某原所在国有企业下属公司的工程项目，希望关某能帮忙打招呼，并送给其30万元。关某收下这笔钱后，给原下属公司负责人打招呼，帮助钱某公司中标下属公司的工程项目。关某通过其下属公司负责人的职务行为，为钱某谋取了不正当利益，收受请托人财物，构成利用影响力受贿罪。

（一）犯罪构成

1. 犯罪主体

利用影响力受贿罪主体包括国家工作人员的近亲属或者其他与该国家工作人员关系密切的人，离职的国家工作人员或者其近亲属以及其他与其关系密切的人。

其中，“近亲属”包括夫、妻、父、母、子、女、同胞兄弟姐妹。只要与该国家工作人员（离职的国家工作人员）存在上述关系，可以界定为其近亲属。关系密切是指其与某国家工作人员的特定关系足以影响该国家工作人员的职务决定，或者足以利用该国家工作人员的影响力。包括：基于血缘产生的关系，即近亲属之外的其他亲属；基于学习、工作产生的同学、师生、校友、同事等关系；基于地缘产生的同乡关系；基于感情产生的关系，如朋友、恋人、情人关系；基于利益如客户、共同投资人、合同、债权债务产生的关系；等等。通常所说“特定关系人”，即国家工作人员的近亲属、情妇以及其他共同利益人。

离职的国家工作人员，也是很重要的一类主体。国家工作人员离职以后，凭借其在职时的影响力，索取或收受请托人财物，为请托人谋取不正当利益的，都是利用影响力受贿罪行为。

2. 犯罪客体

利用影响力受贿罪中关系密切人间接利用某国家工作人员的职务便利，侵犯的客体主要是国家工作人员职务行为的正当性和廉洁性。

3. 主观方面

利用影响力受贿罪的主观方面是直接故意，表现为该行为人认识到自己是某国家工作人员的关系密切人，与该国家工作人员有特殊关系，足以让第三人相信其能够利用该国家工作人员的职务行为或该国家工作人员职权或地位形成的便利条件，通过其他国家工作人员的职务行为谋取不正当利益。行为人认识到其在以某种方式利用某国家工作人员的职务便利，为请托人谋取不正当利益，并且希望请托人能够给付一定财物，或者主动向请托人索取财物。

4. 客观方面

利用影响力受贿罪中的“影响力”是基于行为人与国家工作人员之间的特定关系如亲缘关系、情感关系、利益关系等而衍生的利害关系，产生的影响并非行为人权力的影响。其方式包括：一是行为人利用对国家工作人员的“影响力”，直接对国家工作人员产生一定影响，使其为或不为某种行为。二是通过国家工作人员的职务行为为请托人谋取不正当利益。这里的职务行为必须是由国家工作人员实施的，且必须是由行为人以外的国家工作人员实施的，依法律规定、按正当程序进行的组织、领导、监督、管理等公共事务活动。“不正当利益”，是指谋取违反法律、法规、国家政策和部门规章规定的利益，以及要求国家工作人员或者有关单位提供违反法律、法规、国家政策和国务院各部门规章规定的帮助或者便利条件。

（二）犯罪认定

1. 利用影响力受贿罪与受贿罪的区别

利用影响力受贿罪与受贿罪在利用国家工作人员的职务便利为他人谋取利益、收受或索取他人财物方面十分相似，但也存在很大差别。

（1）主体不同。

利用影响力受贿罪的主体是国家工作人员的近亲属或其他关系密切人、离职的国家工作人员或者其近亲属及其关系密切人，受贿罪的主体为国家工作人员本人。利用影响力受贿罪利用的是他人的职务影响力，受贿罪是利用本人的职务之便或者职务影响力。

（2）客观方面不同。

利用影响力受贿罪的受贿人利用与其关系密切的国家工作人员的职权或者地位形成的便利条件，通过其他国家工作人员的职务行为去受贿。利用影响力受贿主体同被利用的国家工作人员之间，具有近亲属或者其他密切的关系，不是职务活动的制约关系。离职的国家工作人员所利用的是其在职时的职务或者职权、地位形成的影响力，对他人职务活动不具制约关系。受贿罪也有利用他人职务影响力的情况，即斡旋受贿，其中国家工作人员直接利用本人职权或者地位形成的便利条件，通过其他国家工作人员的职务行为去受贿。但其依托的是本人职权、地位形成的便利条件，这种条件对被利用的其他国家工作人员的职务活动具有制约关系。

2. 利用影响力受贿罪与诈骗罪的区别

利用影响力受贿罪与诈骗罪界限模糊。两罪在构成方面存在以下差异：

（1）客观方面不同。利用影响力受贿与诈骗罪的区别主要是前提不同，诈骗罪以“虚构事实、隐瞒真相”为前提，而利用影响力受贿罪并没有虚构事实、隐瞒真相。只要能证明嫌疑人与国家工作人员之间的“密切关系”，嫌疑人通过这个关系收受请托人财物，就不是诈骗。嫌疑人与国家工作人员确实不存在任何关系，才可能推定其“虚构事实、隐瞒真相”。

（2）犯罪对象的定性不同。利用影响力受贿罪的请托人可能定性为行贿人，但是诈骗案中的请托人却是“被害人”。行贿人需要承担相应的刑事责任，但被害人不需要。

（三）立案标准

利用影响力受贿罪的定罪量刑适用标准，参照关于受贿罪的规定执行。涉嫌下列情形之一的，应予立案追诉：

1. 受贿数额在三万元以上的；

2. 受贿数额在一万元以上不满三万元，具有下列情形之一的：

（1）多次索贿的；

（2）为他人谋取不正当利益，致使公共财产、国家和人民利益遭受损失的；

（3）为他人谋取职务提拔、调整的。

（4）曾因贪污、受贿、挪用公款受过党纪、行政处分的；

（5）曾因故意犯罪受过刑事追究的；

（6）赃款赃物用于非法活动的；

（7）拒不交待赃款赃物去向或者拒不配合追缴工作，致使无法追缴的；

（8）造成恶劣影响或者其他严重后果的。

（四）犯罪处罚

犯本罪，数额较大或者有其他较重情节的，处三年以下有期徒刑或者拘役，并处罚金；数额巨大或者有其他严重情节的，处三年以上七年以下有期徒刑，并处罚金；数额特别巨大或者有其他特别严重情节的，处七年以上有期徒刑，并处罚金或者没收财产。

根据《最高人民法院、最高人民检察院关于办理贪污贿赂刑事案件适用法律若干问题的解释》（2016 年 4 月 18 日起施行），数额在三万元以上不满二十万元的，为“数额较大”。数额在一万元以上不满三万元，多次索贿的；为他人谋取不正当利益，致使公共财产、国家和人民利益遭受损失的；为他人谋取职务提拔、调整的，属于“其他较重情节”。数额在二十万元以上不满三百万元的，为“数额巨大”。数额在十万元以上不满二十万元，多次索贿的；为他人谋取不正当利益，致使公共财产、国家和人民利益遭受损失的；为他人谋取职务提拔、调整的，属于“其他严重情节”。数额在三百万元以上的，为“数额特别巨大”。受贿数额在一百五十万元以上不满三百万元，多次索贿的；为他人谋取不正当利益，致使公共财产、国家和人民利益遭受损失的；为他人谋取职务提拔、调整的，属于“其他特别严重情节”。

六、行贿罪

行贿罪是指为谋取不正当利益而给予国家工作人员财物的行为。行贿与受贿是一个对子。受贿一方为履行公职的国家工作人员，行贿一方没有特别限制，自然人都可能犯行贿罪。无论是国家工作人员，还是非国家工作人员，无论是国家机关工作人员，还是国有企业工作人员，只要为谋取不正当利益而给予国家工作人员财物，就可能构成行贿罪。行贿行为常发生在人事管理、社会管理、司法活动之中，但更多的发生在经济活动、商业活动之中，如工程项目招投标、政府或者企业采购、资金拨付、企业销售等方面。

案例 王某行贿案

某省××钼业有限公司（下称××钼业）法定代表人、股东王某，为使××钼业能被江×稀有金属集团公司（以下简称江×公司）高价收购，向江×公司总经理钟某请托，并承诺给予好处费。后钟某违规决定江×公司以人民币2.6亿元的高价收购××钼业50%的股份。王某为感谢钟某，9月6日安排妻子闫某向钟某指定的妻弟罗某银行账户转账500万元。经查，王某通过行贿非法获利共计2.15亿元。2021年11月16日，王某被以犯行贿罪判处有期徒刑十年六个月，追缴违法所得2.15亿元，返还被害单位江×公司。

（一）犯罪构成

1. 犯罪主体

本罪的主体是一般主体，自然人都可能犯行贿罪。

2. 犯罪客体

本罪侵犯的是国家工作人员职务的廉洁性和国家经济管理的正常活动。犯罪对象是财物。

3. 主观方面

犯罪主观方面表现为直接故意，使国家工作人员利用职务便利为自己谋取不正当利益。意图很明确，即谋取不正当利益。主观上如果不具有这一目的，则不构成行贿罪。不正当利益是针对正当利益而言的，是指根据法律、行政法规及有关政策规定不应当得到的利益，包括非法利益。如行贿人为走私而行贿海关人员；为生产、销售伪劣产品而行贿工商人员、技术监督人员；明知自己或他人不符合升学、招工、提职、农转非条件而行贿相关人员；为减、免税而行贿税务人员等。现实生活中，有些人本应得到某种合法利益，如分房、升学、就业、入伍、迁户口、用水、用电等，但因久拖不决而不得不给相关人员送钱送物。这种行为进一步助长了社会不正之风，也使得受贿者敢于以身试法。其中的责任主要在受贿人，送钱送物的不应以犯罪论处。

4. 客观方面

本罪客观表现为为谋取不正当利益，给予国家工作人员财物，或者在经济往来中给予国家工作人员各种名义的回扣、手续费。行贿罪是为谋取不正当利益而给予国家工作人员财物，在此过程中，行贿人必须是谋求“不正当利益”，即违反法律、法规、政策、规章规定谋取利益，或者要求国家工作人员、有关单位违反法律、法规、政策、规章规定提供帮助或方便条件。例如，为多从烟草专卖经销单位批烟而给予经销单位负责人2万元，或者为不符合升学条件的学生办理升学手续而向办手续的国家工作人员行贿5000元。但是，被国家工作人员勒索而被动给予国家工作人员财物的不在此列。给予国家工作人员财物的时间，在谋取不正当利益之前和之后都可以。

（二）犯罪认定

1. 行贿罪与对非国家人员行贿罪的区别

对非国家人员行贿罪是指为了谋取不正当利益，给予公司、企业工作人员以财物，数额较大的行为。行贿罪与对非国家人员行贿罪的区别：

（1）犯罪主体不同。行贿罪的主体是自然人，对非国家人员行贿罪的主体包括自然人和单位。

（2）犯罪对象不同。行贿罪的犯罪对象为国家工作人员；而对非国家人员行贿罪的犯罪对象指公司、企业的工作人员。

2. 国有企业的下属企业给上级单位或个人送“红包”是否构成行贿

下级给上级发红包不是正常社会现象。有的构成行贿罪，有的不构成。下级给上级送“红包”只有在为获取不正当利益时才构成行贿罪。

3. 公司、企业人员搞“感情投资”，给国家工作人员好处费是否构成行贿

一些人为以后办事方便，与国家工作人员提前“交朋友”，请客送礼，进行感情投资。如果送礼数额不大，属于正常行为。如果数额较大，

超出常规，就应当加以具体分析。国家工作人员一般都有一定职权，进行“感情投资”的人正是为了以后利用这种权力才给其送礼。但是，这一行为还停留在利用职务收受财物的阶段，谋取利益问题尚未提起，不完全具备行贿受贿条件，一般不认定为受贿。实践中，有些犯罪分子为掩人耳目，往往在节假日、婚丧嫁娶之机借口馈赠或以“感情投资”为名送礼，实际是行贿，是“以赠代贿”“以礼代贿”“明礼暗贿”。

（三）立案标准

涉嫌下列情形之一的，应予立案追诉：

1. 为谋取不正当利益，向国家工作人员行贿，数额在三万元以上的；

2. 行贿数额在一万元以上不满三万元，具有下列情形之一的：

（1）向三人以上行贿的；

（2）将违法所得用于行贿的；

（3）通过行贿谋取职务提拔、调整的；

（4）向负有食品、药品、安全生产、环境保护等监督管理职责的国家工作人员行贿，实施非法活动的；

（5）向司法工作人员行贿，影响司法公正的；

（6）造成经济损失数额在五十万元以上不满一百万元的。

（四）犯罪处罚

对犯行贿罪的，处三年以下有期徒刑或者拘役，并处罚金；因行贿谋取不正当利益，情节严重的，或者使国家利益遭受重大损失的，处三年以上十年以下有期徒刑，并处罚金；情节特别严重的，或者使国家利益遭受特别重大损失的，处十年以上有期徒刑或者无期徒刑，并处罚金或者没收财产。

有下列情形之一的，从重处罚：

1. 多次行贿或者向多人行贿的；

2. 国家工作人员行贿的；

3. 在国家重点工程、重大项目中行贿的；

4. 为谋取职务、职级晋升、调整行贿的；

5. 对监察、行政执法、司法工作人员行贿的；

6. 在生态环境、财政金融、安全生产、食品药品、防灾救灾、社会保障、教育、医疗等领域行贿，实施违法犯罪活动的；

7. 将违法所得用于行贿的。

行贿人在被追诉前主动交待行贿行为的，可以从轻或者减轻处罚。其中，犯罪较轻的，对调查突破、侦破重大案件起关键作用的，或者有重大立功表现的，可以减轻或者免除处罚。

七、对有影响力的人行贿罪

对有影响力的人行贿罪是指为谋取不正当利益，向国家工作人员的近亲属或者其他与该国家工作人员关系密切的人，或者向离职的国家工作人员或者其近亲属以及其他与其关系密切的人行贿的行为。

案例　裴某对有影响力的人行贿案

裴某经人介绍认识了某市××区民防局原局长聂某，聂某利用职务上的便利在企业经营、承担工程方面向裴某提供过帮助。聂某2011年11月退休后，裴某继续通过聂某，向该市某投资有限责任公司等企业打招呼，帮助其承揽工程。2015年12月至2016年期间，裴某共给予聂某58万元。裴某为谋取不正当利益，向离职的国家工作人员行贿，构成对有影响力的人行贿罪，被以对有影响力的人行贿罪判处有期徒刑1年，并处罚金10万元。

（一）犯罪构成

1. 犯罪主体

犯罪主体为一般主体，凡是达到刑事责任年龄、具有刑事责任能力的人均可构成本罪。单位也可以成为本罪的犯罪主体。

2. 犯罪客体

犯罪侵犯的客体是国家工作人员职务行为的正当性和国家工作人员的廉洁性。

3. 主观方面

犯罪主观方面是故意，而且是直接故意。

4. 客观方面

行为人为谋取不正当利益，实施了向国家工作人员的近亲属或者其他与该国家工作人员关系密切的人行贿的行为，或者实施了向离职的国家工作人员或者其近亲属以及其他与其关系密切的人行贿的行为。在此过程中，行为人通过收买“国家工作人员的近亲属或者其他与该国家工作人员关系密切的人，或者是离职的国家工作人员或者其近亲属以及其他与其关系密切的人”，让这些“特定人员”利用其与现职国家工作人员的特别关系，为其谋取不正当利益。行为人将金钱或者具有金钱价值的物质性利益送给“特定人员”，本质上是一种钱权交易行为，不论行贿表现形式如何，都应认定为行贿。

（二）立案标准

涉嫌下列情形之一的，应予立案追诉：

1. 个人行贿数额在三万元以上的；

2. 个人行贿数额在一万元以上不满三万元，同时构成下列情节的：

（1）向三人以上行贿的；

（2）将违法所得用于行贿的；

（3）通过行贿谋取职务提拔、调整的；

（4）向负有食品、药品、安全生产、环境保护等监督管理职责的国家工作人员行贿，实施非法活动的；

（5）向司法工作人员行贿，影响司法公正的；

（6）造成经济损失数额在五十万元以上不满一百万元的。

（三）犯罪处罚

自然人犯本罪的，处三年以下有期徒刑或者拘役，并处罚金；情节严重的，或者使国家利益遭受重大损失的，处三年以上七年以下有期徒刑，并处罚金；情节特别严重的，或者使国家利益遭受特别重大损失的，处七年以上十年以下有期徒刑，并处罚金。

单位犯本罪的，对单位判处罚金，并对其直接负责的主管人员和其他直接责任人员，处三年以下有期徒刑或者拘役，并处罚金。

八、对单位行贿罪

对单位行贿罪是指为谋取不正当利益，给予国家机关、国有公司、企业、事业单位、人民团体以财物，或者在经济往来中，违反国家规定，给予上述单位各种名义的回扣、手续费的行为。

案例　孙某对单位行贿案

孙某系×××药业集团江苏×××医药经销有限公司业务员，负责向××市第一人民医院销售药品工作。2010年年初，××医院要求×××药业公司给付医院药品返利款，并由××医院药剂科科长张某与孙某商谈此事。孙某为了谋取更多利益，在未向×××医药公司汇报给付××医院返利款的情况下，私自与张某达成一致，同意按照××医院规定的相关药品“回扣率”从单位给其的业务费中向××医院交纳返利款。孙某按约定的办法以现金形式向××医院出纳员武某、孟某交纳药品返利款，××医院将收到的药品返利款以治疗费名义虚假入账。2010年1月20日至2013年12月18日间，孙某共向××医院返利38笔，合计人民币88万余元。孙某在经济往来中，违反国家规定，给予××市第一人民医院回扣的行为，已构成对单位行贿罪。孙某犯对单位行贿罪，因有自首情节被判处拘役6个月，缓刑8个月。

（一）犯罪构成

1. 犯罪主体

自然人和单位都可以构成对单位行贿罪。

2. 犯罪客体

犯罪侵犯的是国家机关等单位的正常管理活动。贿赂的对象是国家机关、国有公司、企业、事业单位、人民团体等单位。

3. 主观方面

主观方面表现为故意，一般情况下具有谋取不正当利益的目的。

4. 客观方面

对单位行贿罪在犯罪客观方面表现为两种形式：一是为谋取不正当利益，给予国家机关、国有公司、企业、事业单位、人民团体以财物。二是在经济往来中，违反国家规定，给予国家机关、国有公司、企业、事业单位、人民团体各种名义的回扣、手续费。

（二）犯罪认定

1. 对单位行贿罪与行贿罪的区别

对单位行贿罪与行贿罪的区别主要有两方面，一是犯罪主体不同。行贿罪主体仅指自然人，对单位行贿罪主体包括自然人、单位。二是犯罪对象不同。行贿罪对象是国家工作人员，对单位行贿罪对象是国家机关、国有公司、企业、事业单位、人民团体。

2. 罪与非罪的界限

应当将对单位行贿罪与为谋取正当利益送钱送物、因被勒索给予财物两种情况区分开来。如果行为人为谋取正当合法利益，如本应给办的营业执照、户口转移等手续却长期不解决，为尽早解决送钱送物；或因受勒索被迫给予国家机关、国有公司、企业、事业单位、人民团体财物，不构成对单位行贿罪。如果为谋取不正当利益，即使因受勒索而给予有关单位财物，仍应定为对单位行贿罪。应把对单位行贿罪与一般行贿行为区别开来，行贿达到一定数额的以本罪论处，否则按一般行贿行为处理。

（三）立案标准

涉嫌下列情形之一的，应予立案追诉：

1. 个人行贿数额在十万元以上、单位行贿数额在二十万元以上的；

2. 个人行贿数额不满十万元、单位行贿数额在十万元以上不满二十万元，但具有下列情形之一的：

（1）为谋取非法利益而行贿的；

（2）向三个以上单位行贿的；

（3）向党政机关、司法机关、行政执法机关行贿的；

（4）致使国家或者社会利益遭受重大损失的。

（四）犯罪处罚

自然人犯本罪的，处三年以下有期徒刑或者拘役，并处罚金；情节严重的，处三年以上七年以下有期徒刑，并处罚金。

单位犯本罪的，对单位判处罚金，并对其直接负责的主管人员和其他直接责任人员，依照上述规定处罚。

九、单位行贿罪

单位为谋取不正当利益而行贿，或者违反国家规定，给予国家工作人员以回扣、手续费，情节严重的，构成单位行贿罪。

案例　某市国有建设工程公司单位行贿案

某东部沿海城市决定建设滨海大道，对沿海30多千米公路建设工程发包，该市一国有建设工程公司为争得工程总承包权，由总经理曲某出面，向负责公路工程发包的市国有投资公司投资部经理孙某送去人民币80万元。孙某经再三考虑，收下该建设工程公司所送80万元人民币，然后将发包标底提前透露给该建设工程公司，建设工程公司因而顺利中标。孙某将这笔钱交由妻子王某保管。法院经审理认为，该市国有建设工程公司犯单位行贿罪，判处该公司罚金，并判处曲某有期徒刑。

（一）犯罪构成

1. 犯罪主体

只有单位才能犯单位行贿罪，单位包括国家机关、国有公司、企业、事业单位、人民团体，以及集体所有制企业、事业单位及中外合资、合作企业、有限公司、外资公司、私营企业，等等。

2. 犯罪客体

单位行贿罪侵犯国家工作人员职务行为的廉洁性和公私财产关系。

3. 主观方面

主观方面为故意。单位为谋取不正当利益行贿，或者违反国家规定，故意给予国家工作人员回扣、手续费。如果单位为谋取正当利益，则不构成犯罪。在经济往来中违反国家规定给予国家工作人员回扣、手续费的，不以为谋取不正当利益的目的为要件。

4. 客观方面

在客观方面表现为行为人向国家机关、国有公司、企业、事业单位、人民团体行贿的行为。行贿人所要谋取的不正当利益是否客观实现，不影响本罪构成。表现为两种形式：一是为谋取不正当利益给予国家机关、国有公司、企业、事业单位、人民团体财物；二是在经济往来中违反国家规定给予国家机关、国有公司、企业、事业单位、人民团体各种名义的回扣、手续费。“不正当利益”，是指违反国家有关法律法规、规章制度或其他具有约束力的规定而带来的利益，包括物质利益和非物质利益，可以是犯罪、违法、违规等带来的利益。例如单位走私，单位为顺利走私而向公安边防保卫部门或者海关等单位的公务人员行贿，以偷逃关税，牟取暴利。在这种情况下，“谋取不正当利益”即指犯罪不被查处、追究所带来的利益。有些单位违反环境保护法对环境造成污染，但是为逃避处罚，以单位名义给环保执法人员财物。他们所获得的“不正当利益”是违法生产经营不被查处所带来的相关利益。

（二）犯罪认定

1. 单位向有关部门送礼与单位行贿罪的区别

单位行贿送礼的动机可能多种多样，有的是为解决单位的实际困难，有的是为讨好上级主管部门，有的是害怕上级部门刁难，等等。单位行贿的对象只能是国家工作人员，不包括非国家工作人员和单位，一般是在隐蔽、秘密的情况下进行的。单位送礼的对象一般是上级单位或主管的业务部门的领导或工作人员，而且多数是公开送礼。单位行贿属于犯罪，具有严重的社会危害性，而单位送礼属于不正之风，其社会危害性小于单位行贿犯罪行为。

2. 单位行贿罪与一般的行贿罪的区别

行贿罪指为谋取不正当利益而给予国家工作人员以财物，或者在经济往来中违反国家规定，给予国家工作人员以财物，数额较大的行为，或者违反国家规定，给予国家工作人员各种名义的回扣、手续费的行为。

单位行贿罪是单位行为，行贿罪是自然人所为。但是，单位的有关人员借单位名义为自己谋取不正当利益而行贿，易被误认为是单位行贿。单位集体决定为单位谋取不正当利益而行贿，或违反国家规定，由单位给予国家工作人员回扣、手续费，情节严重的，是单位行贿罪。单位中的个人借单位名义实则为自己谋取不正当利益而行贿，或借单位名义实则自己违反国家规定将单位或自己的财物以回扣、手续费方式，送给国家工作人员，数额较大的，是个人行贿罪。

3. 单位为承揽工程用单位的钱款给对方单位经办人送好处费是否犯罪

单位为了揽工程，不按正常程序投标，而是用单位款项向对方单位经办人送好处费，实际上是出于为单位谋利的目的而用单位的钱进行钱权交换。根据刑法规定，单位为谋取不正当利益而行贿，或者违反国家规定，给予国家工作人员回扣、手续费，情节严重的构成单位行贿罪。

4. 单位行贿情节严重的情形

（1）行贿数额巨大，多次行贿或者向多人行贿的；向党政干部和司法工作人员行贿的；

(2) 为进行走私、逃税、骗税、逃汇、非法买卖外汇等违法犯罪活动，向海关、工商、税务、外汇管理等行政执法机关工作人员行贿的；

(3) 为非法办理金融、证券业务向银行等金融机构、证券管理机构工作人员行贿，致使国家利益遭受重大损失的；

(4) 为非法获取工程、项目的开发、承包、经营权，向有关主管部门及其领导行贿，致使公共财产、国家和人民利益遭受重大损失的；

(5) 为制售假冒伪劣产品，向有关国家机关、国有单位及国家工作人员行贿，造成严重后果的，等等。

5. 正确认识企业工作人员用个人所得给客户发好处费

在实践中，经常会遇到一些情况，一些企业的经营人员用包括奖金、工资、补贴、分红等个人所得，给企业客户发放好处费，以维护与企业客户的良好关系。对这种情况如何定性呢？一般来讲，企业人员为了沟通个人之间感情而支出财物的，不属于行贿。

企业人员用个人所得给企业的客户发放好处费，多数与企业的经营管理方式有关。有的企业根据经销人员的业务情况，将采购、销售费规定一定的比例，以奖金等形式支付给经销人员，或者是搞业务经费单列。在这种情况下，经销人员按经厂方批准的数量，或者依厂方内定比例支付对方单位或者经办人回扣、手续费的，其行为应视为单位行贿。有的企业实行承包经营，或者搞业务承包，仅为工作人员提供机会，不过问具体业务及经费支出情况，具体业务由不同的个人或者多人决定。在这种承包方式下，经销人员在经济交往中的行贿行为一般应认定为个人行贿。

(三) 立案标准

涉嫌下列情形之一的，应予立案追诉：

1. 单位行贿数额在二十万元以上的；

2. 单位为谋取不正当利益而行贿，数额在十万元以上不满二十万元，但具有下列情形之一的：

（1）为谋取非法利益而行贿的；

（2）向三人以上行贿的；

（3）向党政领导、司法工作人员、行政执法人员行贿的；

（4）致使国家或者社会利益遭受重大损失的。

（四）犯罪处罚

构成本罪，对单位判处罚金，并对其直接负责的主管人员和其他直接责任人员，处三年以下有期徒刑或者拘役，并处罚金；情节严重的，处三年以上十年以下有期徒刑，并处罚金。

因行贿取得的违法所得归个人所有的，依照个人犯行贿罪的规定处罚。

十、介绍贿赂罪

介绍贿赂罪是指向国家工作人员介绍贿赂，情节严重的行为。现实中，一些人包括国有企业工作人员，周旋于领导干部与请托人之间，帮助沟通、联络、拉近关系、撮合，并转送贿赂款项，即可构成介绍贿赂罪。

案例　林某介绍贿赂案

从事化工材料销售的商人李某为顺利从某国有化工厂批发紧俏的化工产品，找到在该化工厂工作的朋友林某，请其帮助找经理杨某进行疏通关系、联络感情，经过林某做工作，杨某答应帮忙，李某准备好80万元现金，由林某帮助送给了杨某。杨某于是打电话给化工厂销售经理，帮助李某顺利批发一批紧俏化工产品。本案中，林某为他人谋利，向国有企业管理人员介绍贿赂，情节严重，已触犯刑律，构成介绍贿赂罪。

（一）犯罪构成

1. 犯罪主体

介绍贿赂罪的主体是自然人，单位不能成为本罪的主体。

2. 犯罪客体

犯罪侵犯的是国家机关及其工作人员职责的廉洁性和公私财产关系。

3. 主观方面

主观上表现为故意，目的是促使行贿与受贿实现，犯罪动机多种多样，可以是为亲情、义气，也可能是为谋私利，等等。

4. 客观方面

在客观方面表现为向国家工作人员介绍贿赂，即行为人在受贿、行贿双方之间进行沟通、联络、撮合，起媒介的作用。形式有两种：一是帮行贿人实施行贿行为，向国家工作人员或其他公务人员介绍贿赂；二是替受贿人收受贿赂，向他人介绍贿赂。介绍贿赂罪不包括一般性的介绍认识、引荐等行为。如果只是口头引荐，介绍双方相识并无具体撮合，或者虽然介绍贿赂，但由于种种原因贿赂行为未能实现，不构成本罪。如果仅有介绍贿赂行为，而行贿、受贿没有实现，也不构成介绍贿赂罪。而且，介绍贿赂必须达到情节严重的程度才能构成犯罪。

（二）犯罪认定

1. 介绍贿赂罪与非罪的界限

仅是一般的介绍认识，没有在行贿人与受贿人之间就行贿、受贿事宜进行沟通、撮合的，不能认定具有介绍贿赂目的，也不能认定实施了介绍贿赂行为，也就不能认定构成介绍贿赂罪。如果实施了沟通撮合、介绍贿赂行为，但是最终行贿、受贿没有实现，也不能认定构成介绍贿赂罪。介绍贿赂罪以“情节严重”为必要要件，无此要件不构成犯罪。“情节严重”基于以下方面：一是行为人在行贿人与受贿人之间就行贿、受贿谈条件，转达对方的要求，帮助双方转交贿赂财物的行为情节严重。二是介绍贿赂行为带来的社会危害性大，如通过介绍贿赂而促成的行贿、受贿行为情节严重，社会影响恶劣，给国家、人民带来的危害大，等等。

2. 介绍贿赂给单位和非国家工作人员是否构成介绍贿赂罪

介绍贿赂罪是向国家工作人员介绍贿赂的行为。向单位或者非国家工作人员介绍贿赂，是一般违法行为，即使情节严重，根据罪刑法定原则，也不构成介绍贿赂罪。

3. 介绍贿赂与经济活动中的居间谋利的区别

居间谋利是指经纪人通过居间提供信息、咨询服务，促使供需双方业务成交，从中获取应得报酬，这是一种经济交往中的业务活动，一般都是合法的。介绍贿赂是明知行贿受贿双方是权钱交易而介绍贿赂。介绍人具有介绍贿赂目的，而且达到情节严重的程度，才构成介绍贿赂罪，否则不构成介绍贿赂罪。

4. 介绍贿赂罪与共同行贿罪、受贿罪的区别

行为人就同一行贿、受贿案件在行贿人和受贿人之间进行教唆的，与介绍贿赂不同。行为人如果采取劝说、利诱、怂恿、提示等方式，使他人产生行贿或受贿犯罪的意图，从而促使他人实施被教唆的行贿、受贿行为的，属于教唆犯罪，应当按教唆行为以行贿共犯或受贿共犯论处，不构成介绍贿赂罪。

5. 介绍贿赂罪与诈骗罪的区别

诈骗罪是指以非法占有为目的，用虚构事实或者隐瞒真相的方法，骗取数额较大的公私财物的行为。如果行为人借口帮助介绍贿赂，实际上没有实施介绍贿赂行为，而是骗取了行贿人、受贿人或他人财物的，是诈骗行为。

（三）立案标准

涉嫌下列情形之一的，应予立案追诉：

1. 介绍个人向国家工作人员行贿，数额在二万元以上的；介绍单位向国家工作人员行贿，数额在二十万元以上的；

2. 介绍贿赂数额不满上述标准，但具有下列情形之一的：

（1）为使行贿人获取非法利益而介绍贿赂的；

（2）三次以上或者为三人以上介绍贿赂的；

（3）向党政领导、司法工作人员、行政执法人员介绍贿赂的；

（4）致使国家或者社会利益遭受重大损失的。

（四）犯罪处罚

向国家工作人员介绍贿赂，情节严重的，处三年以下有期徒刑或者拘役，并处罚金。介绍贿赂人在被追诉前主动交待介绍贿赂行为的，可以减轻处罚或者免除处罚。

十一、巨额财产来源不明罪

国家工作人员的财产、支出明显超过合法收入，差额巨大的，经责令其说明来源，不能说明来源的，构成巨额财产来源不明罪。现实中，在国有企业犯巨额财产来源不明罪的人员，往往同时触犯贪污、受贿等其他罪名，须数罪并罚。

案例　某集团分公司总经理、运输部原部长张××贪污、受贿、巨额财产来源不明案

2004年9月至2010年1月，张××利用职务上的便利，以权谋私，为其子张×在承揽工程、租赁工程机械、室内装修、服装购置、物资供应、粮油采购、购买水电表和磁卡中贪污受贿，为有关人员提拔任用受贿，与多人互相利用，大肆侵吞国有资产、贪污受贿。经查，张××家庭共有银行存款、现金、保险、住房、证券、债权、车辆、购物卡、黄金等资产，总计价值达人民币4737余万元、美金1676元，除去正当合法收入外，仍有2803余万元人民币和1676元美金不能说明正当合法来源。其中，张××滥用职权，单独和与其子张×、其妻穆××共同受贿金额高达790余万元人民币。同时，张××、张×还分别贪污295万元和265万元人民币。张××被以受贿罪、贪污罪、巨额财产来源不明罪判处无期徒刑、剥夺政治权利终身。

(一)犯罪构成

1. 犯罪主体

巨额财产来源不明罪的主体只能是国家工作人员，非国家工作人员不能犯此罪。

2. 犯罪客体

犯罪侵犯的客体是国家工作人员职务行为的廉洁性和公私财物的所有权。

3. 主观方面

巨额财产来源不明罪在主观上表现为行为人知道自己的财产、支出明显超过合法收入，本人有说明义务，却不能说明或拒不说明。

4. 客观方面

客观方面表现为国家工作人员的财产、支出明显超过合法收入，且差额巨大，本人不能说明来源。一是行为人的财产或者支出明显超过合法收入，且差额巨大。这里所说的“财产”是指行为人实际拥有的财产，包括住房、交通工具、存款等。“支出”是指国家工作人员已经实际对外支付的款物，包括各种消费及其他开支，还包括赠与他人的款物。“合法收入”是指按法律规定属于行为人所有的财产，如工资、奖金、津贴以及其他依法依规取得的报酬，继承的遗产、接受的馈赠、捐助等。“差额巨大”，是指数额在三十万元以上的。二是行为人不能说明财产来源。“不能说明”包括：行为人拒不说明财产来源；行为人无法说明财产的具体来源；行为人所说的财产来源经司法机关查证并不属实；行为人所说的财产来源因线索不具体等原因，司法机关无法查实，但能排除存在来源合法的可能性和合理性。行为人能够说明大部分差额财产的来源为合法所得，无法说明的差额财产数额不够巨大的，不构成巨额财产来源不明罪。

(二)犯罪认定

1. 构成差额巨大的标准

差额巨大是构成本罪的数额标准。行为人财产或支出超过其正常收入的差额部分必须达到三十万元以上，且须有证据证明其数额达到三十万元以上，行为人才构成本罪。

2.“财产虽差额巨大，但能说明其财产合法来源”的有关情况

有些国家工作人员在正常工作之外利用一技之长，在业余时间从事科研、技术咨询等工作获得报酬，可能大大超过工资收入。有些国家工作人员家属从事高收入职业，报酬较多。有些国家工作人员因接受亲属朋友遗产或馈赠而富有。如果当事人对财产来源能说明其合法性，经初步核实无误，不能认定为巨额财产来源不明罪。

3. 在认定巨额财产来源不明罪时如何对待家庭财产？

巨额财产来源不明罪中国家工作人员的财产支出与合法收入差额巨大的部分，是指其本人的财产，不是与家庭成员共同的财产。如果家庭成员拥有财产超过合法收入，且差额巨大，其身份也是国家工作人员，则应责令家庭成员说明来源，若家庭成员不是国家工作人员，对此则不能以巨额财产来源不明罪论处。

4. 如何计算非法所得的数额

国家工作人员合法收入是计算非法所得的基础。合法收入包括国家工作人员的工资、奖金、国家发放的各种补贴，以及本人的其他劳动收入、亲友的馈赠和依法继承的财产。非法所得数额以国家工作人员的财产或者支出与其合法收入的差额来计算。计算非法所得应将合法收入部分扣除，只计算差额部分。如果能够说明财产的合法来源，经查证属实，应作为合法收入。由所有所得减去合法收入，作为非法所得。

5. 巨额财产来源不明罪与贪污罪、受贿罪的关系

巨额财产来源不明罪与贪污罪、受贿罪两罪联系密切，很多来源不明的巨额财产实际是未查证属实的贪污或者受贿的非法所得。贪污罪和受贿罪的主体范围比巨额财产来源不明罪大。行为人拥有超过合法收入的巨额财产而不能说明其来源，司法机关又不能查明其来源的，即可构成巨额财产来源不明罪。行为人拥有来源不明的巨额财产可能来自贪污、受贿，也可能来自走私、贩毒、盗窃、诈骗等行为，这些均不影响巨额

财产来源不明罪的构成。

（三）立案标准

涉嫌巨额财产来源不明，数额在三十万元以上的，应予立案。

（四）犯罪处罚

犯本罪的，处五年以下有期徒刑或者拘役；差额特别巨大的，处五年以上十年以下有期徒刑，对其财产的差额部分予以追缴。

十二、隐瞒境外存款罪

隐瞒境外存款罪是指国家工作人员在境外的存款依法应当申报而隐瞒不报、数额较大的行为。

案例　某市供销合作社主任张某隐瞒境外存款案

某市供销合作社主任张某，家庭资产高达 2800 余万元，其中房产 18 套，存款有 1000 余万元。张某对 1000 余万元的财产不能说明其合法来源。张某在担任××区供销合作社主任期间，还违反国家规定，以其妻潘某名义在香港某银行账户内存有 250 余万港元。在每年领导干部报告个人事项过程中，张某均未如实填报，故意隐瞒其在香港存款的事实，且其不能说明收入的正当来源。张某被法院以贪污、受贿、隐瞒境外存款和巨额财产来源不明罪共判处 20 年有期徒刑，并处没收财产人民币 25 万元。

（一）犯罪构成

1. 犯罪主体

隐瞒境外存款罪主体须是国家工作人员，非国家工作人员没有特定的申报财产义务，也没有申报境外存款的义务，即使在境外存有巨款也不构成隐瞒境外存款罪。

2. 犯罪客体

隐瞒境外存款罪侵犯的是国家廉政制度和国家外汇管理制度。国家工作人员在境外有存款应依照国家规定进行申报。一些国家工作人员无视宪法和法律，以权谋私，贪污、受贿，或者进行其他违法犯罪活动，并将在国内外非法所得赃款存入境外，隐瞒不报，严重破坏国家的廉政制度，同时也侵犯了国家外汇管理制度，使国家损失外汇收入。隐瞒境外存款罪的犯罪对象是“境外存款”。“境外存款”是指在我国国（边）境以外的国家、地区（包括香港、澳门、台湾地区）存入金融机构的外币、外币有价证券、支付凭证、贵金属及其制品等。这里的“存款”仅指外汇，不指人民币。存款来源或者是国家工作人员在境内境外的工作报酬、继承的遗产或接受的赠与，或者是违法犯罪所得，或者由本人亲自存到境外，或者托人辗转存于境外。不论是国家工作人员在境外的工作报酬、继承的遗产或接受的赠与，还是违法犯罪所得；也不论由本人存在境外还是托人辗转存于境外，都是境外存款，均是本罪的犯罪对象。

3. 主观方面

隐瞒境外存款罪在主观方面是故意，即明知依法应申报而有意隐瞒不申报，目的是为逃避国家对其境外收入情况的监督。如果不是故意隐瞒，而是由于对国家的申报规定不明知等原因，或者由于种种客观原因未能及时申报，不构成本罪。隐瞒不报境外存款的动机多种多样，大多数是为掩盖隐瞒自己获取这些存款途径的非法性，也有的是为保护隐私，或者是出于对国家不信任。

4. 客观方面

隐瞒境外存款罪具有两个必备客观要件：一是“隐瞒不报”，二是“数额较大”，缺少其中任何一个要件，都不构成本罪。国家工作人员申报境外存款是一项义务。如果没有向国家申报境外存款义务，不能构成犯罪。隐瞒不报境外存款必须“数额较大”才构成犯罪。“数额较大”是指人民币三十万元以上，存在境外的外汇需按国家牌价折合成人民币来计算。涉嫌隐瞒境外存款折合人民币数额在三十万元以上的，应予立案。

(二) 犯罪认定

不属于隐瞒境外存款罪的情形：

1. 过失没有申报境外存款的不属于隐瞒境外存款罪。如果由于本人确实不知道在境外的存款需要申报，或者由于疏忽忘记申报境外存款的，经有关部门提醒补报的，不构成犯罪。

2. 一般隐瞒境外存款行为。国家工作人员隐瞒境外存款不满三十万元的，属于一般隐瞒境外存款违法违纪行为，不构成犯罪。

3. 行为人在境外的存款，如果明显超过合法收入，数额巨大，又不能说明其来源是合法的，构成巨额财产来源不明罪。

(三) 立案标准

涉嫌隐瞒境外存款，折合人民币数额在三十万元以上的，应予立案。

(四) 犯罪处罚

国家工作人员隐瞒不报境外存款、数额较大的，处二年以下有期徒刑或者拘役；情节较轻的，由其所在单位或者上级主管机关酌情给予行政处分。所谓情节较轻，一般指隐瞒不报境外存款数额不大，或系合法收入暂存境外等。

十三、私分国有资产罪

私分国有资产罪是指国家机关、国有公司、企业、事业单位、人民团体违反国家规定，以单位名义将国有资产集体私分给个人，数额较大的行为。

案例　某市国有公司私分国有资产案

2012年至2016年，某市国有公司通过从A公司、B公司、C公司经营部虚开购货发票、虚列劳务支出、采购价格虚高等手段套取资金263万余元，经公司经理赵某、副经理徐某等人集体讨论决定，将其中156万余元以单位名义私分给本单位工作人员，构成私分国有资产罪。

（一）犯罪构成

1. 犯罪主体

私分国有资产罪的主体是国家机关、国有公司、企业、事业单位和人民团体。其他非国有性质的单位由于其资产不属于国有资产，所以单位不会违反国家规定支配并以集体名义私分。本罪是单位犯罪，根据法律规定只处罚私分国有资产的直接负责的主管人员和其他直接责任人员。

2. 犯罪客体

私分国有资产罪侵犯的是国有资产所有权，犯罪对象为国有资产。国有资产是指国家依法取得和认定的，或者国家以各种形式对企业投资和投资收益、国家向行政事业单位拨款等形成的资产。国有资产包括依法经由上述国家机关、国有公司、企业、事业单位、人民团体管理、使用或者运输中的国有资产。如纳税人依法上交国家的税款等。

对于承包经营的企业，国家实行资金分账制度，将该企业掌握的资金分为国家资金和企业资金。其中，凡国家资金不得用作企业职工集体福利基金或用作职工奖励奖金等，否则属于违背国家对国有资产管理的不法行为。集体私分国有资产侵犯了国有资产的所有权，数额较大的即构成本罪。私分的如果不是国有资产，而是国有企业、事业单位的创收款物，或者不属于应上缴国家的国有资产，或者是集体发给单位职工的奖金，不构成私分国有资产罪。

私分国有资产罪的对象不一定是钱款。除国有资金外，还包括国有的生产资料及其属于国有的产品、商品等。私分的对象可以是国有的钱款、股份、有价证券，也可以是国有的其他固定资产。如私分归单位管理、使用的国有的计算机、照相机等。

3. 主观方面

私分国有资产罪在主观方面表现为故意，即明知是国有资产，而决定以单位名义将其集体私分给单位中的个人。

4. 客观方面

行为人实施了违反国家规定，以单位名义将国有资产集体私分给个人，数额较大的行为。

“违反国家规定”是指违反法律、法规、行政法规、命令等规章制度，主要是指国有资产管理法规及有关经济、行政法律、法规及行政命令。没有违反国家规定的，不构成犯罪。例如：国有公司、企业将税后利润作为奖金发放，或发放“提成”给个人。如有的企业违背国家关于国有资金与企业资金的分账比例管理制度，擅自将国有资金转为企业资金而私分国有资产。

私分国有资产罪必须是以单位名义将国有资产集体私分给个人，归个人所有。“以单位名义”是指由单位领导班子集体决策或由单位负责人决定并由直接责任人员经手实施，公开或半公开地以分红、发奖金、节日慰问费等名义所进行的活动。集体私分给个人是指以单位名义将国有资产按人头分配给本单位全部或部分职工。这里的个人指的是该单位的职工。集体私分国有资产给个人数额较大者，才能构成本罪。

（二）犯罪认定

1. 国有资产与公共财产的区别

国有资产是公共财产，公共财产不一定是国有资产。公共财产除国有资产外，还包括“劳动群众集体所有的财产”“用于扶贫和其他公益事业的社会捐助或者专项基金的财产”及“以公共财产论”的“在国家机关、国有公司、企业、集体企业和人民团体管理、使用或者运输中的私人财产”。后三类均非国有资产，凡私分后三类财产者不能按私分国有资产罪处理。

2. 私分国有资产罪与集体私分利润、滥发奖金的区别

国有公司、企业、事业单位、人民团体应上缴税金以外的利润留成或事业单位、人民团体等单位的创收、利润，不属于应上缴国家的国有资产，单位有权分配。如果违反规定，不适当地扩大单位自有奖金、实物发放的数额和范围，那便是滥发奖金、实物。如某国家所办大学依照

有关规定开办计划外的英语培训班，将按规定交纳税金、管理费后的部分学费收入分配给职工，就不是私分国有资产罪。

3. 私分国有资产罪与贪污罪的区别

私分国有资产罪的主体是国家机关、国有公司、企业、事业单位和人民团体。贪污罪的主体是自然人，即国家工作人员以及受国家机关等国有单位委托管理和经营国有财产的人员。贪污罪客观表现为一种个人行为，个人利用职务便利侵吞、窃取、骗取或以其他手段非法占有公共财产，或在国内公务、对外交往中将应交公的礼品、礼物而不交公。私分国有资产罪在客观方面表现为单位以单位名义集体将国有资产私分给个人，数额较大。私分国有资产罪仅指公共财产中的国有资产，贪污罪的犯罪对象包括所有公共财产。

4. 正确区分私分国有资产罪与低价折股、低价出售国有资产罪

低价折股、低价出售国有资产罪是指国有公司、企业或者上级主管部门直接负责的主管人员徇私舞弊，将国有资产低价折股或者低价出售，致使国家的利益遭受重大损失。私分国有资产罪的犯罪手段是以单位的名义私分国有资产，低价折股、低价出售国有资产罪是以低价折股、低价出售的手段将国有资产流失。私分国有资产罪的目的是个人非法占有国有资产。低价折股、低价出售国有资产罪的目的是徇私情、徇私利，将国有资产低价出售或者低价折股给他人。

(三) 立案标准

涉嫌私分国有资产，累计数额在十万元以上的，应予立案。

(四) 犯罪处罚

犯私分国有资产罪，数额较大的，对其直接负责的主管人员和其他直接责任人员，处三年以下有期徒刑或者拘役，并处或者单处罚金；数额巨大的，处三年以上七年以下有期徒刑，并处罚金。

十四、非国家工作人员受贿罪

非国家工作人员受贿罪是指公司、企业或者其他单位的工作人员，

利用职务上的便利，索取他人财物或者非法收受他人财物，为他人谋取利益，数额较大的行为。

案例　李某非国家工作人员受贿案

某市炼化有限公司系国有控股，由原市炼化厂改制而来。公司通过考试招聘9名社会人员，某民营企业销售部副经理李某被聘任为炼化有限公司商务部经理。2018年至2020年12月，李某利用担任市炼化有限公司商务部经理的职务便利，为相关供应商在该公司项目入围、工程款审批、工程项目实施等环节谋取利益，非法收受丁某等人贿赂共计人民币260余万元，构成非国家工作人员受贿罪。

（一）犯罪构成

1. 犯罪主体

犯罪主体是特殊主体，即公司、企业或者其他单位工作人员。公司、企业工作人员是指公司、企业、其他单位中从事领导、组织、管理工作的人员，如公司董事、监事及公司、企业经理、厂长、财会人员以及其他受公司、企业聘用从事管理事务人员。“其他单位的人员”包括国有事业单位或者其他组织工作人员，如教育、科研、医疗、体育、出版等单位从事组织领导及履行监督、管理职责的人员。这里的犯罪主体不包括国有公司、企业、国有其他单位中从事公务的人员和国有公司、企业、国有其他单位委派到非国有公司、企业以及其他单位从事公务的人员。

2. 犯罪客体

非国家工作人员受贿罪侵犯的是国家对公司、企业以及非国有事业单位、其他组织的工作人员职务活动的管理制度。市场经济条件下，公司、企业以及事业单位、其他组织扮演十分重要的角色。这些单位工作人员通过合法的职务活动，使公司、企业、事业单位等在市场经济中的角色得以正常和出色发挥。有关法律法规对这些单位工作人员职务活动作了规范，建立了明确的管理制度，非国家工作人员受贿罪侵犯了这些管理秩序，危害公司、企业、事业单位的根本利益，破坏了正常的社会主义市场经济秩序。

3. 主观方面

本罪主观方面表现为故意。

4. 客观方面

本罪客观方面表现为利用职务便利，索取他人财物或非法收受他人财物，为他人谋取利益，数额较大，或者在经济往来中违反国家规定收受各种名义的回扣、手续费。

行为人利用职务便利，是必不可少的前提条件。利用职务便利是指公司、企业以及事业单位、其他组织，利用本人组织、领导、监督、管理等职权以及利用与上述职权有关的便利条件，包括利用自己主管、分管、经手等工作职务、岗位范围内的权限；利用、凭借自己的权力去指挥、影响下属及利用其他人员与职务相关的权限，为行贿人谋取利益；利用、凭借权限、岗位、地位控制、左右其他人员，或者利用其他有求于己的人员的职务权限，为行贿人谋取利益。

索取他人财物是指利用组织、领导、监督、管理等职务便利，主动向有求于其职务行为的请托人索要财物。非法收受他人财物是指利用组织、领导、监督、管理等职务便利，为请托人办事，接受请托人主动送给的财物。行为人直接利用本人职权范围内权力。为他人谋取利益是指行为人索取或收受他人财物，利用职务之便为他人或允诺为他人实现某种利益。该利益是合法还是非法，以及是否已谋取到，均不影响本罪的成立。

贿赂是指金钱、物品或其他诸如房地产使用权、有关票证等财产性利益。索取贿赂是指行为人利用职务便利，在请托人求其谋取利益或解决困难等时采取刁难、拖延、要挟等手段主动向对方索要贿赂。索贿形式可以采取口头形式，也可采取书面形式；既可能当面索取，也可能通过第三者转告索要；既可能是公开索要，又可能暗示请托人给予；等等。收受贿赂是指行为人利用职务便利，以是否执行其本身职务所要求的行为为条件来收受他人主动送予的财物。在索取贿赂中，受贿人是主动的，行贿人是被动的。收受贿赂中，行贿人是主动的，而受贿人则是被动的。收受贿赂可以是直接收取，但也可以是间接收取；可以是事前收受，也可以是事后收受。不管采取何种形式，都不影响本罪成立。

“为他人谋取利益”可能是已经谋取了利益，事前或者事后收受财物；也可能是收受财物后许诺为他人谋取利益，但案发时尚未着手；也可能是收受财物后着手为他人谋取利益但尚未成功；或者成功为他人谋取利益但案发时财物尚未到手；还可能是正在着手为他人谋取利益但案发时尚未成功，财物也未到手。至于谋取的利益是否合法、正当，是物质利益还是非物质利益，以及是否已谋取到利益，均不影响本罪构成。

（二）犯罪认定

1. 公司、企业人员犯非国家工作人员受贿罪与非罪的界限

一是区分公司、企业人员犯非国家工作人员受贿罪与收取合理报酬行为。公司、企业人员在法律、法规、政策以及公司、企业规章、制度允许的范围内，以其劳动换取合理报酬，与受贿不同。例如公司、企业人员从事与公司、企业无关的技术、信息咨询服务而获取合理报酬，是合理的劳务报酬而不是受贿。如果公司、企业人员获取的财物是劳动收入，那么是合理的报酬，但是如果行为人不是用劳动换取报酬，而是利用职务便利为他人谋利益、以“劳动报酬”为名义索取或收受他人财物且数额较大，应认定为非国家工作人员受贿罪。

二是区分公司、企业人员犯非国家工作人员受贿罪与请客送礼、接受馈赠的行为。公司、企业人员没有明显、直接的谋利目的，与亲友间为了联络感情、表达情谊而公开请客送礼、接受馈赠，而且礼物的数额价值一般不大，这种行为与受贿行为有本质的区别，应当加以区分。

三是区分公司、企业人员犯非国家工作人员受贿罪与其他索取、收受提成、回扣、手续费等行为。公司、企业人员在经济往来中违反国家规定，收受各种名义的回扣、手续费归个人所有的，应以非国家工作人员受贿罪论处，如果收受的回扣、手续费不是归个人所有，或者是单位

收受回扣、手续费，即使违反国家规定，也不构成非国家工作人员受贿罪。没有利用本人的职务便利，为他人推销产品、购买物资、联系业务，以“酬谢费”为名索取、收受财物的，或在经国家有关主管部门批准成立的专门机构从事提供信息、介绍业务、咨询服务等工作，按规定取得酬劳的，都不违反国家规定，不能认定为非国家工作人员受贿罪。

2. 非国家工作人员受贿罪与受贿罪的区别

非国家工作人员受贿罪与一般受贿罪在主观和客观上都具有犯罪故意及利用职务之便索取或收受贿赂、为他人谋取利益的特征，区别为：

非国家工作人员受贿罪侵犯的是公司、企业以及其他单位的正常管理活动和信誉，而一般受贿罪侵犯的是国家机关的正常管理活动和信誉。非国家工作人员受贿罪的主体是公司、企业人员或者其他单位工作人员。受贿罪的主体是国家工作人员。

（三）立案标准

公司、企业或者其他单位的工作人员利用职务上的便利，索取他人财物或者非法收受他人财物，为他人谋取利益，或者在经济往来中，利用职务上的便利，违反国家规定，收受各种名义的回扣、手续费，归个人所有，数额在三万元以上的，应予立案追诉。

（四）犯罪处罚

犯本罪，数额较大的，处三年以下有期徒刑或者拘役，并处罚金；数额巨大或者有其他严重情节的，处三年以上十年以下有期徒刑，并处罚金；数额特别巨大或者有其他特别严重情节的，处十年以上有期徒刑或者无期徒刑，并处罚金。

十五、对非国家工作人员行贿罪

对非国家工作人员行贿罪是指为谋取不正当利益，给予公司、企业或者其他单位工作人员以财物，且数额较大的行为。

案例　李某对非国家工作人员行贿案

2014年5月，李某成立一家有限公司A公司，主要经营机电产品销售。李某在向一民营公司B公司推销机电产品过程中，为谋取不正当利益，送给B公司负责采购业务的副总经理、部门经理等相关工作人员好处费共计人民币200万元。李某构成对非国家工作人员行贿罪。

（一）犯罪构成

1. 犯罪主体

对非国家工作人员行贿罪的主体是从事商品经营、营利性服务等经济活动的法人、其他经济组织，或者个人。机关及其所属部门也可成为主体。犯罪主体是多元的，包括国有经济、集体经济的单位及成员、私营经济、个体工商业者、公私联合体、私人合伙经营者。中外合资、中外合作及外商独资的经济实体及成员也可构成对非国家工作人员行贿罪的主体。

2. 犯罪客体

对非国家工作人员行贿罪侵犯的是国家公司、企业的正常管理秩序和市场竞争秩序。社会主义市场经济是有序的，商品生产、交换、分配、消费及服务都应规范合法，营利性活动应当遵循国家法规或者商业惯例。对非国家工作人员行贿既违背诚实信用、公平自愿原则，又违反国家规定，而且破坏市场经济秩序和规范。一些经济主体不是依靠商品质量和良好的劳务服务，而是依靠对非国家工作人员行贿来实现其经济目的、追求不法利润。由于对公司、企业及其他单位人员行贿，可能导致采购人员买远不买近，买坏不买好；伪劣产品充斥市场，排挤合格产品，诋毁其信誉。结果，一些技术先进、实力雄厚的单位可能被拒于门外，一些“杂牌军”却可能抢走生意，使得市场竞争混乱无序。

3. 主观方面

对非国家工作人员行贿罪主观上为故意。目的是为谋取不正当利益，这里的谋利不同于经济活动中依法经营而获取正当利益，而是谋取不正当高额利润。行贿方旨在通过对公司、企业或者其他单位人员行贿谋取高于所提供的商品、劳务服务应得的公平利润的利益，动机还可能是为了垄断市场、排除竞争对手，最终进行垄断经营，牟取暴利。

4. 客观方面

对非国家工作人员行贿罪客观上表现为谋取不正当利益，给予公司、企业或其他单位工作人员以财物，且数额较大的行为。对非国家工作人员行贿罪客观方面主要表现为支付回扣、手续费。在商品买卖或劳务服务活动中，卖方从其卖得的价款中按比例或不按比例返还给买方一部分款项，双方商定返还方式、比例，这种买方所得的由卖方返还的价款就是回扣。手续费指佣金以及买卖双方当事人、居间人所得的佣金、回扣性质以外的报酬佣金、回扣性质以外的报酬。佣金专指买卖双方以外的第三人居间介绍买卖所得，由买方或卖方单独给付或双方共同给付的款项。回扣、手续费名目繁多，能局部地加速商品流通，但是也能阻碍商品经济的发展。

（二）立案标准

为谋取不正当利益，给予公司、企业或者其他单位的工作人员以财物，个人行贿数额在三万元以上的，单位行贿数额在二十万元以上的，应予立案追诉。

（三）犯罪处罚

自然人犯本罪，数额较大的，处三年以下有期徒刑或者拘役，并处罚金；数额巨大的，处三年以上十年以下有期徒刑，并处罚金。

单位犯本罪的，对单位判处罚金，并对其直接负责的主管人员和其他直接责任人员，依照上述的规定处罚。

行贿人在被追诉前主动交待行贿行为的，可以减轻处罚或者免除处罚。

十六、对外国公职人员、国际公共组织官员行贿罪

对外国公职人员、国际公共组织官员行贿罪，是指为谋取不正当商业利益，给予外国公职人员、国际公共组织官员以财物的行为。

（一）犯罪构成

1. 犯罪主体

犯罪主体为一般主体，包括单位和自然人。无论是否为中国国籍的自然人，无论是否为在中国注册的单位，只要在我国刑事管辖的范围内实施对外国公职人员、国际公共组织官员行贿之行为，均可以成为本罪的主体。

2. 犯罪客体

犯罪客体为单一客体，即国家对公司、企业的管理秩序。

3. 主观方面

本罪主观方面是故意，行为人为谋取不正当商业利益而实施贿赂行为。

4. 客观方面

行为人为谋取不正当商业利益而实施对外国公职人员、国际公共组织官员的贿赂行为。这里的“不正当商业利益”应依据外国法律、法规或国家政策，以及国际组织的规章、制度作出判断。这些利益可能是应损失而未损失的，可能是不应得而获得的，也可能是应得而扩大的，等等。

（二）立案标准

为谋取不正当商业利益，给予外国公职人员或者国际公共组织官员以财物，个人行贿数额在三万元以上的，单位行贿数额在二十万元以上的，应予立案追诉。

（三）犯罪处罚

自然人犯本罪，数额较大的，处三年以下有期徒刑或者拘役，并处罚金；数额巨大的，处三年以上十年以下有期徒刑，并处罚金。

单位犯本罪的，对单位判处罚金，并对其直接负责的主管人员和其他直接责任人员，依照上述规定处罚。

行贿人在被追诉前主动交待行贿行为的，可以减轻处罚或者免除处罚。

十七、职务侵占罪

职务侵占罪是指公司、企业或者其他单位的工作人员利用职务上的便利，将本单位财物非法占为己有，数额较大的行为。

案例　赵某职务侵占案

某国有自来水公司下属企业自来水安装工程公司在改革过程中吸收多家民营企业参与，成立新的国有控股股份有限公司C公司（国资占比40%）。C公司聘用赵某担任公司经理。赵某在担任C公司经理期间，多次采取虚假出资、虚增股份、虚构分红、虚增债务及用非法获得的股份分红、再次增资扩股等手段，侵占C公司及关联公司的资金180万元，构成职务侵占罪。

（一）犯罪构成

1. 犯罪主体

职务侵占罪主体包括公司、企业或者其他单位的工作人员。具体讲，公司、企业的人员指三种自然人，即股份有限公司、有限责任公司中不具有国家工作人员身份的董事、监事，除公司董事、监事之外不具有国家工作人员身份的经理、部门负责人和其他一般职员和工人；集体性质企业、私营企业、外商独资企业的职工；国有企业、公司、中外合资、中外合作企业等中不具有国家工作人员身份的所有职工。凡是具有国家工作人员身份的人员利用职务或工作便利侵占公司、企业和其他单位财物的，应定贪污罪；不具有国家工作人员身份的人员利用职务便利侵占单位财物按职务侵占罪论处。这里的“国家工作人员”是指在国有公司、企业或者其他公司、企业中行使管理职权，并具有国家工作人员身份的人员，包括受国有公司、国有企业委派或者聘请，作为国有公司、国有企业代表，在中外合资、合作、股份制公司、企业等非国有公司企业中行使管理职权并具有国家工作人员身份的人员。

2. 犯罪客体

本罪的犯罪客体是公司、企业或者其他单位的财产所有权。“公司”是指按照公司法规定设立的非国有的有限责任公司和股份有限公司；“企业”是指除上述公司以外的非国有的、经工商行政管理机关批准设立、有一定数量注册资金及一定数量从业人员的营利性经济组织，如商店、工厂、饭店、宾馆及各种服务性行业、交通运输行业等经济组织；其他单位是指除上述公司、企业以外的非国有社会团体或经济组织，包括集体或者民办的事业单位及各类团体。

本罪侵犯的对象是公司、企业或者其他单位的财物，包括动产和不动产。“动产”指公司、企业、其他单位占有、管理的钱财，包括本单位有权占有而未占有的财物，如债权。犯罪对象包括有形物和无形物，如厂房、电力、煤气、天然气、工业产权等。

3. 主观方面

职务侵占罪主观方面是直接故意，具有非法占有公司、企业或其他单位财物的目的。

4. 客观方面

客观方面表现为利用职务便利侵占本单位财物且数额较大的行为。包括三个方面：

一是必须利用职务便利，即指利用职权及与职务有关的便利条件。职权指本人的职务、岗位范围内的权力。与职务有关的便利条件指不是直接利用职务或岗位上的权限，而利用了本人职权、地位所形成的便利条件，或者通过其他人职务或地位的便利条件。如用主管、分管、经手、决定或处理以及经办公司、企业一定事项等权力；依靠、凭借权力去指挥、影响下属或利用其他人员与职务、岗位有关的权限；依靠、凭借权限、地位控制、左右他人，或利用有求于己的人员的权限，如企业领导利用调拨、处置企业财产的权力；出纳利用经手、管理现金的权力；保管利用长期或暂时管理财物的权力等。不是利用职务上的便利而是利用工作的便利如熟悉环境、易接近目标等便利取得财物，应以盗窃罪论处。

二是必须有侵占财物的行为。即非法占有本单位依法占有、取得的全部财产，包括本单位的一切物权、无形财物权和债权，可以是建筑物、设备、库存商品、现金、专利、商标等。非法占为己有是指采用侵吞、窃取、骗取等手段将本单位财物据为私有，即将合法已持有的单位财物视为己物而加以处分、使用，如将单位房屋、设备等财产谎称己有而出售；私自将单位房屋过户登记为己有；谎称已被盗窃、遗失、损坏因而隐匿所保管的单位之物；等等。利用职务之便骗取、窃取、侵吞、私分单位财物从而转化为己有。当这种非法占有达到数额较大的标准，即可构成职务侵占罪。侵占行为完成，应视为既遂。如果没有完成，应以未遂处理。

三是必须达到数额较大的程度。如果非法侵占公司、企业及其他单位财物的行为没有达到数额较大的标准，不能构成职务侵占罪。

(二) 犯罪认定

1. 职务侵占罪与贪污罪的区别

(1) 主体不同。职务侵占罪主体是公司、企业或其他单位的人员。包括股份有限公司、有限责任公司、国有公司、企业、中外合资、中外合作、集体性质企业、外商独资企业、私营企业等中除国家工作人员之外，或者受委托从事公务的人员之外的一切职工。贪污罪主体限于国家工作人员，其中包括在国有公司、企业或者其他公司、企业中行使管理职权并具有国家工作人员身份的人员，以及受国有公司、国有企业委派或者聘请，作为国有公司、国有企业代表，在中外合资、合作、股份制公司、企业等非国有单位中行使管理职权的人员。

(2) 行为不同。职务侵占罪是利用职务之便侵占本单位财物；贪污罪是指利用职务之便侵吞、盗窃、骗取公共财物。

（3）犯罪对象不同。职务侵占罪的对象须是自己职权范围内或工作范围内经营的本单位财物，可以是公共财物，也可以是私有财物；贪污罪只能是公共财物。

（4）法定刑不同。职务侵占罪的最高法定刑为十五年有期徒刑；贪污罪的最高法定刑为死刑。

2. 职务侵占罪与盗窃罪的区别

职务犯罪侵占罪与盗窃罪均以非法占有财物为目的，均侵犯了财产所有权。主要区别是：职务侵占罪的主体是特殊主体，盗窃罪的主体为一般主体；职务侵占罪对象只能是本单位财物，盗窃罪的对象是他人财物，包括公私财物；职务侵占罪是利用职务的便利侵占实际掌管的本单位财物，盗窃罪则是采用秘密窃取的手段获取他人财物。

3. 职务侵占罪与侵占罪的区别

一是主体不同。职务侵占罪的主体是特殊主体，即公司、企业或者其他单位的工作人员且非国家工作人员；侵占罪主体为一般主体，即达到刑事责任年龄具有刑事责任能力的自然人。二是主观方面不同。职务侵占罪为明知是单位的财物而决意采取侵吞、窃取、欺诈等手段非法占为己有；侵占罪的主观方面为明知是他人的、代为保管的财物、遗忘物或埋藏物而决意占为己有，拒不交还。三是客观方面不同。职务侵占罪行为人必须利用职务上的便利，采取侵吞、窃取、骗取等手段，将单位财物非法占为已有，即化公为私。是否先已持有财物不影响罪名成立。侵占罪必先已正当、善意、合法地持有他人财物，再利用各种手段占为己有且拒不交还，不必利用职务便利。四是职务侵占罪的对象是公司、企业或其他单位财物，有国有的，有集体的，有个人的。侵占罪侵犯的仅仅是他人的三种特定物，即系为自己保管的他人财物、遗忘物或者埋藏物。他人是指个人而不是单位。五是职务侵占罪侵犯的客体是公私财物所有权，侵占罪侵犯的仅是他人财物所有权。六是侵占罪只有告诉的才处理，职务侵占罪不属于告诉才处理的案件。

4. 职务侵占罪与诈骗罪的区别

两种犯罪均以非法占有为目的，均侵犯了财产所有权。区别为：职务侵占罪主体是特殊主体，即必须是公司、企业或者其他单位的人员，诈骗罪的主体为一般主体；职务侵占罪对象是本公司、企业财物，实际上已被行为人所掌控，诈骗罪的对象是不为自己实际控制的他人财物；职务侵占罪是利用职务便利侵占本单位财物，诈骗罪是用虚构的事实或隐瞒事实真相的方法骗取他人财物。

（三）立案标准

公司、企业或者其他单位的人员，利用职务上的便利，将本单位财物非法占为己有，数额在三万元以上的，应予立案追诉。

（四）犯罪处罚

犯本罪，数额较大的，处三年以下有期徒刑或者拘役，并处罚金；数额巨大的，处三年以上十年以下有期徒刑，并处罚金；数额特别巨大的，处十年以上有期徒刑或者无期徒刑，并处罚金。

十八、挪用资金罪

挪用资金罪是指公司、企业或者其他单位的工作人员利用职务上的的便利，挪用本单位资金归个人使用或者借贷给他人，数额较大、超过三个月未还，或者虽未超过三个月，但数额较大、进行营利活动，或者进行非法活动的行为。

案例　沈某挪用资金案

沈某原从事个体经营，2018 年被聘担任某国有电缆有限公司业务员，从事电线电缆销售工作。2019 年 1 月初，沈某虚构某公司购买电缆事实，并伪造该公司合同印章，与某国有电缆公司签订《产品购销合同》，订购 285 万元的电缆 3000 米。沈某获得电缆后发货至合肥，卖给吴某个人，吴某于同年 1 月、2 月先后支付货款280万元。沈某获得货款后未交电缆公司，而是私自用于偿还个人即将到期的借款，直至2015年年底，电缆公司进行审计时案发。电缆公司聘用人员沈某利用职务上的便利，挪用公司资金归个人使用，超过三个月未还，已经构成挪用资金罪。

(一) 犯罪构成

1. 犯罪主体

挪用资金罪主体系特殊主体，即公司、企业或者其他单位的工作人员。公司、企业中包括三种情况的自然人，即股份有限公司、有限责任公司的董事、监事。上述公司的工作人员，是指除公司董事、监事之外的经理、部门负责人和其他一般职工，其中董事、监事和职工必须不具有国家工作人员身份；上述企业以外的企业或者其他单位的职工，包括集体性质的企业、私营企业、外商独资企业的职工，以及在国有公司、国有企业、中外合资、中外合作股份制公司、企业中不具有国家工作人员身份的所有其他职工。国家工作人员不能成为本罪的主体，只能成为挪用公款罪的主体。

2. 犯罪客体

挪用资金罪侵害的是公司、企业或者其他单位资金的使用收益权，犯罪对象是本单位资金。“本单位资金”是指由单位所有或实际控制使用的一切以货币形式表现出来的财产。

3. 主观方面

主观是故意，行为人明知自己在挪用或借贷本单位资金，并且利用了职务上的便利，而仍故意为之。其目的是为了取得单位资金使用权，不以永久非法占有为目的。

4. 客观方面

挪用资金罪表现为行为人利用职务便利，挪用本单位资金归个人使用或者借贷给他人，数额较大、超过三个月未还的或者虽未超过三个月，但数额较大、进行营利活动的，或者进行非法活动的行为，具体包含以下三种行为：

一是挪用本单位资金归个人使用或者借贷给他人，数额较大、超过三个月未还。行为人利用主管、经手本单位资金的便利条件挪用本单位资金，归个人使用或者借贷给他人使用，但未用于从事不正当的经济活动。

二是挪用本单位资金归个人使用或者借贷给他人进行营利活动，虽未超过三个月，但数额较大。认定时不受挪用时间是否超过三个月及超过三个月是否退还的限制。“营利活动”主要是指进行经商、投资、购买股票或债券等活动。

三是挪用本单位资金归个人使用或者借贷给他人，虽未超过三个月，但数额较大，进行非法活动。不受挪用时间是否超过三个月及超过三个月是否退还的限制。“非法活动”是指将挪用来的资金用来进行走私、赌博等活动。

挪用资金必须利用职务便利，即指公司、企业或者其他单位中具有管理、经营或者经手财物职责的经理、厂长、财会人员、购销人员等在管理、调配、使用、经手本单位资金时的便利条件。

（二）犯罪认定

1. 挪用资金罪与一般挪用本单位资金行为的区别

主要考虑两个方面：一是挪用本资金数额。挪用单位资金罪中“数额较大，超过三个月未还的”“虽未超过三个月，但数额较大、进行营利活动的”这两种情形来讲，是否达到“数额较大”是区分一般的挪用本单位资金违纪违法行为和挪用单位资金罪的重要标准。挪用数额很小，社会危害性不大的不能作为犯罪，只是作为一般的违纪违法行为处理。二是挪用本单位资金的时间。对于本罪中“数额较大、超过三个月未还的”这种情况而言，“超过三个月未还”是构成挪用资金罪的必备要件。这里，挪用本单位资金是否超过三个月未还就成为区分一般违法违纪行为和挪用资金罪的界限的重要标准。对于挪用资金罪中“虽未超过三个月，但数额较大、进行营利活动的”“进行非法活动的”这两种情况，如果挪用时间很短，造成的社会危害性不大，可以作为“情节显著轻微危害不大”的情况，不认为是犯罪。

2. 挪用资金罪与职务侵占罪的区别

（1）犯罪客体不同。挪用资金罪侵犯公司、企业或者其他单位资金的使用权，犯罪对象是公司、企业或其他单位资金；职务侵占罪是侵犯公司、企业或其他单位的资金的所有权，对象是公司、企业或者其他单位的财物，包括货币形态的资金和有价证券等，以及实物形态的公司财产，如物资、设备等。

（2）客观表现不同。挪用资金罪是公司、企业或者其他单位的工作人员利用职务便利，挪用本单位资金归个人使用或借贷给他人，数额较大、超过三个月未还的，或者虽未超过三个月但数额较大、进行营利活动的，或者进行非法活动的行为。职务侵占罪是公司、企业或者其他单位的人员利用职务之便，将本单位财物非法占为已有，数额较大。挪用资金罪是未经合法批准或许可而擅自挪归自己使用或者借贷给他人；职务侵占罪是行为人利用职务便利侵吞、窃取、骗取或者以其他手段非法占有本单位财物。挪用本单位资金进行非法活动的不要求“数额较大”，即可构成犯罪；职务侵占只有侵占本单位财物数额较大的，才能构成犯罪。

（3）主观不同。挪用资金罪行为人目的在于非法取得本单位资金的使用权，准备用后归还，并无永久非法占有意图；职务侵占罪的行为人目的在于非法取得本单位财物所有权，不是暂时使用。

3. 挪用资金罪与挪用公款罪的区别

（1）犯罪主体不同。挪用资金罪犯罪主体是公司、企业或者其他单位的工作人员，但国家工作人员除外。挪用公款罪犯罪主体是国家工作人员，包括国家机关中从事公务的人员，国有公司、企业、事业单位、人民团体中从事公务的人员，国家机关、国有公司、企业、事业单位委派到非国有公司、企业、事业单位、人民团体从事公务的人员，以及其他依照法律从事公务的人员。

（2）侵犯的客体不同。挪用资金罪侵犯的是公司、企业或其他单位资金的使用权，对象是公司、企业或者其他单位的资金，既包括国有或者集体所有的资金，也包括公民个人所有、外商所有的资金。挪用公款罪侵犯的是公款的使用权和国家机关的威信、国家机关的正常活动等，既侵犯财产权属，又严重渎职。挪用公款罪侵犯对象限于公款，主要是国有财产和国家投资、参股的单位财产，即国家机关、国有公司、企业、事业单位等所有的款项。

4. 挪用资金罪与挪用特定款物罪的区别

（1）犯罪主体不同。挪用单位资金罪主体是公司、企业或者其他单位的工作人员，不包括国家工作人员。挪用特定款物罪主体是在国家机关等单位支配、管理特定款物的主管人员等直接责任人员。

（2）侵犯的客体不同。挪用资金罪侵犯的是公司、企业或者其他单位的资金的使用权，对象是公司、企业或者其他单位的资金。挪用特定款物罪侵犯的是国家对用于救灾、抢险、防汛、优抚、扶贫、移民、救济款物专款专用的财经管理制度和公共财物的使用权，侵犯的对象是用于救灾、抢险、防汛、优抚、扶贫、移民、救济的特定物款，包括用于上述用途的由国家预算安排的民政事业经费，以及临时调拨的专项款物，还包括其他由国家、集体或者人民群众募集、捐助的用于上述用途的特定款物等。

（3）客观表现不同。挪用资金罪是公司、企业或者其他单位的工作人员，利用职务上的便利挪用本单位资金归个人使用或者借贷给他人，数额较大、超过三个月未还，或者虽未超过三个月，但数额较大、进行营利活动的，或者进行非法活动。挪用特定款物罪是挪用用于救灾、抢险、防汛、优抚、扶贫、移民、救济款物，情节严重，致使国家和人民群众利益遭受重大损害的行为。挪用资金罪中行为人挪用的资金可以归个人使用，也可以借贷给他人，挪用特定款物罪是行为人未经合法批准，利用特定的职权，将特定款物非法调拨、使用于其他方面，如修建楼堂馆所、购买小汽车及办公设备，进行生产或经营性投资等，不能用于个人。国家工作人员挪用前述特定款物归个人使用的，以挪用公款罪从重处罚。

（三）立案标准

公司、企业或者其他单位的工作人员，利用职务上的便利，挪用本单位资金归个人使用或者借贷给他人，涉嫌下列情形之一的，应予立案追诉：

1. 挪用本单位资金数额在五万元以上，超过三个月未还的；

2. 挪用本单位资金数额在五万元以上，进行营利活动的；

3. 挪用本单位资金数额在三万元以上，进行非法活动的。

具有下列情形之一的，属于本条规定的“归个人使用”：

1. 将本单位资金供本人、亲友或者其他自然人使用的；

2. 以个人名义将本单位资金供其他单位使用的；

3. 个人决定以单位名义将本单位资金供其他单位使用，谋取个人利益的。

（四）犯罪处罚

犯本罪的，处三年以下有期徒刑或者拘役；挪用本单位资金数额巨大的，处三年以上七年以下有期徒刑；数额特别巨大的，处七年以上有期徒刑。

第三章
国有企业渎职型犯罪的界定与识别

一、故意泄露国家秘密罪

故意泄露国家秘密罪是指国家机关工作人员违反保守国家秘密法的规定，故意泄露国家秘密，情节严重的行为。

(一) 犯罪构成

1. 犯罪主体

一般情况下，故意泄露国家秘密罪的主体为特殊主体，主要是国家机关工作人员。因为通常来讲，只有国家机关工作人员才能掌握、了解国家秘密。非国家机关工作人员也可构成本罪。但是，在实践中一些非国家工作人员也会犯故意泄露国家秘密罪。非国家机关工作人员故意泄露国家秘密的，依本罪处罚。

2. 犯罪客体

故意泄露国家秘密罪侵犯国家保密制度，即国家关于保守国家秘密的法律、法规和各项规章制度。国家秘密关系国家安全和利益，是指依法限定一定范围的人员在一定时间内知悉的事项。

保守国家秘密是一切国家机关、武装力量、政党、社会团体、企事业单位和每个公民对国家应尽的义务，是维护国家安全和利益、保卫和促进社会主义建设事业发展的重要工作。泄露国家机密、国家秘密必然会使国家的保密制度遭受破坏，严重破坏国家的安全和人民的利益。因此，必须坚决同一切泄露国家秘密的行为作斗争。本罪的犯罪对象是国家秘密。国家秘密是关系国家安全和利益，依照法定程序确定，在一定时间内只限一定范围的人员知悉的事项。根据《中华人民共和国保守国家秘密法》的规定，下列涉及国家安全和利益的事项，泄露后可能损害国家在政治、经济、国防、外交等领域的安全和利益的，应当确定为国家秘密：（一）国家事务重大决策中的秘密事项；（二）国防建设和武装力量活动中的秘密事项；（三）外交和外事活动中的秘密事项以及对外承担保密义务的秘密事项；（四）国民经济和社会发展中的秘密事项；（五）科学技术中的秘密事项；（六）维护国家安全活动和追查刑事犯罪中的秘密事项；（七）经国家保密行政管理部门确定的其他秘密事项。政党的秘密事项中符合前款规定的，属于国家秘密。国家秘密及其密级的具体范围，由国家保密行政管理部门单独或者会同有关中央国家机关规定。军事方面的保密事项范围，由中央军事委员会规定。

国家秘密的密级分为绝密、机密、秘密三级。绝密级国家秘密是最重要的国家秘密，泄露会使国家安全和利益遭受特别严重的损害；机密级国家秘密是重要的国家秘密，泄露会使国家安全和利益遭受严重的损害；秘密级国家秘密是一般的国家秘密，泄露会使国家安全和利益遭受损害。作为本罪的对象的秘密，只要是国家的秘密级秘密即可。

3. 主观方面

在主观方面是故意，过失不能构成本罪。行为人明明知道自己的行为会造成国家秘密泄露，却希望或者放任这种结果发生。故意泄露国家秘密的动机多种多样，可能是为显示自己消息灵通而炫耀；可能是为出卖获利；或者是追求某种不法目的；或者因贪恋女色而泄密；或者碍于情面而泄露；或者是迫于他人的威胁利诱；等等。

4. 客观方面

在客观方面行为人违反国家保密法的规定，故意泄露国家秘密，情节严重。国家保密法主要包括《中华人民共和国保守国家秘密法》（2024年2月修订）和《中华人民共和国保守国家秘密法实施条例》（2024年7月修订）等。有关国家机关依国家保密法规定的保密范围、保密制度和职责、要求结合部门、单位实际情况所作的具体保密规定，都是国家保密法的具体实施规定，违反这些具体实施规定必然违反保密法规，都应属于违反国家保密法的行为。“泄露”就是行为人把自己掌管的或者知道的国家秘密让不应该知道的人知道。泄露国家秘密的方式有：口头泄露；书面泄露；交给实物；用密写、影印、摄影、复印等方法；对应发机要的文件通过普通邮政寄递而导致的泄露国家秘密；等等。泄露方式不同不影响罪名成立。但是，如果是敌人或他人以盗窃、侦察、破译、遥测等方式获取秘密而造成泄露，本人没有违反保密法规定的不属于泄露国家秘密罪，不能据此追究有关人员的泄密责任。

（二）犯罪认定

1. 故意泄露国家秘密罪与内幕交易、泄露内幕信息罪的区别

故意泄露国家秘密罪的主体一般是国家机关工作人员，内幕交易、泄露内幕信息罪的主体除了自然人之外，也可以是单位，即证券交易内幕信息的知情人员或非法获取证券交易的内幕信息的人员。泄露国家秘密罪泄露关系到国家安全、利益的信息，内幕交易、泄露内幕信息罪涉及证券发行、交易或对证券价格有重大影响的未公开的信息。

2. 故意泄露国家秘密罪与为境外窃取、刺探、收买、非法提供国家秘密、情报罪的区别

为境外窃取、刺探、收买、非法提供国家秘密、情报的犯罪属于危害国家安全的犯罪。为境外窃取、刺探、收买、非法提供国家秘密、情报罪在主观上是故意危害国家安全，泄露国家秘密罪没有这一故意。故意泄露国家秘密罪是泄密行为，使得国家秘密被不应知悉的人知悉。为境外窃取、刺探、收买、非法提供国家秘密、情报罪表现为采取窃取、刺探、收买、非法提供等方式将国家秘密、情报提供给境外机构、组织或人员。泄露国家秘密罪的对象只包括国家秘密，后者的犯罪对象还包

括情报。

3. 故意泄露国家秘密罪与非法获取国家秘密罪、非法持有国家绝密、机密文件、资料、物品罪的区别

（1）故意泄露国家秘密是指违反保密法规定，故意使国家秘密被不应知悉的人知悉，或者使国家秘密超过限定的接触范围。非法获取国家秘密罪指以窃取、刺探、收买方法，非法获取国家秘密。非法持有国家绝密、机密文件、资料、物品罪指非法持有属于国家绝密、机密的文件、资料或者其他物品，却又拒不说明来源和用途。

（2）非法持有国家绝密、机密文件、资料、物品罪的犯罪对象仅包括“绝密”级、“机密”级的文件、资料，物品等，不包括“秘密”级。

（3）“非法持有”“非法获取”可能为境外的机构、组织、人员而获取或提供的，此时，应认定为境外窃取、刺探、收买、非法提供国家秘密罪。

（三）立案标准

泄露国家秘密，涉嫌下列情形之一的，应予立案追诉：

1. 泄露绝密级国家秘密一项（件）以上的；

2. 泄露机密级国家秘密二项（件）以上的；

3. 泄露秘密级国家秘密三项（件）以上的；

4. 向非境外机构、组织、人员泄露国家秘密，造成或者可能造成危害社会稳定、经济发展、国防安全或者其他严重危害后果的；

5. 通过口头、书面或者网络等方式向公众散布、传播国家秘密的；

6. 利用职权指使或者强迫他人违反国家保守秘密法的规定泄露国家秘密的；

7. 以牟取私利为目的泄露国家秘密的；

8. 其他情节严重的情形。

（四）犯罪处罚

犯本罪，情节严重的，处三年以下有期徒刑或者拘役；情节特别严重的，处三年以上七年以下有期徒刑。非国家机关工作人员犯本罪的，

依照上述的规定酌情处罚。

二、过失泄露国家秘密罪

过失泄露国家秘密罪是指国家机关工作人员违反保守国家秘密法的规定，过失泄露国家秘密，情节严重的行为。

（一）犯罪构成

1. 犯罪主体

本罪犯罪主体主要是国家机关工作人员，实践中也有非国家机关工作人员的情况。其中的国家机关工作人员包括掌握国家机关秘密的各类从事公务的人员。军事机关工作人员泄露国家军事秘密构成犯罪的按军职犯罪论处。但军职人员泄露军事秘密以外的国家秘密构成犯罪的，以本罪论处。

2. 犯罪客体

本罪侵害的是国家保密制度。保守国家秘密是每个公民应尽的义务。一切公民、特别是国家工作人员，必须严格遵守国家保密制度。国家保密制度是指有关保守国家秘密的法律、法规、规章、办法、措施所规定的国家秘密事项、保密范围以及有关制度的总称。本罪犯罪对象是国家秘密，关于国家秘密的范围、密级，请参见关于故意泄露国家秘密罪的解释。

3. 主观方面

本罪主观方面表现为过失，如果出于故意，则构成故意泄露国家秘密罪。过失，一般是因为疏忽大意、工作马虎、玩忽职守而违反保守国家秘密的有关规章制度等，如将保密文件不按规定放置而让他人看见、不认真保管致使丢失等，但也不排除出于过于自信的过失。

4. 客观方面

客观方面表现为违反国家保密法规定，过失泄露国家秘密，情节严重。国家保密法主要包括《中华人民共和国保守国家秘密法》（2024 年 2

月修订）和《中华人民共和国保守国家秘密法实施条例》（2024 年 7 月修订）等。“过失泄露”是指过失地使国家秘密让不该知道的人知道。包括使国家秘密被不应知悉的人知悉，使国家秘密超过限定的接触范围，而不能证明未被不应知悉者知悉。至于过失泄露的方式可以是口头过失泄露，也可以是书面过失泄露；可以是当众过失泄露，又可以是单个过失泄露；可以是以交付原物的方式过失泄露，又可以是采用密写、影印、拍摄、复印等方式过失泄露等，只要让不应知道的人知道或者接触国家秘密，即可构成本罪。

主要表现为以下情形：为自我显示消息灵通，知道一些特殊消息或信息，在无意中泄露；保密意识不强，无意中将国家秘密告诉不应知悉的人，有的是无意中告诉了亲属，亲属将秘密泄露；缺乏警惕，没有发觉他人窃取国家秘密的意图，在他人诱导、提问下被动泄露；疏忽大意，将记载有国家秘密的文件、胶片、图像、资料携带出限定的范围而造成泄密；疏忽大意，将载有重要国家机密的文件随意扔放、丢失，致使泄密；保管不严，使存放国家秘密文件、资料的房间、箱柜处于自由出入、任意开启状态，造成泄密。

（二）犯罪认定

过失泄露国家秘密罪与故意泄露国家秘密罪的区别在于是否故意。故意泄露国家秘密罪的行为人明知保密法的规定而泄露秘密，很清楚泄密行为的性质。过失犯罪的行为人在泄密时对保密法的规定已经遗忘或者感到模糊，不甚清楚泄密行为的性质。在行为方式上，故意泄露秘密行为人往往主动积极传播；过失犯罪一般是被动，由过失行为造成，泄密事件经常与窃密行为相关联。

（三）立案标准

过失泄露国家秘密，涉嫌下列情形之一的，应予立案追诉：

1. 泄露绝密级国家秘密一项（件）以上的；
2. 泄露机密级国家秘密三项（件）以上的；
3. 泄露秘密级国家秘密四项（件）以上的；

4. 违反保密规定，将涉及国家秘密的计算机或者计算机信息系统与互联网相连接，泄露国家秘密的；

5. 泄露国家秘密或者遗失国家秘密载体，隐瞒不报、不如实提供有关情况或者不采取补救措施的；

6. 其他情节严重的情形。

（四）犯罪处罚

犯本罪，情节严重的，处三年以下有期徒刑或拘役；情节特别严重的，处三年以上七年以下有期徒刑；非国家机关工作人员犯本罪的，依照上述的规定酌情处罚。

三、签订、履行合同失职被骗罪

签订、履行合同失职被骗罪是指国有公司、企业、事业单位直接负责的主管人员，在签订、履行合同过程中，因严重不负责任被诈骗，致使国家利益遭受重大损失的行为。

案例　于某签订、履行合同失职被骗案

某工业公司北京分公司综合贸易部经理于某在任职期间，依照某工业公司的授权，接受某国际电力开发公司委托，以某工业公司的名义与俄罗斯技术出口联合公司在北京签订一份出口合同及其项下的4份补充出口合同，以易货贸易的形式偿还某国际电力开发公司所欠俄罗斯技术出口联合公司为两个热电厂提供设备的款项。于某根据上述出口合同又与某包装实业贸易公司罗某及罗某假冒的广东省宝安食品进出口公司分别签订购销合同及其项下的4份补充购销合同，贸易总金额共计人民币2.2亿余元。签订、履行合同过程中，于某没有认真审查罗某的身份，也没有看见所购货物以及最终供货人，甚至让罗某自行报关。罗某利用于某的麻痹大意，没有足量购进合同项下货物，而且购进部分质量低劣的货物，并虚开了增值税专用发票，伪造了报关单。某工业公司北京分公司持虚开的增值税专用发票和伪造的报关单办理退税手续，结果退税失败，并被罚款20万元。由于货物数量不足和质量原因，某工业公司北京分公司向俄罗斯技术出口联合公司承担违约金1600余万元。于某在签订、履行合同过程中，严重不负责任，未按规定履行职责，造成某工业公司北京分公司被骗，损失共计人民币2000余万元。法院以于某犯签订、履行合同失职被骗罪判处其四年有期徒刑。

（一）犯罪构成

1. 犯罪主体

本罪的犯罪主体是国有公司、企业和事业单位的直接负责的主管人员，这些直接负责的主管人员一般都是国家工作人员，不包括国家机关工作人员。国家机关工作人员的类似行为能够构成国家机关工作人员签订、履行合同失职被骗罪。

2. 犯罪客体

犯罪客体是国有公司、企业、事业单位对合同的正常管理秩序和国家利益。

3. 主观方面

主观方面是过失。

4. 客观方面

客观方面表现为在签订、履行合同过程中严重不负责任被诈骗，致使国家和人民利益遭受重大损失。本罪必须是发生在签订、履行合同的过程中。行为人严重不负责任被诈骗的情形如：不严格审查对方的主体资格，不仔细研究合同条款内容，盲目轻信对方的意思表示，不履行合同应当具备的形式要件等，由此给国家和人民利益造成重大损失。“签订合同”是指当事人之间就合同的条款进行协商，使各方意思表示趋于一致的过程。“履行合同”是指合同双方当事人按合同约定的条款履行各自的义务，实现双方当事人合同目的行为。“严重不负责任”，是指在合同签订、履行过程中不履行或虽然履行但不是正确、认真地履行应当履行的职责。如粗枝大叶、盲目自信，不认真调查、了解、审查对方当事人的合同主体资格、资信情况和履行能力；对应当予以公证、鉴证的不予公证或鉴证；由于个人得到好处，舍优求劣，舍低价就高价，舍近求远，舍公家取私营等；违规让售或赊购非滞销或紧俏的商品；越权做主签订、履行合同；急功近利，不辨真假，盲目引资；发现合同无效或对方根本没有履行能力，仍听之任之，不采取必要的应对措施等。“被诈骗”是指他人出于非法占有的目的，在签订、履行合同的过程中，故意虚构事实或者隐瞒真相，致使行为人发生错误认识，从而导致公司、企业的财产被他人骗取。

（二）犯罪认定

1. 签订、履行合同失职被骗罪是否以对方当事人的行为构成诈骗罪为要件

认定签订、履行合同失职被骗罪应以对方当事人涉嫌诈骗，行为构成犯罪为前提。但在办案过程中，不能以对方当事人已经被人民法院判决构成诈骗犯罪作为认定本案当事人构成签订、履行合同失职被骗罪的前提。在司法实践中，只要认定对方当事人的行为已经涉嫌构成诈骗犯罪，就可以依法认定行为构成签订、履行合同失职被骗罪。

2. 签订、履行合同失职被骗罪与国有公司、企业、事业单位人员失职罪的区分

两罪的犯罪主体都是国有公司、企业、事业机关的人员，主观上均为过失，客观表现都是严重不负责责任，均侵犯了国有公司、企业、事业单位的正常管理秩序和国家的经济利益；区别有两点：（1）犯罪主体不完全相同，签订、履行合同失职被骗罪的主体仅限于国有公司、企业、事业单位直接负责的主管人员，国有公司、企业、事业单位人员失职罪是指国有公司、企业、事业单位的工作人员；（2）签订、履行合同失职被骗罪仅发生在签订、履行合同过程中，国有公司、企业、事业单位人

员失职罪发生在国有公司、企业、事业单位的一切经营活动中。

（三）立案标准

国有公司、企业、事业单位直接负责的主管人员，在签订、履行合同过程中，因严重不负责任被诈骗，涉嫌下列情形之一的，应予立案追诉：

1. 造成国家直接经济损失数额在五十万元以上的；

2. 造成有关单位破产，停业、停产六个月以上，或者被吊销许可证和营业执照、责令关闭、撤销、解散的；

3. 其他致使国家利益遭受重大损失的情形。

金融机构、从事对外贸易经营活动的公司、企业的工作人员严重不负责任，造成一百万美元以上外汇被骗购或者逃汇一千万美元以上的，应予立案追诉。

本罪规定的“诈骗”，是指对方当事人的行为已经涉嫌诈骗犯罪，不以对方当事人已经被人民法院判决构成诈骗犯罪作为立案追诉的前提。

（四）犯罪处罚

犯本罪，致使国家利益遭受重大损失的，处三年以下有期徒刑或者拘役；致使国家利益遭受特别重大损失的，处三年以上七年以下有期徒刑。

四、国有公司、企业、事业单位人员失职罪

国有公司、企业、事业单位人员失职罪是指国有公司、企业的工作人员由于严重不负责任造成国有公司、企业破产或者严重损失，致使国家利益遭受重大损失，或者国有事业单位的工作人员严重不负责任，致使国家利益遭受重大损失的行为。

案例1　国有企业人员田某、郑某失职案

××县×××乡×××村村民张某，伙同李某、司某（二人已死亡）并雇用朱某、张某（已死亡）在没有任何手续的情况下，

带上有关设备到××矿业有限公司五龙金矿干沟一废弃的矿硐内，使用氰化钠偷洗硐子。其间，负责安全保卫的该矿保卫科工作人员田某、郑某未认真履行好安全保卫职责，工作严重不负责任，在明知有人偷洗硐子的情况下，未及时向领导汇报，也未到现场制止，结果李某、司某、张某三人在偷洗硐子过程中因氰化钠中毒而死亡。田某、郑某身为国有企业保卫科工作人员，明知张某等人在其管辖的矿区内偷洗硐子，而不认真履行自己的职责并加以制止，造成在他人偷洗矿硐时三人死亡的严重后果，致使国有公司及国家利益遭受重大损失，其行为已触犯刑法。田某因犯国有公司人员失职罪被判处有期徒刑两年，缓刑两年；郑某因犯国有公司人员失职罪被判处有期徒刑两年，缓刑两年。

案例2　国有公司人员张某失职案

2015年8月21日16时许，某国有公司财务人员张某接到冒充司法人员的诈骗电话，以排除张某涉嫌经济犯罪为由，要求其登录某网址，并将自己的身份证号、银行卡号、密码及霍尔果斯某热电有限责任公司的账户号码、密码输入电脑。2015年8月22日7时30分，张某未经单位领导同意，将单位财务提交U盾、审核U盾从出纳林某、财务主管刘某办公桌内取出，并插入公司财务部电脑主机接口，按照诈骗分子要求进行了操作，输入平时工作中掌握的密码，致使霍尔果斯某热电有限责任公司一基本账户内自9时1分9秒至9时21分58秒被转账13次，该账户内6369000元被转走。该公司财务主管刘某发现这一情况后，当即质问张某并向公安机关报案，张某仍在现场等待。张某身为国有公司财务人员，无视财务纪律，在工作中严重不负责任，给国有公司造成经济损失6369000元，其行为已构成国有公司人员失职罪。张某明知他人报案，在现场等待且被抓捕时无抗拒行为，并对犯罪事实供认不讳，系自首。张某犯国有公司人员失职罪，被判处有期徒刑三年。

（一）犯罪构成

1. 犯罪主体

本罪的犯罪主体是特殊主体，即国有公司、企业事业单位的工作人员。

2. 犯罪客体

本罪侵犯的是国有公司、企业、事业单位的管理秩序和国家的利益，是国有公司、企业财产权益和社会主义市场经济秩序。国有公司、企业的工作人员背离市场活动的基本原则，玩忽职守必然会使国有公司、企业的正常活动遭到破坏，从而破坏社会主义市场经济秩序，使国家和人民利益受到损害。

3. 主观方面

主观方面表现为过失。

4. 客观方面

客观上表现为国有公司、企业的工作人员严重不负责任，造成国有公司、企业破产或严重亏损，致使国家利益遭受重大损失，以及国有事业单位的工作人员严重不负责任致使国家利益遭受重大损失。本罪中，国有公司、企业直接的主管人员主要表现为以下方面：不尊重客观经济规律，对市场需求不作可行性分析和论证，不听取各方意见，独断专行，致使企业经营决策发生重大失误；管理混乱，规章制度不健全，对于损公肥私，化公为私，侵吞、侵占、私分、挪用公司、企业财产的违法犯罪现象置若罔闻；在经济交往活动中上当受骗后不主动及时向司法机关报案；违反规定动用企业资金炒股票、期货；违反规定批准拆借资金等。

本罪属于结果犯，只有造成国有公司、企业破产或严重亏损，致使国家利益遭受重大损失时才构成犯罪。

“严重不负责任”是指国有公司、企业、事业单位的工作人员不履行或不认真正确地履行其法定职责。主要表现为：直接负责的主管人员不尊重市场经济规律，不做调查研究，不认真听取他人建议和意见，独断专行，致使企业经营决策出现重大失误；管理混乱，规章制度不健全，对于损公肥私、化公为私，侵吞、侵占、窃取、挪用或者以其他方法侵占国有公司、企业、事业单位财产行为置若罔闻；在经营业务活动中上当受骗，国家利益遭受重大损失而不主动、及时报案，等等。

“严重亏损”是指国有公司、企业的亏损足以使其丧失清偿到期债务的能力。导致严重亏损的原因包括经营管理不善、天灾人祸、不可抗力等，但这里的客观方面的严重亏损只能是由于企业直接负责的主管人员的徇私舞弊行为造成的。“破产”是指国有公司、企业因严重亏损无力清偿到期债务，经债权人或债务人申请，被法院依法宣布其法人主体资格消灭。“无力清偿”是国有公司、企业缺乏清偿债务能力，债务人对于清偿期届满并且债权人已请求清偿的债务，在一定期间内持续处于不能清偿状态。

“造成重大损失”是指国有公司、企业、事业单位遭受的损失足以使该单位丧失清偿到期债务的能力。根据最高人民法院《关于贯彻执行〈中华人民共和国企业破产法（试行）〉若干问题的意见》的规定，债务人“不能清偿到期债务”是指：债务的清偿期限已经届满；债权人已要求清偿；债务人明显缺乏清偿能力。另外，债务人停止支付到期债务并呈连续状态，如无相反证据，可推定为“不能清偿到期债务”。

本罪还须造成国家利益的重大损失才能构成。一般而言，造成国有公司、企业破产、严重亏损，即已造成国家利益的重大损失，但仍有待有权机关进一步确定。

（二）立案标准

国有公司、企业、事业单位的工作人员，严重不负责任，涉嫌下列情形之一的，应予立案追诉：

1. 造成国家直接经济损失数额在五十万元以上的；

2. 造成有关单位破产，停业、停产一年以上，或者被吊销许可证和营业执照、责令关闭、撤销、解散的；

3. 其他致使国家利益遭受重大损失的情形。

（三）犯罪处罚

犯本罪，致使国家利益遭受重大损失的，处三年以下有期徒刑或者拘役；致使国家利益遭受特别重大损失的，处三年以上七年以下有期徒刑。

五、国有公司、企业、事业单位人员滥用职权罪

国有公司、企业、事业单位人员滥用职权罪，是指国有公司、企业的工作人员滥用职权，造成国有公司、企业破产或者严重损失，致使国家利益遭受重大损失，或者国有事业单位的工作人员滥用职权，致使国家利益遭受重大损失的行为。

案例1　国有公司、企业工作人员王某滥用职权案

××省××物资公司经理、法人代表王某，在任期间，超越职权范围，未经主管单位批准，以合作开发为名，擅自将该公司价值6680多万元在建工程折价4300万元全部转让给××建筑工程公司。王某在担任国有公司经理、法人代表期间，没有正确履行职责，在未经主管单位批准的情况下，超越职权，处置国有资产，造成国有公司严重损失，致使国家利益遭受重大损失。王某因犯国有公司、企业人员滥用职权罪，被判处有期徒刑一年。

案例2　国有公司、企业人员张某滥用职权案

2013年10月至2014年5月，张某担任××粮管所所长期间，未经上级主管部门同意和所务会研究，违反××县商务局规定的“先款后货”“钱货两清”的粮食出库原则，擅自将××粮管所的

稻谷赊销给金久米业加工销售，致使××粮管所巨额货款未能收回。为填补上述行为造成的货款损失，偿还××粮管所欠××县农发行稻谷贷款，2014年5月，张某擅自以××粮管所名义向朱某、叶某、左某借款共计人民币95万元并打入其个人账户，之后转账到金久米业账户，由金久米业偿还××粮管所的稻谷贷款。张某的上述行为被××县粮食购销总公司和××县农发行在日常工作检查和例行督查中发现，后向司法机关举报而案发。至案发时，张某的行为仍然造成××粮管所1996976元货款未能收回，给××粮管所造成严重经济损失。2014年11月，叶某、朱某、左某分别起诉××粮管所，淮安市中级法院终审判决××粮管所偿还上述人员借款本金95万元及相应利息、案件受理费等。截至2015年12月，法院强制执行了××粮管所1136180元及其他相关费用，给××粮管所造成严重经济损失。2015年6月9日，张某主动到××县公安局投案，并如实供述了上述犯罪事实。2016年1月27日，××粮管所从金久米业追回损失人民币5万元。张某身为国有企业工作人员，滥用职权，造成国有企业严重损失，致使国家利益遭受重大损失。张某案发后自动投案，归案后如实供述自己的罪行。张某因犯国有企业人员滥用职权罪，被判处有期徒刑两年。

（一）犯罪构成

1. 犯罪主体

本罪主体为特殊主体，即国有公司、企业、事业单位的工作人员，其他主体不能犯本罪。

2. 犯罪客体

本罪侵犯的是国有公司、企业财产权益和社会主义市场经济秩序。国有公司、企业的工作人员背离市场活动的基本原则、徇私舞弊，滥用职权必然破坏国有公司、企业的正常活动，损害国家和人民利益，从而破坏社会主义市场经济秩序。

3. 主观方面

犯罪主观表现为故意。

4. 客观方面

国有公司、企业的工作人员滥用职权，造成国有公司、企业破产或者严重损失，致使国家利益遭受重大损失，国有事业单位的工作人员滥用职权致使国家利益遭受重大损失。这里的“滥用职权”，是指行为人不依照法律规定履行其法定职务的行为，主要表现为：超越职权，擅自决定或者处理没有处理权限的经营管理事项；违规用国有公司、企业、事业单位的资金为个人利益而炒股票、炒期货；违规批准拆借资金；假公济私，以权谋私，侵吞、大肆挥霍公款为个人进行消费等。

（二）犯罪认定

国有公司、企业、事业单位人员失职罪和国有公司、企业、事业单位人员滥用职权罪的区别主要有两个：一是表现形式不同，国有公司、企业、事业单位人员滥用职权罪表现为滥用职权，而国有公司、企业、事业单位人员失职罪为严重不负责任。二是主观方面不同，国有公司、企业、事业单位人员滥用职权罪表现为故意，国有公司、企业、事业单位人员失职罪则表现为过失。

（三）立案标准

国有公司、企业、事业单位的工作人员，滥用职权，涉嫌下列情形之一的，应予立案追诉：

1. 造成国家直接经济损失数额在三十万元以上的；

2. 造成有关单位破产，停业、停产六个月以上，或者被吊销许可证和营业执照、责令关闭、撤销、解散的；

3. 其他致使国家利益遭受重大损失的情形。

（四）犯罪处罚

犯本罪，致使国家利益遭受重大损失的，处三年以下有期徒刑或者拘役；致使国家利益遭受特别重大损失的，处三年以上七年以下有期徒刑。

六、徇私舞弊低价折股、出售公司、企业资产罪

徇私舞弊低价折股、出售公司、企业资产罪是指国有公司、企业或者其上级主管部门直接负责的主管人员，其他公司、企业直接负责的主管人员，徇私舞弊，将公司、企业资产低价折股或者低价出售，致使国家利益或者公司、企业利益遭受重大损失的行为。

需要注意的是，《刑法修正案（十二）》已将该罪名适用范围从国有公司、企业扩展至包括其他公司、企业在内，将上述原来只适用于国有公司、企业人员的背信犯罪同样适用于民营企业内部人员，旨在通过依法惩治民营企业内部人员腐败犯罪，实现保护民营企业的目的。

刑法第 169 条共分 2 款。第 1 款是关于国有公司、企业或者其上级主管部门直接负责的主管人员徇私舞弊，将国有资产低价折股或者低价出售的规定；第 2 款是关于其他公司、企业直接负责的主管人员徇私舞弊，将公司、企业资产低价折股或者低价出售的规定。

这里重点对第 1 款相关内容作简要介绍。

案例　某公司××办总经理张某徇私舞弊低价出售国有资产案

私营企业主余某、廖某为获某国有商业银行××市××支行剥离给该公司××办的某市银丰项目，虚报注册资本 800 万元，并专门成立乐施公司。时任该公司××办总经理张某，安排其女婿在乐施公司暗中持股。之后，张某伙同原债券部高级经理吴某与私营企业主勾结、暗中操办，将本已被该市中级法院拍卖为 6644 万余元的国有资产，以 1100 万元转让给余某的乐施公司，致使国有资产损失巨大，乐施公司凭空获利 1084 万余元，张某和吴某也从中获利。依据刑法有关规定，张某和吴某犯徇私舞

弊低价出售国有资产罪，余某、廖某犯虚报注册资本罪。该公司××办原总经理张某因犯徇私舞弊低价出售国有资产罪被判处有期徒刑5年，违法所得1084万元依法予以追缴。张某的同案犯吴某被判处有期徒刑4年6个月；余某被判处有期徒刑8年，并处罚金21万元，廖某、刘某均被判处有期徒刑。

（一）犯罪构成

1. 犯罪主体

本罪的主体为特殊主体，即国有公司、企业或者其上级主管部门直接负责的主管人员，其他公司、企业直接负责的主管人员，除此不能构成本罪。

2. 犯罪客体

本罪侵害的是公司、企业财产的所有权，以及公司企业的资产管理制度。

国家是国有公司、企业资产的所有者，拥有国有资产所有权，是国家对企业的投资行为而形成的原始产权，代表全体人民享有，表现为财产收益权和资产的处分权。国家将实际支配、使用国有资产和依法处置的权利交给国有公司、企业，通过国有公司、企业的经营使国有资产在运营中保值、增值，为国家带来收益。由于国有公司、企业或其上级主管部门直接负责的主管人员低价折股或低价出售国有资产，使国家丧失了原有价值与现有价值的差价，从而使国家利益遭受重大损失。

国家制定了包括产权登记、国有资产统计报告、产权收益监缴管理、资产评估管理以及通过清产核资核实企业资本金等国有资产管理制度，以防止国有资产流失，保障国有资产保值增值。本罪在侵害国有资产所有权的同时也破坏了国有资产管理制度，低价折股或低价出售国有资产是对国有资产评估管理制度和实际工作的直接破坏。

3. 主观方面

在主观方面须由故意构成，并有明确的徇私动机。如果不是故意，不具有徇私舞弊动机，而是由于思想知识水平低、专业知识不足、业务工作能力低才发生错误结果低价折股、出售公司、企业资产的不能构成徇私舞弊低价折股、出售公司、企业资产罪。

4. 客观方面

在客观上表现为违反国家规定，徇私舞弊，将公司、企业资产低价折股或低价出售的行为。

“违反国家规定”是指违反公司法及其他国有资产保护法规的规定。“徇私舞弊”是指行为人为谋取私利而做违反公司法及国资保护法规的事情。“国有资产”是指国家以各种形式对国有公司、企业投资和投资收益形成的财产，以及依据法律、行政法规认定为国有公司、企业的其他国有财产，具体表现为国家所有的资金、机器、设备、厂房、土地等有形或者无形的财产。“低价折股”是指将国有公司、企业的财产、工业产权、非专利技术或土地使用权，故意低估作价，折合股份出资。“低价出售”是指将国有资产以低于实际价值的价格出卖给他人。“低价折股”“低价出售”的形式包括：在合资、合营、股份制改造过程中对国有资产不进行资产评估；进行资产评估但低于所评估资产的实际应有的价值；低估实物资产；未按重置价格折股；未计算增值部分，只是按照账面原值折股；对国有公司、企业的商标、商誉、专利等无形资产未计入国家股；不经主管部门批准，不经评估机构评估作价，擅自将属于国有公司、企业的机器设备、厂房、土地使用权等低价卖给小集体或私营业主，从中收取好处等。

徇私舞弊将国有资产低价折股或低价出售的行为只有在造成国家利益的重大损失结果时才能构成本罪，否则只能使其承担行政责任。“重大损失”是指因低价折股或低价出售而使国有资产大量流失无法挽回，国家利益受到重大损失的情况。

（二）犯罪认定

徇私舞弊低价折股、出售公司、企业资产罪与职务侵占罪都侵犯了本单位的财产所有权，但有着本质区别：

1. 徇私舞弊低价折股、出售公司、企业资产罪的主体是国有公司、企业或者其上级主管部门直接负责的主管人员，其他公司、企业直接负责的主管人员；职务侵占罪的主体是公司、企业或者其他单位的工作人员。

2. 徇私舞弊低价折股、出售公司、企业资产罪表现为徇私舞弊、低价变卖公司、企业资产，致使公司、企业利益遭受重大损失；职务侵占罪表现为公司、企业或者其他单位的工作人员利用职务便利将数额较大的本单位财产非法占为己有。

3. 徇私舞弊低价折股、出售国有资产罪的对象是公司、企业财产，既包括国有财产，也包括非国有财产；而职务侵占罪的对象是非国有财产。

4. 徇私舞弊低价折股、出售公司、企业资产的目的是为了徇私情或求私利；职务侵占的目的是为了非法占有单位财产。

（三）立案标准

国有公司、企业或者其上级主管部门直接负责的主管人员，徇私舞弊，将国有资产低价折股或者低价出售，涉嫌下列情形之一的，应予立案追诉：

1. 造成国家直接经济损失数额在三十万元以上的；

2. 造成有关单位破产，停业、停产六个月以上，或者被吊销许可证和营业执照、责令关闭、撤销、解散的；

3. 其他致使国家利益遭受重大损失的情形。

《刑法修正案（十二）》在169条中新增第2款，规定了民营企直接负责的主管人员徇私舞弊，低价折股、出售企业资产犯罪，具体的立案追诉标准等需要通过相关司法解释予以进一步明确。

（四）犯罪处罚

犯本罪，将国有资产低价折股或者低价出售，致使国家利益遭受重大损失的，处三年以下有期徒刑或者拘役；致使国家利益遭受特别重大损失的，处三年以上七年以下有期徒刑。

其他公司、企业直接负责的主管人员，徇私舞弊，将公司、企业资产低价折股或者低价出售，致使公司、企业利益遭受重大损失的，依照前款的规定处罚。

七、非法经营同类营业罪

非法经营同类营业罪，是指国有公司、企业的董事、监事、高级管理人员利用职务便利，自己经营或者为他人经营与其所任职公司、企业同类的营业，获取非法利益，数额巨大；其他公司、企业的董事、监事、高级管理人员违反法律、行政法规规定，实施上述行为，致使公司、企业利益遭受重大损失的行为。

需要注意的是，《刑法修正案（十二）》将非法经营同类营业罪的主体由原来只适用于国有企业人员扩展到民营企业人员，并规定了不同的构成要件。

刑法第165条共分2款。第1款是关于国有公司、企业的董事、监事、高级管理人员非法经营同类营业的处罚规定。第2款是其他公司、企业的董事、监事、高级管理人员非法经营同类营业的处罚规定。

这里重点对第1款相关内容作简要介绍。

案例　黄某非法经营同类营业案

2010年2月至2018年3月，黄某先后担任国有企业××市××水城开发投资有限责任公司副总经理、董事、总经理、董事长以及××工业投资集团有限公司董事、副总经理，其间利用负责项目招商工作、提前知晓招商项目信息及审核工程变更、工程款拨付的职务便利，采取挂靠其他有资质公司的方式，单独或伙同他人出资承揽经营与其任职公司同类营业的相关工程项目14个（其中2个项目未开工建设），获取非法利润2.3亿余元，构成非法经营同类营业罪。人民法院结合黄某的犯罪金额、认罪态度、退赃情况等，对其以非法经营同类营业罪判处有期徒刑六年，并处罚金200万元。

（一）犯罪构成

1. 犯罪主体

非法经营同类营业罪主体是公司、企业的“董事、监事、高级管理人员”。董事、监事、高级管理人员的具体范围，与《公司法》等公司、企业管理法律法规的规定范围是一致的。所谓董事，是由股东选举产生的，对内执行公司业务，对外代表公司的常设性执行机构的成员。所谓监事，是公司中常设的监察机关的成员，负责监察公司的财务情况，公司高级管理人员的职务执行情况，以及其他由公司章程规定的监察职责。所谓高级管理人员，包括经理、副经理、财务负责人、上市公司董事会秘书和公司章程规定的其他人员。

需要注意的是，本罪的犯罪主体不限于公司，还包括其他企业。对于高级管理人员的具体范围应当结合《公司法》上述规定和其他有关法律相应规定进行认定，总体范围应当定性为公司、企业的有关主管人员和重要管理人员。其他自然人不能成为非法经营同类营业罪的主体。

2. 犯罪客体

非法经营同类营业罪侵犯的是公司、企业的董事、监事、高级管理人员职务的忠诚义务，是公平竞争的经济秩序。非法经营同类营业对公司、企业的经营产生竞争性，竞业行为由行为人使用职务之便实施，行为人可能不当地利用任职公司、企业的一些商业信息、商业情报乃至商业秘密等，比如公司、企业的经营策略、市场营销计划等，结果使其所任职公司、企业在竞争中处于不利地位，破坏了公平竞争的秩序。

3. 主观方面

主观方面是故意，以获取非法利益为目的。行为人明知自己经营或为他人经营的营业与其所任职公司、企业的营业同类，违背了对公司、企业所负的忠诚义务，会给公司、企业利益带来损害，而仍予经营。

4. 客观方面

客观方面表现为行为人利用职务的便利，自己经营或者为他人经营与其所任职的公司、企业同类的营业，获取非法利益，数额巨大。

“利用职务便利”是指行为人利用其在公司、企业任董事、监事、高级管理人员的职务便利，与其职务或地位相联系的便利，如掌握、了解公司、企业客户信息、市场行情、销售渠道、市场计划、材料供应等情况与信息。“自己经营”是指行为人自己经营，表现为以自己名义另外设立公司、企业，或者以他人名义设立公司、企业实为自己经营，经营收入由行为人参与分配。判断是否自己经营关键在于行为人主观上是否为自己的直接利益而从事某项营业，并参与利润分配，支配营业收入。有的董事、经理是以私人名义单独注册公司经营，有的虽然是以自己亲属名义经营，但实际是公司、企业董事、监事、高级管理人员自己从事经营，还有的是在他人经办的公司、企业中入股，参加经营等。自己独资、参与出资经营公司、企业，不论是否以本人名义都属于自己经营。“为他人经营”是指为其他公司、企业帮忙，或者暗中担任他人独资、合资的公司、企业的管理人员，或者暗中为其他公司、企业进行业务策划、指挥等。尽管行为人主观上并无意图为自己直接谋利，客观上也不直接参加公司、企业的利润分配，但是在他人开设的公司、企业中受聘任职，为他人的公司、企业提供一定劳务，进行管理，或接受他人请求和委托以公司、企业的顾问或者私人朋友等名义，为他人的利益进行实质性的经营活动并领取报酬。

“同类营业”是指其非法经营的营业范围同任职公司、企业的生产经营范围相同，以企业核准登记在其营业执照上载明的经营范围为准，超出核准经营范围以外的营业不属同类营业。同类营业不要求与公司、企业核准的经营范围相一致，因为有的公司、企业营业范围很广，行为人非法经营的营业只要在此核准范围内即可。“经营同类营业”是指自己经营或为他人经营的业务与所任职的公司、企业的营业属于同一种类。如果经营的业务为两类以上，只要其中一类与所任职公司、企业属于同类营业，即为经营与自己任职公司、企业同类营业。具体表现为以下方面：国有公司、企业的董事、监事、高级管理人员利用所任职公司、企业的人力、物力、资金、信息来源、客户渠道为自己经营或为他人经营的公司、企业抢占市场，拉客户；使自己经营或为他人经营的公司、企业垄断供货渠道；巧立名目，将自己所任职公司、企业的产品低价销售给自己经营或为他人经营的公司、企业；使其所任职公司、企业高价收购自己经营或为他人经营的公司、企业的滞销、残损、应降价的商品、次品、等外品；套购所任职公司、企业的畅销、紧缺商品，转手倒卖；等等。

“获取非法利益”是指通过非法同业经营而获取的利益。行为人为自己经营或者为他人经营业务过程中遵守了有关工商、税收、公司、企业等方面的法规，但因其经营行为违反竞业禁止义务而获取的利益仍然属于“非法利益”。

（二）犯罪认定

1. 非法经营同类营业罪与非法经营罪的区别

非法经营罪是指违反国家规定，未经许可而经营法律、行政法规规定的专营、专卖物品或者其他限制买卖的物品；买卖进出口许可证，进出口原产地证明以及其他法律、行政法规规定的经营许可证或者批准文件的，或者有其他严重扰乱市场秩序的非法经营行为。两罪区别：

（1）主体不同。非法经营同类营业罪的主体是特殊主体，即公司、企业的董事、监事、高级管理人员；非法经营罪的主体是一般主体，包括自然人、单位。

（2）客体不同。非法经营同类营业罪侵犯的是公司、企业的董事、监事、高级管理人员的忠诚义务、公平竞争的经济秩序；非法经营罪所侵犯的是国家对市场的正常管理秩序。

（3）客观方面表现不同。非法经营同类营业罪在客观方面表现为行为人利用职务上的便利，自己经营或者为他人经营与其所任职公司、企业同类的营业，获取数额巨大的非法利益；非法经营罪是违反国家规定，非法经营，扰乱市场秩序，情节严重的行为。

(4) 主观方面是故意。非法经营同类营业罪既可以是为己谋利，也可以是为他人谋取利益；非法经营罪一般是为己谋利。

2. 国有公司、企业的董事、监事、高级管理人员为他人非法经营同类营业收取财物与受贿的区别

国有公司、企业的董事、监事、高级管理人员为他人经营与其所任职的国有公司、企业同类的营业，收取他人给予的“报酬”“辛苦费”等，如果行为人有实际经营行为，应以非法经营同类营业罪论处，如果行为人无实际经营行为，只是帮助人家谋利，并索取财物或收受财物，则应以受贿罪论处。

(三) 立案标准

公司、企业的董事、监事、高级管理人员利用职务便利，自己经营或者为他人经营与其所任职公司、企业同类的营业，获取非法利益，数额在十万元以上的，应予立案追诉。

(四) 犯罪处罚

犯非法经营同类营业罪，获取非法利益，数额巨大的，处三年以下有期徒刑或者拘役，并处或者单处罚金；数额特别巨大的，处三年以上七年以下有期徒刑，并处罚金。

其他公司、企业的董事、监事、高级管理人员违反法律、行政法规规定，实施前款行为，致使公司、企业利益遭受重大损失的，依照前款的规定处罚。

八、为亲友非法牟利罪

为亲友非法牟利罪，是指国有公司、企业、事业单位的工作人员，利用职务便利，将本单位的盈利业务交由自己的亲友进行经营，或者以明显高于市场的价格向从自己的亲友经营管理的单位采购商品、接受服务或者以明显低于市场的价格向自己的亲友经营管理的单位销售商品、提供服务，或者向自己的亲友经营管理的单位采购、接受不合格商品、

服务，使国家利益遭受重大损失；其他公司、企业的工作人员违反法律、行政法规规定，实施上述行为，致使公司、企业利益遭受重大损失的行为。

需要注意的是，这类犯罪是典型的背信行为，是实践中反映突出的损害公司、企业利益的行为手段，民营企业中时有发生。《刑法修正案(十二)》在166条中增加第2款，规定了民营企业工作人员为亲友非法牟利犯罪，即民营企业内部人员发生相应行为，构成犯罪的，追究刑事责任，将原来只适用于国有公司、企业人员的背信犯罪同样适用于民营企业内部人员。

刑法第166条共分2款。第1款是关于国有公司、企业、事业单位的工作人员为亲友非法牟利的定罪处罚规定。第2款是关于其他公司、企业的工作人员为亲友非法牟利的定罪处罚规定。

这里重点对第1款相关内容作简要介绍。

案例　茅某、刘某为亲友非法牟利案

中海××股份有限公司原总经理、中海××股份有限公司油轮公司原总经理茅某作为国有公司工作人员，伙同中海××航运部原副主任、副总经理刘某，利用职务便利，将本单位的盈利业务交由茅某的儿子进行经营，使茅某的儿子获取非法利益1500余万元，致使国家利益遭受特别重大损失，茅某、刘某的行为均构成为亲友非法牟利罪，系共同犯罪。刘某身为公司工作人员，还利用职务便利非法收受他人财物，为他人谋取利益，数额较大，构成非国家工作人员受贿罪。刘某到案后如实供述伙同茅某为亲友非法牟利的事实，主动供述司法机关尚未掌握的受贿事实，并通过亲属退缴全部受贿款。人民法院以茅某犯为亲友非法牟利罪一审判处其有期徒刑6年，并处罚金150万元。人民法院以刘某犯为亲友非法牟利罪一审判处其有期徒刑3年，并处罚金20万元，以刘某犯非国家工作人员受贿罪一审判处其有期徒刑1年，决定执行有期徒刑3年6个月，并处罚金20万元。

（一）犯罪构成

1. 犯罪主体

本罪的主体为特殊主体，即国有公司、企业、事业单位的工作人员以及其他公司、企业的工作人员。这里国有公司、企业、事业单位的工作人员，不仅指国有公司、企业、事业单位的国家工作人员，而是泛指国有公司、企业、事业单位的所有工作人员。

2. 犯罪客体

为亲友非法牟利罪侵犯的是公司、企业、事业单位的财产权益。

国有公司、企业为获取最大经济利益，以国家授予其经营管理的财产从事民事活动，向国家承担资产保值增值的责任。国有事业单位以国家拨给的资金在国家法律允许的范围内从事民事活动，承担民事责任。国有公司、企业、事业单位工作人员利用职务便利将本单位的盈利业务交由其亲友经营，或以明显高于市场的价格向亲友经营管理的单位采购商品、接受服务，或以明显低于市场的价格向亲友经营管理的单位销售商品、提供服务，或向亲友经营管理的单位采购、接受不合格商品、服务，必然损害国有公司、企业、事业单位的利益。

3. 主观方面

为亲友非法牟利罪主观是故意，具有非法牟利的目的。行为人明知自己利用职务便利为亲友进行经营活动提供便利条件是背信经营，但为获取非法利益仍故意实施这种行为。过失不构成犯罪。

4. 客观方面

行为人利用职务便利为自己的亲友进行经营活动，非法提供便利，致使国家利益遭受重大损失。亲友泛指亲戚与朋友，只要行为人为他人进行的经营活动非法提供了便利，即可认定属于为亲友进行经营活动非法提供便利。

为亲友非法牟利罪有三种情形：将本单位的盈利业务交由自己的亲友进行经营；以明显高于市场的价格向自己的亲友经营管理的单位采购商品、接受服务或者以明显低于市场的价格向自己的亲友经营管理的单位销售商品、提供服务；向自己的亲友经营管理的单位采购、接受不合格商品、服务。

没有利用职务便利的，不能构成本罪。利用职务便利主要是指利用在国有公司、企业、事业单位工作，尤其是担任领导职务，主管生产、经营的便利条件。行为人既可以是利用职务直接为亲友经营提供非法便利，也可以是利用自己的职权、地位去控制、指挥、要挟、左右他人去为亲友经营提供非法便利等。行为人必须造成了国家利益重大损失才能构成本罪，行为人虽然利用职务便利为自己的亲友经营非法提供便利，但是如果没有给国家利益造成实际损失或虽有实际损失但不属于重大损失，则不能以本罪论处。

（二）犯罪认定

为亲友非法牟利罪与非法经营同类营业罪的区别在于：

1. 为亲友非法牟利罪主体是国有公司、企业、事业单位的工作人员以及其他公司、企业的工作人员，非法经营同类营业罪的主体只能是公司、企业的董事、监事、高级管理人员，前者的范围大于后者。

2. 为亲友非法牟利罪表现为将本单位的盈利业务交由自己亲友经营，或者以明显高于市场的价格向自己亲友所经营管理的单位采购商品、接受服务或者以明显低于市场价格向自己亲友所经营管理的单位销售商品、提供服务，或者向自己的亲友经营管理的单位采购、接受不合格商品服务，致使国家利益遭受重大损失。非法经营同类营业罪表现为行为人利用职务便利自己经营或者为他人经营与其所任职的公司、企业同类的营业，获取数额巨大的非法利益。

3. 构成为亲友非法牟利罪须以致使国家利益遭受重大损失为必要条件，行为人自己是否获利或获多大的利益不影响定罪；构成非法经营同类营业罪以行为人非法获取数额巨大的利益为必要条件。

（三）立案标准

国有公司、企业、事业单位的工作人员，利用职务便利，为亲友非法牟利，涉嫌下列情形之一的，应予立案追诉：

1. 造成国家直接经济损失数额在十万元以上的；

2. 使其亲友非法获利数额在二十万元以上的；

3. 造成有关单位破产，停业、停产六个月以上，或者被吊销许可证和营业执照、责令关闭、撤销、解散的；

4. 其他致使国家利益遭受重大损失的情形。

（四）犯罪处罚

国有公司、企业、事业单位工作人员利用职务便利，犯为亲友非法牟利罪，使国家利益遭受重大损失的，处三年以下有期徒刑或者拘役，并处或者单处罚金；致使国家利益遭受特别重大损失的，处三年以上七年以下有期徒刑，并处罚金。

其他公司、企业的工作人员违反法律、行政法规规定，实施前款行为，致使公司、企业利益遭受重大损失的，依照前款的规定处罚。

九、诱骗投资者买卖证券、期货合约罪

诱骗投资者买卖证券、期货合约罪，是指证券交易所、期货交易所、证券公司、期货经纪公司的从业人员，证券业协会、期货业协会或者证券期货监督管理部门的工作人员，故意提供虚假信息或者伪造、变造、销毁交易记录，诱骗投资者买卖证券、期货合约，造成严重后果的行为。诱骗投资者买卖证券、期货合约罪的犯罪主体是特殊主体，即证券交易所、期货交易所、证券公司、期货经纪公司的从业人员，证券业协会、期货业协会或者证券期货监督管理部门的工作人员。

案例　张某诱骗投资者买卖证券案

某市证券投资公司总经理张某听到传言，获悉某机构可能

投入巨额资金炒作一上市公司股票，认为这是一个扩大成交量、收取规定佣金，完成全年利润指标的好机会。张某明知传言可能失实，却安排市证券投资公司交易员将此消息透露给一些在本营业部开户的投资者。投资者听到消息后信以为真，大量购进该上市公司股票，期待价格上扬时抛出。然而某机构后来经认真考量之后，未进行炒作。不久，该上市公司公布下半年报表，由于每股收益率与市场传闻相差甚远，股票价格出现连续下跌，投资者遭受严重损失。法院经审理认定，某市证券投资公司犯诱骗投资者买卖证券罪，判处罚金50万元，张某犯诱骗投资者买卖证券罪，被判处有期徒刑5年，并处罚金5万元。

（一）犯罪构成

1. 犯罪主体

犯罪主体为特殊主体，即证券交易所、期货交易所、证券公司、期货经纪公司的从业人员，证券业协会、期货业协会或者证券期货监督管理部门的工作人员及单位。非上述人员、单位不能成为本罪主体。

2. 犯罪客体

犯罪侵害的是证券、期货市场正常的交易管理秩序和其他投资者的利益。

3. 主观方面

主观方面是故意，明知为虚假信息而故意提供或者明知是证券、期货交易记录仍决意伪造、变造或销毁，而且具有诱骗投资者买卖证券、期货合约的目的。如果是过失，则不能构成本罪。

4. 客观方面

客观表现为故意提供虚假信息或者伪造、变造、销毁交易记录，诱骗投资者买卖证券、期货合约，造成严重后果。

一是故意提供虚假信息或者伪造、变造、销毁交易记录。“提供”是指将有关证券发行、证券、期货交易的虚假信息故意传播或扩散。这些信息必须是虚假的信息，而且必须与证券发行、证券、期货交易相关。虚假信息可以是自己编造的，又可以是他人编造的。“伪造”是指按照证券、期货交易记录的特征包括形式特征制作假交易记录冒充真交易记录。“变造”是指在真实交易记录的基础上通过涂改、剪接、挖补、拼凑等加工方法，使原交易记录改变其内容。“销毁”是指将证券、期货交易记录采用撕裂、火烧、水浸、丢弃等方法毁灭。

这里的虚假信息主要包括：发行人、证券经营机构在招股说明书、上市公告书、公司报告及其他文件中作出的虚假陈述；律师事务所、审计师事务所、资产评估机构等专业性证券机构在其出具的法律意向书、审计报告、资产评估报告中或其他文件中作的虚假陈述；证券交易所、证券业协会或者其他证券自律性组织作出的对证券市场产生影响的虚假陈述；发行人、证券经营机构、专业性证券服务机构、证券业自律组织向证券监督部门提交的各种文件、报告中的虚假陈述；在证券发行、交易及其相关活动中的其他虚假陈述。

二是诱骗投资者买卖证券、期货合约。“诱骗”是指通过提供虚假的信息或将交易记录销毁的方式，欺骗、引诱、误导投资者，骗取投资者信任使其买卖证券、期货合约。

三是造成严重后果。行为人故意提供虚假信息或伪造、变造、销毁交易记录，诱骗投资者的行为造成了实际的严重后果。

（二）犯罪认定

诱骗投资者买卖证券、期货合约罪与编造并传播证券、期货交易虚假信息罪都包含提供虚假信息，都有可能诱使相关投资者进行证券、期货交易，遭受经济损失，都妨害了证券、期货信息真实公开。两罪的区别在于：

1. 诱骗投资者买卖证券、期货合约罪是特殊主体，仅限于证券交易所、期货交易所、证券公司、期货经纪公司的从业人员、证券业协会、期货业协会或者证券期货监督管理部门的工作人员。编造并传播证券、期货交易虚假信息罪的主体是一般主体，包括单位和个人，只要达到刑事责任年龄、具备刑事责任能力的人都可能成为本罪主体。

2. 诱骗投资者买卖证券、期货合约罪是故意提供虚假信息或者伪造、变造、销毁交易记录，诱骗投资者买卖证券、期货合约。编造并传播证券、期货交易虚假信息罪是编造并传播影响证券、期货交易的虚假信息，扰乱证券、期货交易市场。如果证券交易所、期货交易所的从业人员编造并传播虚假信息，诱骗投资者买卖证券、期货合约，扰乱证券、期货市场并产生严重后果的，宜以诱骗投资者买卖证券、期货罪定罪。

(三) 立案标准

证券交易所、期货交易所、证券公司、期货公司的从业人员，证券业协会、期货业协会或者证券期货监督管理部门的工作人员，故意提供虚假信息或者伪造、变造、销毁交易记录，诱骗投资者买卖证券、期货合约，涉嫌下列情形之一的，应予立案追诉：

1. 获利或者避免损失数额在五万元以上的；

2. 造成投资者直接经济损失数额在五十万元以上的；

3. 虽未达到上述数额标准，但多次诱骗投资者买卖证券、期货合约的；

4. 致使交易价格或者交易量异常波动的；

5. 造成其他严重后果的。

(四) 犯罪处罚

自然人犯本罪，造成严重后果的，处五年以下有期徒刑或者拘役，并处或者单处一万元以上十万元以下罚金；情节特别恶劣的，处五年以上十年以下有期徒刑，并处二万元以上二十万元以下罚金。

单位犯本罪的，对单位判处罚金，并对其直接负责的主管人员和其他直接责任人员，处五年以下有期徒刑或者拘役。

十、违法发放贷款罪

违法发放贷款罪是指银行或者其他金融机构的工作人员违反国家规

定发放贷款，数额巨大或者造成重大损失的行为。

案例 朱某、代某违法发放贷款案和非国家工作人员受贿案

2014 年上半年，某银行一分行副行长朱某在任职期间，接受因本人无法从银行获取贷款的张某、季某请托，帮他们借款。朱某找到某建筑有限公司法定代表人任某，提出以该公司名义向某银行分行贷款人民币 2000 万元给他人使用。时任该行主办客户经理的代某作为贷款第一责任人，明知贷款用途虚构而完成调查报告，后于 2014 年 6 月 19 日发放贷款 2000 万元。朱某、代某构成违法发放贷款罪。同时，朱某、代某身为银行工作人员，利用职务便利，在金融活动中非法收受他人财物，为他人谋取利益，数额巨大，均已构成非国家工作人员受贿罪。其中，代某在违法发放贷款和非国家工作人员受贿中均起辅助作用，系从犯。朱某犯违法发放贷款罪，被判处有期徒刑 5 年，并处罚金人民币 10 万元；犯非国家工作人员受贿罪，被判处有期徒刑 6 年，被合并执行有期徒刑 9 年，并处罚金人民币 10 万元。代某犯违法发放贷款罪，被判处有期徒刑 3 年，并处罚金人民币 5 万元；犯非国家工作人员受贿罪，被判处有期徒刑 3 年，被合并执行有期徒刑 4 年，并处罚金人民币 5 万元。

（一）犯罪构成

1. 犯罪主体

本罪的犯罪主体是特殊主体，只能是我国境内设立的银行或者其他经营贷款业务的金融机构，如中资商业银行、信托投资公司、企业集团服务公司、金融租赁公司、城乡信用合作社等，以及上述银行和金融机构的工作人员，其他任何单位，包括外资金融机构（含外资、中外合资、外资金融机构的分支机构等）和个人都不能成为本罪的主体。

2. 犯罪客体

本罪侵犯的是国家的金融管理制度，具体讲是国家的贷款管理制度以及金融机构自身的合法权益。为了规范贷款行为，提高贷款质量，保证贷款安全和使用高效，信贷资金正常周转，我国制定了商业银行法、贷款通则、信贷资金管理暂行办法等金融法律、法规，对贷款行为作出严格规定。如果贷款人办理发放贷款时玩忽职守或滥用职权，不认真调查借款人的偿还能力或资信情况，随意评估，或未经批准擅自发放贷款等，就会破坏国家贷款管理制度，造成贷款损失，影响金融秩序稳定。

犯罪对象是贷款，即贷款人对借款人提供的并按约定利率和期限还本付息的货币资金。可以是人民币，也可是外币。

3. 主观方面

在主观方面表现为故意，行为人明知违反国家规定非法发放贷款的行为会发生危害社会的结果，仍然希望或放任该行为的发生。

4. 客观方面

在客观方面表现为违反国家规定，发放贷款数额巨大或者造成重大损失。表现在以下方面：

（1）贷款违反了国家规定。“违反国家规定”是指违反全国人大常委会制定的法律的规定、国务院制定的行政法规、规定的行政措施、发布的决定和命令。这里主要指与金融有关的规定，特别是与信贷有关的法律、法规，如违反商业银行法、担保法、贷款通则、贷款证管理办法、信贷资金管理办法、合同法等法律或行政法规有关信贷管理的规定。具体表现为：依法应对借款人贷款条件进行审查而不审查；应对借款人的信用等级以及安全性、合法性、盈利性进行调查、评估而不调查、评估；应与借款人签订借款合同而不签订；在条件审查中马虎应付，不作认真、细致、全面、深入审查就作出合格的决定；明知不符合条件而谎报情节或隐瞒真相发放贷款；由于人情关系或接受贿赂及其他利益而擅自发放贷款；违反银行贷款利率规定擅自提高贷款利率而放松其他条件发放贷款；利用职权指使或亲自对贷款合同的重要条款不予明确；超越职权擅自批准发放贷款；等等。

（2）违法发放贷款数额巨大或者造成重大损失。“重大损失”是指银行或者其他金融机构由于行为人非法发放贷款行为，致使贷款全部或者部分不能收回的情况。

（3）违反国家规定，向关系人发放贷款，从重处罚。

这里的“关系人”是指商业银行的董事、监事、管理人员、信贷业务人员及其近亲属，以及上述所列人员投资或担任高级管理职务的公司、企业和其他经济组织。

（二）立案标准

银行或者其他金融机构及其工作人员违反国家规定发放贷款，涉嫌下列情形之一的，应予立案追诉：

1. 违法发放贷款，数额在二百万元以上的；

2. 违法发放贷款，造成直接经济损失数额在五十万元以上的。

（三）犯罪处罚

自然人犯本罪，数额巨大或者造成重大损失的，处五年以下有期徒刑或者拘役，并处一万元以上十万元以下罚金；数额特别巨大或者造成特别重大损失的，处五年以上有期徒刑，并处二万元以上二十万元以下罚金。

银行或者其他金融机构的工作人员违反国家规定，向关系人发放贷款的，依照上述规定从重处罚。

单位犯本罪的，对单位判处罚金，并对其直接负责的主管人员和其他直接责任人员，依照上述两条规定处罚。

十一、吸收客户资金不入账罪

吸收客户资金不入账罪是指银行或者其他金融机构的工作人员吸收客户资金不入账，数额巨大或者造成重大损失的行为。

案例　李某吸收客户资金不入账案

某银行理财经理李某在任职期间，利用职务之便，为还其个人约900万元的债务，私刻银行公章，用伪造的公章和签名印章签订理财合同，将客户理财资金转到其与朋友合伙开的公司账户，全部用于经营投资项目，共涉及投资客户11人，总投资额3980万元。后其与朋友的合伙公司严重亏损，李某负债4000多万元，直至案发。李某以犯吸收客户资金不入账罪被判处有期徒刑6年，并处罚金20万元。

（一）犯罪构成

1. 犯罪主体

犯罪的主体是特殊主体，即银行或者其他金融机构工作人员。其他主体不能构成本罪。单位也可以成为本罪的主体。

2. 犯罪客体

犯罪侵犯的是国家金融管理制度和客户的合法权益。金融机构及其工作人员吸收客户资金不入账，用于非法拆借、发放贷款，直接破坏国家对信贷资金的总量控制和比例管理，危害国家金融管理制度，同时增大了客户资金风险，侵犯了客户的合法权益。

3. 主观方面

主观方面是故意，是明知吸收客户资金不入账的行为会发生危害社会的结果，仍然希望该行为发生。

4. 客观方面

表现为银行或者其他金融机构的工作人员，吸收客户资金不入账，数额巨大或者造成重大损失。“吸收客户资金不入账”指银行或其他金融机构对存款户的入款或存款不如实记入银行或者其他金融机构存款账目，账目反映不出新增存款业务，或者账目记载与出具的存单、存折记载不相符。银行或其他金融机构会单方面地发给入款户或储户一张存单，不将款项记入本单位大账，即不纳入上报央行和财政的银行会计核算，而是将其另入会计账册以外的单位“小金库”账册。

（二）立案标准

银行或者其他金融机构及其工作人员吸收客户资金不入账，涉嫌下列情形之一的，应予立案追诉：

1. 吸收客户资金不入账，数额在二百万元以上的；

2. 吸收客户资金不入账，造成直接经济损失数额在五十万元以上的。

（三）犯罪处罚

自然人犯本罪，数额巨大或者造成重大损失的，处五年以下有期徒刑或者拘役，并处二万元以上二十万元以下罚金；数额特别巨大或者造成特别重大损失的，处五年以上有期徒刑，并处五万元以上五十万元以下罚金。

单位犯本罪的，对单位判处罚金，并对其直接负责的主管人员和其他直接责任人员，依照上述规定处罚。

十二、违规出具金融票证罪

违规出具金融票证罪是指银行或者其他金融机构的工作人员违反规定，为他人出具信用证或者其他保函、票据、存单、资信证明，情节严重的行为。

案例　杨某违规出具金融票证案

2008年1月21日、2008年2月19日，王××分两次与新×科技有限公司（以下简称新×公司）签订两份借款协议，王××共借给新×公司2000万元，期限一年。时任中国××银行股份有限公司××支行（以下简称××支行）行长杨某，违反中国××银行股份有限公司章程规定，未经股东大会决议，分别在上述两个时间以××银行××支行的名义为上述借款出具还款保函。上述借款到期后，新×公司未履行还款义务，王××起诉××支行，要求×

×支行承担连带保证责任。××市中级法院一审判决××支行偿还王××借款1640万元，利息420万元。杨某被以犯违规出具金融票证罪判处有期徒刑8年。

（一）犯罪构成

1. 犯罪主体

犯罪主体是特殊主体，即银行或者其他金融机构及其工作人员。这里的“银行”主要指商业银行，“其他金融机构”是指除银行以外的开展金融业务的机构。

2. 犯罪客体

犯罪侵犯的是国家金融管理制度。银行或者其他金融机构及其工作人员违反国家规定出具信用证或者其他保函、票据、存单、资信证明等，给国家造成重大经济损失，给诈骗犯罪分子诈骗犯罪创造了条件，严重扰乱金融秩序和社会秩序。犯罪对象为信用证、保函、票据、存单、资信证明。

3. 主观方面

主观上表现为故意，行为人明知其为他人出具信用证或者其他保函、票据、存单、资信证明会发生危害社会的结果，仍然希望或放任该行为的发生。一般表现为过于自信的过失。

4. 客观方面

客观上表现为行为人实施了违反规定为他人出具信用证或者其他保函、票据、存单、资信证明的行为。“违反规定”既包括违反国务院及其金融监督管理机构即中国人民银行的有关规定，也包括违反其他银行及除银行以外的如中国人民保险公司、信托投资公司等非银行金融机构的内部管理规定。为加强信用凭证的管理，杜绝金融机构内部的非法出具行为，有关金融法律、法规作了严格而明确的规定。根据中国人民银行法规定，中国人民银行不得向任何单位和个人提供担保，出具保函。“非法出具”是指违反金融法律、法规有关信用证、票据、保函、存单、资信证明的管理规定的出具条件和程序，玩忽职守或者滥用职权，开出代表着银行信用的特定凭据与证明。“为他人出具”中的他人是指除出具人以外的其他人，包括单位与个人。只要违反规定，无论是为单位还是为个人非法出具了信用证、保函、票据、存单、资信证明的，均可构成本罪。金融机构及其工作人员无视规定开具金融票证，有的是玩忽职守，该审查的不审查，或者审查马虎、粗枝大叶，不全面、不认真；有的是因受了贿赂、碍于亲情、朋友、上下级情面不惜违反规章制度而开具；有的是滥用职权，擅作主张；等等。

违规出具的行为须“情节严重”，“情节严重”是指给金融机构造成较大损失，或者虽然没有造成较大损失，但非法出具金融票证涉及金额巨大，或者多次违规、非法出具金融票证等情形。如果行为人仅有违规出具行为，由于被及时发现并制止，情节不严重的，可作违法行为处理，不宜以犯罪论处。

（二）犯罪认定

违规出具金融票证罪与伪造、变造信用证罪的区别在于：

1. 违规出具金融票证罪是金融机构及其工作人员违反规定出具信用证或者其他信用证明，信用证和信用证明不一定是假的。伪造、变造信用证罪所伪造、变造的信用证是假的。

2. 违规出具金融票证罪可能造成的经济损失，不一定是金融机构的经济损失。伪造、变造信用证罪直接破坏银行对信用证的管理秩序，造成银行钱款损失。

（三）立案标准

银行或者其他金融机构及其工作人员违反规定，为他人出具信用证或者其他保函、票据、存单、资信证明，涉嫌下列情形之一的，应予立案追诉：

1. 违反规定为他人出具信用证或者其他保函、票据、存单、资信证明，数额在二百万元以上的；

2. 违反规定为他人出具信用证或者其他保函、票据、存单、资信证明，造成直接经济损失数额在五十万元以上的；

3. 多次违规出具信用证或者其他保函、票据、存单、资信证明的；

4. 接受贿赂违规出具信用证或者其他保函、票据、存单、资信证明的；

5. 其他情节严重的情形。

（四）犯罪处罚

自然人犯本罪，情节严重的，处五年以下有期徒刑或者拘役；情节特别严重的，处五年以上有期徒刑。

单位犯本罪的，对单位判处罚金，并对其直接负责的主管人员和其他直接责任人员依照上述规定处罚。

十三、对违法票据承兑、付款、保证罪

对违法票据承兑、付款、保证罪是指银行或者其他金融机构的工作人员在票据业务中，对违反票据法规定的票据予以承兑、付款或者保证，造成重大损失的行为。

案例　颜某、黄某票据诈骗，胡某、杨某对违法票据付款案

某公司原经理颜某以投资项目急需资金为由，找时任某银行支行客户部经理的黄某“贷款”。因颜某不具备贷款、担保等资格而未能如愿。之后，二人合计先找到款项来源再说。颜某当即便找到某建设管理办公室，以高息作诱饵为该办公室引存资金。当月24日下午，颜某通过他人带该办公室出纳到某银行支行办理开户手续，蓄意冒充该办公室财务人员在银行印鉴卡上留下一个假名和自己的手机号码，以便日后“取款”。黄某则将该办公室留下的财务专用章印戳交给了颜某。同年7月，黄某向颜某透露，该“办公室”已存入500万元资金至账户内。

颜某与他人伪造了该“办公室”财务专用章和转账支票。但这枚伪造的财务专用章上的“办公室”3个字，却被误刻成了“办化室”。同年7月8日，颜某将这枚明显有一个错字的“办化室财务专用章”盖在两张虚假转账支票上，并分别填写160万元和300万元金额，之后分别交给该行柜台人员杨某、胡某。杨、胡二人当时均未对该支票进行认真审查，就分别为颜某办理了转账手续。颜某轻而易举地从该行骗出460万元。颜某除分给黄某3万元外，余款挥霍殆尽。人民法院以票据诈骗罪分别判处颜某无期徒刑，剥夺政治权利终身，并处没收个人全部财产；判处黄某有期徒刑8年，并处罚金人民币5万元。银行工作人员胡某、杨某，被法院以对违法票据付款罪分别判处有期徒刑1年、缓刑2年和有期徒刑1年、缓刑1年。

（一）犯罪构成

1. 犯罪主体

犯罪主体为特殊主体，即银行或者其他金融机构及其工作人员，其他单位和个人不能构成本罪。

2. 犯罪客体

金融机构及其工作人员对违反票据法规定的票据予以承兑、付款、保证，侵犯了国家的票据管理制度，损害了票据当事人的合法权益。金融机构及其工作人员对违反票据法规定的票据予以承兑、付款或者保证，如对没有真实委托付款关系的汇票承兑，将使承兑业务的金融机构沦为票据主债务人，无端承担票据到期付款责任。

3. 主观方面

在主观方面表现为过失，行为人对于承兑、付款、保证违反票据法规定的票据可能造成的重大损失是出于过失。如果行为人因疏忽大意，对票据审查不严，未发现票据违反票据法而承兑、付款或保证，造成重大损失的，是疏忽大意的过失。如果行为人明知票据违法，也预见到予以承兑、付款、保证可能造成重大损失，却采取放任态度，构成间接故意犯罪。

4. 客观方面

客观方面表现为银行或者其他金融机构及其工作人员在票据业务中，对违反票据法规定的票据予以承兑、付款或者保证，造成重大损失。

（1）对违反票据法规定的票据予以承兑、付款、保证。违反票据法规定的票据是指违反票据法有关票据的签章、记载、背书等规定的票据。根据票据法的规定，票据出票人制作票据，应当按照法定条件在票据上签章，并按照所记载的事项承担票据责任。持票人行使票据权利应当按照程序在票据上签章并出示票据。其他票据债务人在票据上签章的按照票据所记载事项承担票据责任。票据当事人可以委托代理人在票据上签章并应在票据上表明其代理关系。没有代理权而以被代理人名义在票据上签章的应当由签章人承担票据责任；代理人超越代理权限的应当就其超越权限的部分承担票据责任。无民事行为能力人或者限制民事行为能力人在票据上签章的，签章无效，但不影响其他签章的效力。“对违反票据法规定的票据予以承兑、付款或者保证”是指金融机构及其工作人员在票据业务中，玩忽职守，对没有真实委托付款关系的汇票予以承兑；对背书不连续、形式要件欠缺、签章与预留印鉴不符、票载金额不一致、超过时效期限及其他违反票据法规定的票据予以付款；对没有财产担保的出票人签发的票据或者没有财产担保的承兑人承兑的票据予以保证等。

（2）对违反票据法规定的票据予以承兑、付款或者保证的行为造成了重大损失。

（二）立案标准

银行或者其他金融机构及其工作人员在票据业务中，对违反票据法规定的票据予以承兑、付款或者保证，造成直接经济损失数额在五十万元以上的，应予立案追诉。

（三）犯罪处罚

自然人犯本罪，造成重大损失的，处五年以下有期徒刑或者拘役；造成特别重大损失的，处五年以上有期徒刑。

单位犯本罪的，对单位判处罚金，并对其直接负责的主管人员和其他直接责任人员，依照上述的规定处罚。

十四、非法转让、倒卖土地使用权罪

非法转让、倒卖土地使用权罪是指以牟利为目的，违反土地管理法规，非法转让、倒卖土地使用权，情节严重的行为。

案例 马某非法转让、倒卖土地使用权案

2016年10月，马某在未经××市××镇××村委会同意、未报××镇政府批准的情况下，将从××镇××村委会承包的林地转让给吕某，非法获利人民币125万元。2017年8月，经××市国土资源局勘测，马某非法转让土地面积15744平方米，其中林地面积7976平方米。马某以牟利为目的，违反土地管理法规，非法转让土地使用权，情节特别严重，已构成非法转让、倒卖土地使用权罪。人民法院以犯非法转让、倒卖土地使用权罪，判处马某有期徒刑三年。

（一）犯罪构成

1. 犯罪主体

犯罪的主体是一般主体，包括单位和个人。

2. 犯罪客体

犯罪侵犯的是国家的土地管理制度。我国宪法规定，任何组织或者个人不得侵占、买卖或者以其他形式非法转让土地。土地的使用权可以依照法律的规定转让。土地属于国家或集体所有，国家严禁以任何形式转让土地，但土地使用权可以依法转让。

3. 主观方面

犯罪主观方面是故意，且以牟利为目的，不以牟利为目的不构成本罪。

4. 客观方面

犯罪客观方面表现为违反土地管理法规，非法转让、倒卖土地使用权，情节严重。

（1）违反土地管理法规。土地管理法规包括《中华人民共和国土地管理法》《国务院关于出让国家土地使用权批准权限的通知》《城镇国家土地使用权出让和转让暂行条例》《土地管理法实施条例》等。

（2）非法转让、倒卖土地使用权。根据《中华人民共和国土地管理法》的规定，我国实行土地社会主义公有制，即属于全民所有和劳动群众集体所有。任何单位和个人不得侵占、买卖或以其他形式非法转让土地，国有土地和集体所有的土地使用权可以依法转让。土地使用权转让是指土地使用者将土地使用权再转移，包括出售、交换和赠送等。土地使用权转让应严格依法进行。未按土地使用权出让合同规定期限和条件投资开发、利用土地的，土地使用权不得转让。土地使用权转让应当签订转让合同。土地使用权转让时，土地使用权出让合同和登记文件中载明的权利、义务随之转移，其地上建筑物、其他附着物的所有权转让，应当依照规定过户登记。土地使用权和地上建筑物、其他附着物所有权分割转让的，应当经市、县人民政府土地管理部门和房产管理部门批准，并依法办理过户登记。不按上述规定转让土地使用权的为非法转让。有的单位和个人“倒卖土地使用权”，即指将土地使用权非法出卖给他人，或者为了出卖而向他人收买、租借土地使用权等。倒卖的方式主要包括：明码标价予以出卖；以某种形式掩盖土地买卖，明里是购买他人厂房，暗里是购买厂房占地的使用权；借买他人住宅占有他人住宅基地使用权等。

（3）非法转让、倒卖土地使用权的行为达到情节严重的标准。根据最高人民法院有关司法解释规定，具有下列情形之一的，属于非法转让、倒卖土地使用权“情节严重”：非法转让、倒卖永久基本农田五亩以上的；非法转让、倒卖永久基本农田以外的耕地十亩以上的；非法转让、倒卖其他土地二十亩以上的；非法获利五十万元以上的；非法转让、倒卖土地接近上述数量标准并具有其他恶劣情节的，如曾因非法转让、倒卖土地使用权受过行政处罚或者造成严重后果等。

具有下列情节之一的，属于情节特别严重：非法转让、倒卖永久基本农田十亩以上的；非法转让、倒卖永久基本农田以外的耕地二十亩以上的；非法转让、倒卖其他土地四十亩以上的；非法获利一百万元以上的；非法转让、倒卖土地接近上述数量标准并具有其他恶劣情节的，如造成严重后果等。

（二）立案标准

以牟利为目的，违反土地管理法规，非法转让、倒卖土地使用权，涉嫌下列情形之一的，应予立案追诉：

1. 非法转让、倒卖永久基本农田五亩以上的；

2. 非法转让、倒卖永久基本农田以外的耕地十亩以上的；

3. 非法转让、倒卖其他土地二十亩以上的；

4. 违法所得数额在五十万元以上的；

5. 虽未达到上述数额标准，但因非法转让、倒卖土地使用权受过行政处罚，又非法转让、倒卖土地的；

6. 其他情节严重的情形。

其中“虽未达到上述数额标准”，是指接近上述数额标准且已达到该数额的百分之八十以上的。

（三）犯罪处罚

自然人犯本罪，情节严重的，处三年以下有期徒刑或者拘役，并处或者单处非法转让、倒卖土地使用权价额百分之五以上百分之二十以下罚金；情节特别严重的，处三年以上七年以下有期徒刑，并处非法转让、倒卖土地使用权价额百分之五以上百分之二十以下罚金。

单位犯本罪的，对单位判处罚金，并对其直接负责的主管人员和其他直接责任人员，依照上述的规定处罚。

第四章

国有企业安全责任型犯罪的界定与识别

一、重大责任事故罪

重大责任事故罪是指在生产、作业中违反有关安全管理的规定，因而发生重大伤亡事故或者造成其他严重后果的行为。

（一）犯罪构成

1. 犯罪主体

根据刑法规定，本罪的主体为一般主体，但对主体仍然有特殊要求。这个要求是主体必须是“在生产、作业中”，也就是须从事生产、作业的人员。生产、作业是社会劳动的职业分工，具有反复性、持续性，而且具有一定的危险性，即对人的生命、身体构成侵害的危险。由此可见，本罪的主体是从事生产作业的相关人员。根据《最高人民法院、最高人民检察院关于办理危害生产安全刑事案件适用法律若干问题的解释》（2015 年 12 月 16 日起施行)，本罪主体包括对生产、作业负有组织、指挥或者管理职责的负责人、管理人员、实际控制人、投资人等人员，以及直接从事生产、作业的人员。

具体讲，主要指工厂、矿山、林场、建筑企业或者其他企业、事业单位中直接从事生产、作业的相关人员，以及负责组织、指挥、管理的人员，如生产工人、技术员、安全员、化验员、检验员、生产调度员、段长、矿长、车间主任等。不从事生产、作业的工作人员，如党、团和工会的专职工作人员，以及资料员、收发人员、治安人员等，玩忽职守，造成严重后果的，不构成本罪。但是，如果他们参加车间生产期间，违章造成重大伤亡事故，造成严重后果的，则构成本罪。

2. 犯罪客体

重大责任事故罪侵犯的是生产、作业安全，即侵犯工厂、矿山、林场、建筑企业或者其他企业、事业单位的生产作业安全。重大责任事故不仅危及人民群众的生命安全，也造成国家和群众财产的重大损失，严重阻碍企事业单位的正常经营和发展，危害社会稳定。现代生产、作业表现为协作、有序，形成行业生产、专业生产的程序、过程和系统。某个环节发生问题都可能危及操作者人身安全和财产安全，直接关系到整个生产、作业的安全。为贯彻执行安全生产方针，加强企业安全生产管理，1963 年 3 月 30 日国务院发布《关于加强企业生产中安全工作的几项规定》，对安全生产责任制、安全技术措施计划、安全生产的教育、检查等方面作了规定。为了使各行业安全生产规范化，国家陆续发布《矿山安全法》《矿山安全监察条例》《关于加强防尘防毒工作的决定》《防止沥青中毒办法》《工厂安全卫生规程》《建筑安装工程安全技术规程》《锅炉压力容器安全监察暂行条例》《森林防火条例》《放射性同位素与射线装置放射防护条例》《特别重大事故调查程序暂行规定》等一系列安全生产法规。重大责任事故罪侵犯的是生产、作业安全，侵犯的是公共安全的组成部分，能够使不特定的多数人的生命、健康或者公私财产遭受重大损害。

3. 主观方面

主观方面表现为过失。表现为对造成的后果没有预见，或轻信可以避免。既可能是无意之中违反，也可能明知故犯，但均不影响本罪成立。如果行为人对危害结果出于故意，不构成本罪，而可能构成其他危害公共安全的犯罪。根据 1986 年 7 月 4 日最高人民检察院《关于刑法第 114

条规定的主体要件的适用范围的联合通知》所作的解答，企业、事业单位的职工和群众合作经营组织、个体经营户从业人员，没有经过培训，没有经过技术培训，没有受到必要的安全教育，不了解规章制度，因而发生重大责任事故，行为人不负法律责任，应由发生事故的单位和经营组织、经营户的直接责任人员负法律责任。

4. 客观方面

客观方面表现为在生产和作业过程中违反规章制度，不服从管理或者强令工人违章冒险作业，因而发生重大伤亡事故，造成严重后果。

重大责任事故罪表现为行为人在生产、作业活动中违反有关安全管理规定，因而发生重大伤亡事故或者造成其他严重后果。“违反有关安全管理的规定”是指违反有关生产安全方面的操作规程、劳动纪律和劳动保护等规定。

违反安全管理的规定是造成事故的直接原因，也是构成重大责任事故罪的前提，没有违反安全管理的规定则不构成犯罪。安全管理的规定不仅指国家发布的各种有关安全生产的法规，以及企业、事业单位及其上级管理机关制定的反映安全生产客观规律并涉及工艺技术、生产操作、技术监督、劳动保护、安全管理等方面的规程、规章、章程、条例、办法和制度等，而且包括那些虽无明文规定，却反映生产、科研、设计、施工中安全操作的客观规律并长期为群众所公认的行之有效的正确操作习惯与惯例。但应逐步将这些操作习惯和惯例条理化、规范化并见诸文字，以便衡量和检验。

违反安全管理的规定既可以表现为作为，如擅自移动有关安全生产方面的标志、开关、信号，在禁火区生产时使用明火作业等；也可以表现为不作为，如值班时外出游玩、睡觉打盹儿、精神不集中等。处于不同岗位的人员违反规章制度的行为具有不同的形式。普通职工违反规章制度表现为不服管理，不听指挥，不遵守操作规程和工艺设计要求，盲目蛮干或擅离岗位。技术人员违反规章制度表现为违背科学原理，对设计、配方等应予论证、检验而不予论证、检验。生产管理人员违反规章制度表现为不遵守法律法规，或者违背客观规律在现场瞎指挥。

重大责任事故罪的违章行为必须发生在生产过程中并与生产有直接联系。只有在生产过程中出现违章行为，才可能发生责任事故。普通职工虽然在生产过程中具有违章行为，引起严重的危害结果，但如果同其生产活动没有直接联系，属于危害公共安全罪中的其他过失犯罪，不构成重大责任事故罪。生产管理人员违章管理、违章指挥只有与生产直接联系，才构成重大责任事故罪。仅在一般管理层次上出现漏洞，由于不贯彻执行有关安全生产的规章制度而引发严重危害结果的，构成玩忽职守罪，不属于重大责任事故罪。

行为人违反规章制度的行为尚未造成重大伤亡事故、造成严重后果的，不构成重大责任事故罪，必要时可予以适当的行政处罚。“重大伤亡”和“严重后果”两个标准，具备其一便构成犯罪。

（二）犯罪认定

1. 重大责任事故罪与自然事故的界限

自然事故是指因不以人的意志为转移的自然原因造成的事故，如雷电、暴风雨造成电路故障引起人员伤亡或经济损失。如果无人违章，纯属自然事故，那么不构成犯罪。如违章行为与自然事故发生竞合，如离岗时不按规定关机遇到雷击而造成重大经济损失的，构成重大责任事故罪，而非单纯的自然事故。

2. 重大责任事故罪与技术事故的界限

技术事故指由于技术手段或设备条件所限无法避免的人员伤亡或经济损失。生产和科学实验中因受到现有科技水平和设备条件的限制，不可避免地出现事故，造成一些损失的，不是犯罪。如果凭借现有的科技和设备条件经过主观努力本来可以避免事故发生，但是由于疏忽大意未能避免，则可能构成重大责任事故罪。

（三）立案标准

在生产、作业中违反有关安全管理的规定，涉嫌下列情形之一的，应予立案追诉：

1. 造成死亡一人以上，或者重伤三人以上的；

2. 造成直接经济损失一百万元以上的；

3. 其他造成严重后果或者重大安全事故的情形。

（四）犯罪处罚

犯本罪，发生重大伤亡事故或者造成其他严重后果的，处三年以下有期徒刑或者拘役；情节特别恶劣的，处三年以上七年以下有期徒刑。

二、消防责任事故罪

消防责任事故罪是指违反消防管理法规，经消防监督机构通知采取改正措施而拒绝执行，造成严重后果的行为。

（一）犯罪构成

1. 犯罪主体

本罪的主体为一般主体。既包括单位，也包括自然人。

2. 犯罪客体

消防责任事故罪侵犯的是国家的消防监督制度和公共安全。消防安全涉及各行各业、千家万户，关系国计民生和社会的安定。我国专门制定了《中华人民共和国消防法》《消防监督程序规定》等消防法规，对消防工作实行严格的监督管制。我国消防工作由各级消防监督机构实施监督，消防监督机构发现有重大火灾隐患的，应及时向被检查单位以及上级主管部门或者居民发出《火险隐患整改通知书》，被通知单位或者公民应当采取有效措施，消除火灾隐患，并将整改情况及时告诉消防监督机构。单位和公民都必须严格遵守消防法规，认真做好消防工作，及时防范、消除火灾隐患。但是，有些单位和公民出于不同目的，违反消防管理法规，经消防监督机构通知采取改正措施而拒绝执行，导致发生火灾，造成严重后果的，构成消防责任事故罪。消防责任事故严重破坏消防监督管理秩序，危害公共安全，给国家、集体和人民群众带来了巨大损失。

3. 主观方面

在主观方面表现为过失。行为人明知是违反了消防管理法规，却未想到会因此立即产生严重后果，或者轻信能够避免，以致发生了严重后果。

4. 客观方面

在客观方面表现为违反消防管理法规，且经消防监督机构通知采取改正措施而拒绝执行，造成严重后果。“违反消防管理法规”是指违反我国相关消防法规如《中华人民共和国消防法》《仓库防火安全管理规则》《高层建筑消防管理规则》等。“消防监督机构”是指根据有关法律、法规建立的专门负责消防监督检查工作的机构。如果行为人违反消防管理法规，但没有接到过消防监督机构采取改正措施的通知，即使造成严重后果也不构成本罪。严重后果是由于违反消防管理法规的行为引起，两者之间存在因果关系，如违反消防管理法规的行为与严重后果之间没有因果联系，则不构成本罪。

“严重后果”通常指造成人身伤亡、死亡或公私财产的重大损失。既包括重大人身伤亡，也包括重大的直接经济损失，“后果特别严重”一般是指造成多人重伤、死亡，或者公私财产的巨大损失。“重大伤亡事故”一般是指死亡一人以上，或者重伤三人以上。直接经济损失的数额，一般在五万元以上。

（二）犯罪认定

消防责任事故罪与失火罪的区别在于：

消防责任事故罪是行为人在存在火险隐患的情况下拒不执行消防监督机构关于采取改正措施的通知，致使引起火灾，造成严重后果的。消防责任事故罪强调的是责任。失火罪是行为人在生产与生活中用火不慎，引起火灾，造成严重后果的。失火罪强调的是引起火灾的事实。

（三）立案标准

违反消防管理法规，经消防监督机构通知采取改正措施而拒绝执行，涉嫌下列情形之一的，应予立案追诉：

1. 造成死亡一人以上，或者重伤三人以上的；

2. 造成直接经济损失一百万元以上的；

3. 其他造成严重后果或者重大安全事故的情形。

（四）犯罪处罚

犯本罪，造成严重后果的，对直接责任人员，处三年以下有期徒刑或者拘役；后果特别严重的，处三年以上七年以下有期徒刑。

三、重大劳动安全事故罪

重大劳动安全事故罪是指安全生产设施或者安全生产条件不符合国家规定，因而发生重大伤亡事故或者造成其他严重后果的行为。

（一）犯罪构成

1. 犯罪主体

重大劳动安全事故罪的主体是特殊主体，即单位中对排除事故隐患、防止事故发生直接负责的主管人员和其他直接责任人员。根据劳动法规定，单位的范围非常广泛，既包括一切在中国境内设立的企业和个体经济组织，也包括其他与劳动者建立劳动合同关系的国家机关、事业组织和社会团体。“直接负责的主管人员和其他直接责任人员”，是指对安全生产设施或者安全生产条件不符合国家规定负有直接责任的生产经营单位负责人、管理人员、实际控制人、投资人以及其他对安全生产设施或者安全生产条件负有管理、维护职责的人员。

2. 犯罪客体

重大劳动安全事故罪侵犯的是生产安全，会危及不特定多数人的生命、健康以及公共财产安全。

3. 主观方面

重大劳动安全事故罪在主观方面表现为过失，有关直接责任人员在主观上应当预见安全生产设施或者安全生产条件不符合国家规定产生的结果，但是疏忽大意没有预见或者虽已预见，但轻信可以避免，结果导致发生重大安全事故。

4. 客观方面

客观方面表现为安全生产设施或者安全生产条件不符合国家规定，因而发生重大伤亡事故或者造成其他严重后果的行为。主要包括三个方面：

一是安全生产设施或安全生产条件不符合国家规定。“安全生产设施”主要是指用于安全生产的各种设施和设备，包括安全牢固的生产用房设施、符合安全标准的各种机器设备、隔离栏、防护网、危险标志、紧急逃生通道等。“安全生产条件”是指劳动生产者在劳动生产时保障其安全生产、作业必不可少的安全环境条件，以及安全防护用品和措施，如用于防毒、防爆、防火、通风等的用品和措施。“不符合国家规定”是指新建、改扩建工程的安全设施未经有关部门审查批准便擅自投入使用，不为劳动者提供法定必备的劳动防护用品，因不具备安全生产条件或者存在重大事故隐患而被有关部门责令停产、停业或取缔关闭后仍强行生产经营等。

二是发生重大伤亡事故或造成了其他严重后果。重大伤亡事故是指死亡一人以上或者重伤三人以上的事故。其他严重后果是指造成重大经济损失；或者造成重大政治影响；或者引起单位职工强烈不满，导致罢工、停产等。

三是安全生产设施或者安全生产条件不符合国家规定与发生重大伤亡事故或造成其他严重后果之间有因果关系。

（二）犯罪认定

1. 重大劳动安全事故罪与重大责任事故罪的区别

两罪均为过失犯罪，主要区别：一是客观方面，重大劳动安全事故罪必须具备对事故隐患不采取措施，且这种事故隐患是不符合国家有关劳动安全的规定造成的，重大责任事故罪主要是企事业单位职工不服从管理，违反规章制度，或企事业单位管理人员强令工人违章冒险作业。二是重大劳动安全事故罪是单位犯罪，个人作为单位的负责者承担责任；

重大责任事故罪是个人犯罪，由犯罪行为人直接承担责任。

2. 重大劳动安全事故罪与玩忽职守罪的区别

两罪都是由于行为人未尽职责或不正确履行职责而构成的犯罪。两罪区别：一是侵犯的客体不同。重大劳动安全事故罪侵犯的是生产安全，即劳动者的生命、健康和重大公私财产的安全，属于危害公共安全的犯罪；玩忽职守罪侵犯的是国家机关的正常管理活动，属于渎职犯罪。二是客观方面不同。重大劳动安全事故罪表现为劳动安全设施不符合国家规定，因而发生重大伤亡事故或者造成其他严重后果。玩忽职守罪表现为国家机关工作人员玩忽职守，不履行或者不正确履行职责，致使公共财产、国家和人民利益遭受重大损失。三是犯罪主体不同。两者都是特殊主体，但重大劳动安全事故罪的犯罪主体是对安全生产设施或者安全产生条件不符合国家规定负有直接责任的主管人员和其他直接人员。玩忽职守罪的犯罪主体是国家机关工作人员。四是犯罪发生场合不同。重大劳动安全事故罪发生在生产、作业过程中；玩忽职守罪发生在国家机关工作管理职能的职务活动之中。

（三）立案标准

安全生产设施或者安全生产条件不符合国家规定，涉嫌下列情形之一的，应予立案追诉：

1. 造成死亡一人以上，或者重伤三人以上的；

2. 造成直接经济损失一百万元以上的；

3. 其他造成严重后果或者重大安全事故的情形。

（四）犯罪处罚

安全生产设施或者安全生产条件不符合国家规定，因而发生重大伤亡事故或者造成其他严重后果的，对直接负责的主管人员和其他直接责任人员，处三年以下有期徒刑或者拘役；情节特别恶劣的，处三年以上七年以下有期徒刑。

四、强令、组织他人违章冒险作业罪

强令、组织他人违章冒险作业罪是指强令他人违章冒险作业，或者明知存在重大事故隐患而不排除，仍冒险组织作业，因而发生重大伤亡事故或者造成其他严重后果的行为。

（一）犯罪构成

1. 犯罪主体

本罪主体是一般主体，是指具有强令、组织资格的人，通常情况下是生产、作业的领导者、指挥者、调度者。具体包括对生产、作业负有组织、指挥或者管理职责的负责人、管理人员、实际控制人、投资人等人员。

2. 犯罪客体

本罪侵犯的客体是生产、作业安全，会危害不特定多数人的生命、健康和公私财产安全。

3. 主观方面

主观方面是过失。就所发生的后果而言，行为人对既违章又冒险则是明知的。

4. 客观方面

客观方面表现为强令、组织他人违章冒险作业，或者明知存在重大事故隐患而不排除，仍冒险组织作业，因而发生重大伤亡事故或者造成其他严重后果的行为。

“强令他人违章冒险作业”主要包括以下情形：

利用组织、指挥、管理职权，强制他人违章作业的；采取威逼、胁迫、恐吓等手段，强制他人违章作业的；故意掩盖事故隐患，组织他人违章作业的；其他强令他人违章作业的情形。

这里的“强令”是指明知违章并存在着很大的危险而仍然利用地位、职权命令、强迫下属进行作业。“强令”不一定以恶劣的态度、强硬的语言或者行动，只要是能对工人产生精神强制，使其不敢违抗命令，不得不违章冒险作业的，均构成“强令”。

冒险组织作业是《刑法修正案（十一）》新增设的行为方式，即“明知存在重大事故隐患而不排除，仍冒险组织作业”。《中华人民共和国安全生产法》第一百一十三条第二款规定：“国务院安全生产监督管理部门和其他负有安全生产监督管理职责的部门应当根据各自的职责分工，制定相关行业、领域重大事故隐患的判定标准。”据此，本条中规定的“重大事故隐患”应当按照法律、行政法规或者安全生产监督管理部门发布的有关国家、行业标准确定；“明知”指行为人在主观上对事故隐患的存在可能导致的危害后果虽然不是积极追求，但存在鲁莽、轻率心态；“不排除”是指对重大隐患不采取有效措施予以排除危险；“仍冒险组织作业”是指明知具有重大事故隐患未排除，仍然组织冒险作业，如已发现事故苗头却不听劝阻、一意孤行，拒不采纳工人和技术人员意见，导致事故发生的，或者通过恶劣手段掩盖安全生产隐患，蒙骗工人作业，在出现险情的情况下仍然继续生产、作业或者指挥工人生产、作业等。

（二）犯罪认定

重大责任事故罪与强令、组织他人违章冒险作业罪的区别在于：

重大责任事故罪是指在生产、作业中违反有关安全管理的规定，因而发生重大伤亡事故或者造成其他严重后果的行为。强令、组织他人违章冒险作业罪是指强令他人违章冒险作业，或者明知存在重大事故隐患而不排除，仍冒险组织作业，因而发生重大伤亡事故或者造成其他严重后果的行为。在主体方面，重大责任事故罪的主体是直接负责的主管人员和其他直接责任人员，一般应为生产、作业人员，强令、组织他人违章冒险作业罪的主体一般应为生产、作业的组织、指挥、管理人员。在行为方面，重大责任事故罪的行为是指违反有关安全管理的规定，强令、组织他人违章冒险作业罪的行为是指强令他人违章冒险作业或者明知存在重大事故隐患而不排除，仍冒险组织作业。

（三）立案标准

强令他人违章冒险作业，涉嫌下列情形之一的，应予立案追诉：

1. 造成死亡一人以上，或者重伤三人以上的；

2. 造成直接经济损失一百万元以上的；

3. 其他造成严重后果或者重大安全事故的情形。

（四）犯罪处罚

强令他人违章冒险作业，或者明知存在重大事故隐患而不排除，仍冒险组织作业，因而发生重大伤亡事故或者造成其他严重后果的，处五年以下有期徒刑或者拘役；情节特别恶劣的，处五年以上有期徒刑。

五、危险作业罪

危险作业罪是指在生产、作业中违反有关安全管理的规定，实施具有发生重大伤亡事故或者其他严重后果的现实危险的行为。

（一）犯罪构成

1. 犯罪主体

犯罪主体是一般主体。具体是指所有安全生产从业人员，包括对生产、作业负有组织、指挥或者管理职责的负责人、管理人员、实际控制人、投资人员，以及直接从事生产、作业的一线从业人员。

2. 犯罪客体

危险作业罪侵犯的是公共安全和国家对生产、作业的管理制度。为追求利益，在生产、作业中违反安全管理制度，存在较大安全隐患，对生产、作业人员以及其他不特定多数人的生命、健康或者财产构成较大威胁，一旦转化为安全生产事故，将造成难以估量的巨大损失。为将法律防线前移，有效发挥预防、警示和教育功能，加强民生保护，刑法设立“危险作业罪”。设立本罪就是要追究未发生重大伤亡事故或者未造成严重后果，但具有现实危险的违法行为的刑事责任，起到震慑作用，督促生产经营单位自觉遵守安全法律法规，防范、化解重大安全风险，遏制重特大事故发生。这意味着，在安全生产领域，只要使刑法保护的安全生产作业处于危险状态，即使未发生重大伤亡事故，也会受到刑法规制，行为人将被追究刑事责任。

3. 主观方面

主观方面是过失。行为人对其行为违反相关安全管理规定是明知，但对于违规行为引发的危害后果是出于过失。

4. 客观方面

必须实施了法律明确规定的危险作业行为，即在生产、作业中违反有关安全管理的规定实施具有发生重大伤亡事故或者其他严重后果的现实危险作业的行为，威胁不特定多数人的生命、健康或重大公私财产安全。包括以下情形：

一是关闭、破坏直接关系生产安全的监控、报警、防护、救生设备、设施，或者篡改、隐瞒、销毁其相关数据、信息的。针对的是生产、作业中已经发现危险，但故意关闭、破坏报警、监控设备，或者修改设备阈值，破坏检测设备正常工作条件，使有关监控、监测设备不能正常工作，而继续冒险作业，逃避监管。关闭、破坏的“设备、设施”应当属于“直接关系生产安全的”设备设施，如果关闭、破坏与安全生产事故发生不具有直接因果关系的设备、设施，不能认定为本罪。

二是因存在重大事故隐患被依法责令停产停业、停止施工、停止使用有关设备、设施、场所或者立即采取排除危险的整改措施，而拒不执行的。这是危险作业罪的核心条款。将行政监管部门责令整改、行为人拒不执行作为刑事处罚的前置条件，可以合理控制处罚范围，也可以督促行政监管部门履职尽责。

三是涉及安全生产的事项未经依法批准或者许可，擅自从事矿山开采、金属冶炼、建筑施工，以及危险物品生产、经营、储存等高度危险的生产作业活动的。涉及安全生产的事项未经依法批准或者许可而擅自生产经营的，是针对具有高度危险性的安全生产领域，在安全监管方面实行严格的批准或者许可制度，如果未经许可擅自生产作业，则构成犯罪。对于无高度危险性的一般安全生产行业、领域有关事项未经安全监管部门批准的，不构成本罪。

四是行为具有造成相应的侵害结果的风险，即“具有发生重大伤亡事故或者其他严重后果的现实危险”。一般情况下，“现实危险”是具体的、现实性危险，如不采取措施，极可能马上或不久即发生事故。“现实危险”具有特殊含义，并非引起一般事故危险，而是发生重大事故的危险。与一般意义危害公共安全的具体危险不同，现实危险有“千钧一发”的属性，即重大事故隐患具有引发重大事故的现实紧迫性。

（二）立案标准

在生产、作业中违反有关安全管理的规定实施了具有发生重大伤亡事故或者其他严重后果的现实危险的行为，有以下情形的应当立案追诉。

1. 关闭、破坏直接关系生产安全的监控、报警、防护、救生设备、设施，或者篡改、隐瞒、销毁其相关数据、信息的；

2. 因存在重大事故隐患被依法责令停产停业、停止施工、停止使用有关设备、设施、场所或者立即采取排除危险的整改措施，而拒不执行的；

3. 涉及安全生产的事项未经依法批准或者许可，擅自从事矿山开采、金属冶炼、建筑施工，以及危险物品生产、经营、储存等高度危险的生产作业活动的。

（三）犯罪处罚

在生产、作业中违反有关安全管理的规定犯危险作业罪的，处一年以下有期徒刑、拘役或者管制。

六、不报、谎报安全事故罪

不报、谎报安全事故罪是指在安全事故发生后，负有报告职责的人员不报或者谎报事故情况，贻误事故抢救，情节严重的行为。

（一）犯罪构成

1. 犯罪主体

犯罪主体为特殊主体，即对安全事故负有报告职责的人员。根据2015年12月14日公布的《最高人民法院、最高人民检察院关于办理危害生产安全刑事案件适用法律若干问题的解释》，刑法第一百三十九条之一规定的“负有报告职责的人员”，是指负有组织、指挥或者管理职责的负责人、管理人员、实际控制人、投资人，以及其他负有报告职责的人员。

2. 犯罪客体

犯罪侵犯的是公共安全和国家安全生产管理制度，具体讲是安全事故报告和新监管制度。一些事故单位的负责人和对安全事故负有监管职责的人员在事故发生后弄虚作假，结果延误事故抢救，造成人员伤亡和财产损失进一步扩大，严重破坏了公共安全和安全生产管理，危害了人民群众的生命和财产。

3. 主观方面

主观方面是故意，即负有报告职责的人员明知不报或者谎报事故情况，会发生贻误事故抢救的结果，仍不报或者谎报事故情况，并且希望或放任这种结果的发生。

4. 客观方面

客观方面表现为在安全事故发生后，负有报告职责的人员不报或者谎报事故情况，贻误事故抢救、情节严重的行为。“不报”是指安全事故发生后不进行上报、隐瞒发生事故的情况。“谎报”指不按国家规定如实报告事故的情况。“安全事故”是指我国刑法规定的重大飞行事故罪、铁路运营安全事故罪、重大责任事故罪、强令违章冒险作业罪、重大劳动安全事故罪、大型群众性活动重大安全事故罪、危险物品肇事罪、工程重大安全事故罪、教育设施重大安全事故罪、消防责任事故罪等规定的安全事故。安全事故既包括过失导致的，也包括意外造成的。包括以下情形：生产经营单位主要负责人在本单位发生重大生产安全事故时，不立即组织抢救或者在事故调查处理期间擅离职守或者逃匿；生产经营单位主要负责人对生产安全事故隐瞒不报、谎报或者拖延不报；有关地方人民政府、负有安全生产监督管理职责的部门，对生产安全事故隐瞒不报、谎报或者拖延不报。由于负有报告职责的人员不报、谎报事故、造成有关部门贻误抢救的客观结果。

（二）立案标准

在安全事故发生后，负有报告职责的人员不报或者谎报事故情况，贻误事故抢救，涉嫌下列情形之一的，应予立案追诉：

1. 导致事故后果扩大，增加死亡一人以上，或者增加重伤三人以上，或者增加直接经济损失一百万元以上的；

2. 实施下列行为之一，致使不能及时有效开展事故抢救的：

（1）决定不报、迟报、谎报事故情况或者指使、串通有关人员不报、迟报、谎报事故情况的；

（2）在事故抢救期间擅离职守或者逃匿的；

（3）伪造、破坏事故现场，或者转移、藏匿、毁灭遇难人员尸体，或者转移、藏匿受伤人员的；

（4）毁灭、伪造、隐匿与事故有关的图纸、记录、计算机数据等资料以及其他证据的；

3. 其他不报、谎报安全事故情节严重的情形。

（三）犯罪处罚

犯不报、谎报安全事故罪，情节严重的，处三年以下有期徒刑或者拘役；情节特别严重的，处三年以上七年以下有期徒刑。

七、铁路运营安全事故罪

铁路运营安全事故罪是指铁路职工违反规章制度，致使发生铁路运营安全事故，造成严重后果的行为。

（一）犯罪构成

1. 犯罪主体

犯罪主体为特殊主体，是指具体从事铁路运营业务和与保证列车运营安全有直接关系的人员。包括具体操纵机车的司机，铁路运营设备的其他操纵人员如扳道员、挂钩员，列车运营活动的直接领导和指挥人员如调度员，列车安全的管理人员如信号员，等等。铁路部门非运营的一线职工，则不能成为本罪主体。

2. 犯罪客体

犯罪侵犯的是铁路运输的正常秩序和铁路运输的安全。铁路交通运输活动一旦发生重大事故就会危及公共安全，使人民生命财产遭受重大损失。

3. 主观方面

犯罪主观方面表现为过失，包括疏忽大意的过失和过于自信的过失。行为人在违反规章制度上可能出于故意，但对于发生铁路运营安全事故的严重后果则是过失的，即行为人应当预见可能发生严重后果但未预见到，或者虽然预见但轻信可以避免，以致发生严重后果。

4. 客观方面

犯罪客观方面表现为，行为人不负责任在铁路运输活动中违反规章制度，因而发生运营事故，情节严重。行为必须违反保障铁路运输安全的规章制度，这是构成本罪的前提，由于这种违反规章制度的行为，导致了铁路运营事故的发生。如果运营事故不是因违反规章制度的行为引起，行为人不负刑事责任。铁路职工违反规章制度可以是作为，如超速行驶、错扳道岔或者错发信号等，也可以是不作为，如过道口未鸣笛示警、扳道员不按时扳道岔以及岔道口不减速等。

必须造成严重后果，即造成发生重大事故，致人重伤、死亡或者使公私财产遭受重大损失。这里的“严重后果”一般是指造成了人员重伤、公私财产的重大损失；经常违反规章制度，屡教不改，以致酿成运营事故；明知列车关键部件有失灵危险，仍继续驾驶，以致造成运营事故，等等。“特别严重后果”，一般是指造成人员死亡或多人重伤，公私财产遭受巨大损失等。

严重后果与违章行为之间存在因果关系，前者因后者而起。另外，违反规章制度，致人重伤、死亡或者使公私财产遭受重大损失的行为，必须发生在铁路运营车辆从始发车站准备载人装货至终点车站旅客离去、货物卸完的整个交通运输活动过程之中。

（二）犯罪认定

铁路运营安全事故罪与交通肇事罪都是过失犯罪，行为人均实施了违反规章制度的行为，均造成了重大事故，均属交通方面的重大事故。两者区别在于：

1. 主体不同。铁路运营安全事故罪主体是特殊主体，仅限于铁路职工。交通肇事罪主体是一般主体，包括交通运输人员和非交通运输人员。

2. 违反的规章制度不同。铁路运营安全事故罪违反铁路等部门制定的有关运输管理、维修管理、操作规程、安全管理等规章制度。交通肇事罪违反与保证交通运输安全有直接关系的各种法律、法规与制度，其范围较广。

3. 犯罪客体不同。铁路运营安全事故罪侵犯的客体是铁路运营的安全；交通肇事罪侵犯的客体主要是陆路和水路交通运输的安全。

（三）立案标准

根据《最高人民法院、最高人民检察院关于办理危害生产安全刑事案件适用法律若干问题的解释》（2015 年 12 月 16 日起施行）第六条，实施刑法本罪规定的行为，因而发生安全事故，具有下列情形之一的，应当认定为“造成严重后果”或者“发生重大伤亡事故或者造成其他严重后果”，对相关责任人员予以立案追诉：

1. 造成死亡一人以上，或者重伤三人以上的；

2. 造成直接经济损失一百万元以上的；

3. 其他造成严重后果或者重大安全事故的情形。

（四）犯罪处罚

犯铁路运营安全事故罪，造成严重后果的，处三年以下有期徒刑或者拘役；造成特别严重后果的，处三年以上七年以下有期徒刑。

八、重大飞行事故罪

重大飞行事故罪是指航空人员违反规章制度，致使发生重大飞行事故，造成严重后果的行为。

（一）犯罪构成

1. 犯罪主体

犯罪主体为特殊主体，即航空人员。根据民用航空法的规定，航空人员是指从事民用航空活动的空勤人员和地面人员。空勤人员包括驾驶员、领航员、飞行通信员、机械员、乘务员，地面人员包括民用航空维护人员、空中交通管制员、飞行签派员、航空台通信员。他们担负的职责与交通运输安全直接相关，一旦不正确履行职责，就可能造成重大事故。

2. 犯罪客体

犯罪侵犯的客体是空中运输的正常秩序和空中运输安全。飞机等航空器，不同于火车、汽车、轮船等交通工具，其运行速度是其他交通工具所无法比拟的，一旦发生重大事故，就会严重危及公共安全，使人民生命财产遭受重大损失。

3. 主观方面

本罪在主观方面表现为过失，包括疏忽大意的过失和过于自信的过失。行为人违反规章制度可能出于故意，但对于发生飞行事故的严重后果是过失。如果出于故意，则构成其他犯罪。

4. 客观方面

犯罪客观方面表现为在空中运输活动中违反规章制度，因而发生重大事故，致人重伤、死亡或者使公私财产遭受重大损失。其一，航空人员必须违反规章制度，致使发生重大飞行事故，造成严重后果。“违反规章制度”是指违反与飞行安全有关的规章制度，如航空维修人员不认真检查、维修航空器，未及时发现航空器故障；机组人员未经机长批准擅自离开航空器等。其二，须造成发生重大事故，致人重伤、死亡或者使公私财产遭受重大损失的严重后果。“重大事故”根据民航飞行事故划分标准，是指造成死亡三十九人以下，或者飞机失踪，该机机上人员在三十九人以下；或者飞机迫降到无法运出的地方。“严重后果”一般是指飞机等航空器或者其他航空设施受到严重损坏，航空器上人员遭受重伤，公私财产受到严重损失等。如果航空人员有违章行为，但没有实际发生重大飞行事故，不能追究其刑事责任。其三，严重后果须因违章行为引起，二者之间存在因果关系。而且事故行为须发生在从始发机场准备载人装货至终点机场旅客离去、货物卸完的整个交通运输活动过程中。

（二）犯罪认定

重大飞行事故罪与过失损坏交通工具罪的区别在于：

两个罪都是过失犯罪，都会造成一定严重后果。主要区别有两点，一是主体不同。重大飞行事故罪主体是特殊主体，仅限于航空人员。过失损坏交通工具罪主体是一般主体。二是发生严重后果原因不同。重大飞行事故罪发生的原因是航空人员违反规章制度，实施了违章行为。过失损坏交通工具罪发生原因是行为人实施了对交通工具、交通设施的损坏行为。

实践中，航空人员在工作中过失损坏航空器重要部件或机场重要设施，从而发生重大飞行事故，造成严重后果的，应看行为人过失损坏行为是否违反规章制度。如果违反规章制度，是重大飞行事故罪；如果没有违反规章制度，应定为过失损坏交通工具罪或过失损坏交通设施罪。

（三）犯罪处罚

犯本罪，造成严重后果的，处三年以下有期徒刑或者拘役；造成飞机坠毁或者人员死亡的，处三年以上七年以下有期徒刑。

九、大型群众性活动重大安全事故罪

大型群众性活动重大安全事故罪是指举办大型群众性活动违反安全管理规定，因而发生重大伤亡事故或者造成其他严重后果的行为。

（一）犯罪构成

1. 犯罪主体

犯罪主体是特殊主体，是对发生大型群众性活动重大安全事故直接负责的主管人员和其他直接责任人员。"直接负责的主管人员"是指大型群众性活动的策划者、组织者、举办者或者举办单位直接负责的主管人员。"其他直接责任人员"是指对大型活动的安全保卫工作、紧急预案负有具体落实执行职责的人员。直接负责的主管人员和其他直接责任人员可以是非国家机关工作人员，也可以是国家机关工作人员。

2. 犯罪客体

犯罪侵犯的客体是公众活动场所的公共安全和组织群众大型活动管理制度，公共安全即公园、娱乐场、运动场、展览馆或者其他社会公众活动场所中不特定或多数人的生命、健康或重大公私财产的安全。组织群众大型活动管理制度主要指组织群众大型活动的有关安全管理规定和相关制度，如《大型群众性活动安全管理条例》（2007 年 10 月 1 日起施行）等。

3. 主观方面

主观方面表现为过失，即行为人应当预见到自己在大型群众性活动中违反安全管理规定的行为可能会造成重大伤亡事故，或者造成其他严重后果，因为疏忽大意而没有预见，或虽然已预见，但轻信能够避免，从而造成危害结果发生。

4. 客观方面

客观方面表现为在举办大型的群体性活动中，违反在公共场所群体性活动相关的安全管理规定，没有履行相关的注意、管理等义务，发生了重大伤亡事故或者造成其他严重后果。行为形式是不作为，即依照法律法规规章及其他保障公共场所安全的惯例，行为人有义务采取行动排除在公众活动场所发生法益侵害的危险，负责安全保卫工作的主管人员或其他责任人员应当有履行作为义务的能力而拒不履行。作为义务主要体现在对大型群众性活动的安全保卫工作作出具体规定的各种法律法规和规范性文件中，如《关于加强公园、风景区游览安全管理工作的通知》《建设部关于加强建筑系统安全生产工作的紧急通知》《中华人民共和国消防法》《中华人民共和国道路交通安全法》《中华人民共和国内河交通安全管理条例》等。

（二）犯罪认定

1. 大型群众性活动重大安全事故罪与重大责任事故罪的区别

（1）发生领域不同。大型群众性活动重大安全事故罪发生在对公众活动场所的安全管理过程中，重大责任事故罪发生在生产作业之中。

（2）侵犯的客体不同。大型群众性活动重大安全事故罪侵犯的是公众活动场所的公共安全，重大责任事故罪侵犯的是生产、作业安全。

（3）主体不同。大型群众性活动重大安全事故罪主体是大型群众性活动的举办者或举办单位直接负责的主管人员，以及对该活动安全保卫工作负有直接责任的人员，既可以由非国家机关工作人员构成，也可以由国家机关工作人员构成。重大责任事故罪的主体是安全设施、安全生产的主管人员或其他直接责任人员，是生产、作业单位的生产、作业人员和生产、作业的领导、指挥人员。

（4）客观行为不同。大型群众性活动重大安全事故罪主要表现为负有排除公众活动场所安全隐患义务的行为人没有履行该义务，使大型群众性活动参加者人身、财产存在危险性威胁，行为形式是不作为。重大责任事故罪表现为违章生产、作业或者强令违章作业，一般以作为方式实施。

2. 大型群众性活动重大安全事故罪与消防责任事故罪的区别

（1）主体不同。大型群众性活动重大安全事故罪主体是特殊主体，即大型群众性活动的举办者或举办单位直接负责的主管人员，以及对活动安全保卫工作负有直接责任人员。消防责任事故罪主体是一般主体，包括一般公民、单位负责人或者单位中负有防火责任的管理人员或者其他直接责任人员。

（2）客观方面不同。大型群众性活动重大安全事故罪在客观方面表现为举办大型群众性活动违反安全管理规定，而发生重大伤亡事故或者造成其他严重后果的行为。消防责任事故罪客观方面表现为违反消防管理法规，经消防监督机构通知采取改正措施而拒绝执行，造成严重后果的行为。

重大群众性活动安全事故罪的犯罪构成涵盖了消防责任事故罪构成要件的内容，当举办大型群众性活动时违反消防管理法规，经消防监督机构通知采取改正措施而拒绝执行，造成重大伤亡事故或其他严重后果的，应以重大群众性活动安全事故罪论处。

（三）立案标准

举办大型群众性活动违反安全管理规定，涉嫌下列情形之一的，应予立案追诉：

1. 造成死亡一人以上，或者重伤三人以上的；
2. 造成直接经济损失一百万元以上的；
3. 其他造成严重后果或者重大安全事故的情形。

（四）犯罪处罚

犯本罪，因而发生重大伤亡事故或者造成其他严重后果的，对直接负责的主管人员和其他直接责任人员，处三年以下有期徒刑或者拘役；情节特别恶劣的，处三年以上七年以下有期徒刑。

十、危险物品肇事罪

危险物品肇事罪是指违反爆炸性、易燃性、放射性、毒害性、腐蚀性物品的管理规定，在生产、储存、运输、使用中发生重大事故，造成严重后果的行为。

（一）犯罪构成

1. 犯罪主体

犯罪主体为一般主体，实践中主要是从事生产、储存、运输、使用爆炸性、易燃性、放射性、毒害性、腐蚀性物品的职工。

2. 犯罪客体

犯罪侵犯的客体是公共安全，即不特定多数人的生命、健康和重大公私财产安全。犯罪对象是特定的，即能够引起重大事故的发生，致人重伤、死亡或使公私财产遭受重大损失的危险物品。它包括：

（1）爆炸性物品，是指雷管、导火线、导爆管、非电导爆系统等各种起爆器材，雷汞、雷银、三硝基间苯二酚铅等各种起爆药，硝基化合物类炸药、硝基胺类炸药、硝酸类炸药、高能混合炸药、爆破剂等各类炸药，以及烟火剂、民用信号弹、烟花爆竹等；

（2）易燃性物品，如汽油、酒精、液化气、煤气、氢气、胶片以及其他易燃液体、易燃固体、自燃物品等；

（3）放射性物品，指通过原子核裂变时放出的射线会发生伤害作用的物质，如镭、铀、钴等放射性化学元素；

（4）毒害性物品，如甲胺磷、磷化铝、砒霜、五氯酚、氯化钾、氰化钠、氧化乐果、敌敌畏、敌百虫等；

（5）腐蚀性物品，如硫酸、盐酸、硝酸等。爆炸物、易燃性、放射性、毒害性、腐蚀性物品都具有双重属性。

3. 主观方面

犯罪主观方面表现为过失，即行为人对违反危险物品管理规定行为所造成的危害结果具有疏忽大意或者过于自信的主观心理。行为人对违反危险物品管理规定既可能出于过失，也可能出于故意。

4. 客观方面

客观方面表现为在生产、储存、运输、使用危险物品过程中，违反危险物品管理规定，发生重大事故，造成严重后果的行为。

（1）行为人必须有违反了危险物品管理规定的行为。为了保障安全生产、储存、运输、使用上述危险物品，国家有关部门陆续颁发了一系列有关危险物品的管理规定，对危险物品的范围、种类以及其生产、储存、运输、使用的具体管理办法等作出明确而具体的规定，如《民用爆炸物品安全管理条例》《危险化学品安全管理条例》《放射性同位素与射线装置放置安全和防护条例》《中华人民共和国核材料管理条例》《中华人民共和国核设施安全监督管理条例》《医疗用毒性药品管理办法》《农药安全使用规定》《危险货物运输规则》《关于搬运危险性物品的几项办法》《关于加强烟花爆竹企业安全生产管理的紧急通知》《烟花爆竹安全管理条例》等危险物品管理规定。

（2）违反危险物品管理规定行为须发生在生产、储存、运输、使用上述危险物品过程中。生产危险物品是指从事危险物品的生产，如制造雷管、炸药等。储存危险物品是指从事危险物品保管放置工作。运输危险物品是指从事把危险物品由甲地运往乙地的运输搬送工作。使用危险物品是指将危险物品用于实际生产与生活，如使用敌敌畏杀虫等。违反危险物品管理规定主要有以下具体情形：在生产方面表现为不按规定要求设置相应的通风、防火、防爆、防毒、监测、报警、防潮、避雷、防静电、隔离操作等安全设施；在储存方面表现为不按规定设人管理，不设置相应的防爆、泄压、防火、防雷、灭火、防晒、调温、消除静电、防护围堤等安全设施；在运输方面表现为违反有关规定，将客货混装，不按规定分运、分卸、不限速行驶，货物容器和包装不符合安全规定，不按规定选送押运员或押运员擅离职守；在使用方面表现为不按规定的剂量、范围、方法使用或者不采取必要的防护措施；等等。行为人只有在生产、储存、运输、使用危险物品过程中违反危险物品管理规定才能构成本罪，在其他场合发生与危险物品有关的重大事故不构成本罪。

（3）必须因违反危险物品管理规定而发生重大事故，造成严重后果。

（4）发生重大事故，造成严重后果，必须由违反危险物品管理规定的行为所引起，即两者之间存在刑法上的因果关系。

（二）犯罪认定

1. 危险物品肇事罪与非法运输爆炸物罪的区别

（1）危险物品肇事罪中运输危险物品（包括爆炸物）本身合法，只是在运输中没有遵守运输危险物品有关规定，非法运输爆炸物罪运输爆炸物本身是非法的。

（2）危险物品肇事罪只有达到发生重大事故、造成严重后果的才构成犯罪，非法运输爆炸物罪不要求发生实际危害后果。

2. 危险物品肇事罪与过失危害公共安全罪的区别

（1）危险物品肇事罪主体主要是指从事生产、储存、运输、使用危险物品的职工，过失危害公共安全罪主体没有这个限定。

（2）危险物品肇事罪限于发生在生产、储存、运输、使用危险物品的活动过程中；过失危害公共安全罪可发生在上述活动之外的任何场合。

（3）危险物品肇事罪中严重后果的发生是由违反有关管理规定引起；过失危害公共安全罪是由日常生活中马虎草率、毛手毛脚、缺乏谨慎等引起。

（三）立案标准

违反爆炸性、易燃性、放射性、毒害性、腐蚀性物品管理规定，在生产、储存、运输、使用中发生重大事故，涉嫌下列情形之一的，应予立案追诉：

1. 造成死亡一人以上，或者重伤三人以上；

2. 造成直接经济损失一百万元以上的；

3. 其他造成严重后果或者重大安全事故的情形。

（四）犯罪处罚

犯本罪，造成严重后果的，处三年以下有期徒刑或者拘役；后果特别严重的，处三年以上七年以下有期徒刑。

十一、工程重大安全事故罪

工程重大安全事故罪，是指建设单位、设计单位、施工单位、工程监理单位违反国家规定，降低工程质量标准，造成重大安全事故的行为。

（一）犯罪构成

1. 犯罪主体

工程重大安全事故罪的主体为特殊主体，只能是建设单位、设计单位、施工单位及工程监理单位。“建设单位”是指从事房地产开发和经营的企业或者是经国家有关部门审批、具有工程建设者的资格，能支付工程价款的其他单位。“设计单位”是指承担勘察、设计任务的勘察设计单位。“施工单位”是指从事土木建筑、线路管道、设备安装和建筑装饰装修等工程新建、扩建、改建的建筑企业。其中包括工程施工总承包企业、施工承包企业。“工程监理单位”是指对建筑工程专门进行监督管理，以保证质量、安全的单位。

2. 犯罪客体

工程重大安全事故罪侵犯的客体是人民的财产和生命安全以及国家的建筑管理制度。

3. 主观方面

主观方面表现为过失。可以是疏忽大意的过失，也可以是过于自信的过失。行为人明知是违反国家规定，应当预见到可能发生严重后果，但疏忽大意而没有预见，或者已经预见会发生某种严重后果，但轻信能够避免，以致发生严重后果。

4. 客观方面

工程重大安全事故罪表现为违反国家规定，降低工程质量标准，造成重大安全事故的行为。违反国家规定而造成严重后果是本罪的本质特征。“违反国家规定”是指违反国家有关建筑工程质量监督管理方面的法律、法规。建设单位违规行为主要有两种情况，即要求建筑设计单位或施工企业压缩工程造价或增加建房的层数而降低工程质量；提供不合格的建筑材料、构配件和设备，强迫施工单位使用而造成工程质量下降。建筑设计单位的违规行为主要是指不按质量标准进行设计。建筑施工单位违规行为主要有三种：在施工中偷工减料，故意使用不合格的建筑材料、构配件和设备；不按设计图纸施工；不按施工技术标准施工。

违反国家规定与严重后果之间存在因果关系。严重后果是由于违反国家规定行为所引起。如果没有因果联系，不构成本罪。

违反与安全生产有关的国家规定的行为只有引起重大安全事故，造成严重后果，危害公共安全，才构成犯罪。"重大安全事故"是指因工程质量低下导致建筑工程坍塌，致人重伤、死亡或重大经济损失的情况。这是构成犯罪的重要条件。

（二）犯罪认定

1. 工程重大安全事故罪与一般安全事故罪的区别

工程重大安全事故罪与一般安全事故罪都是违反国家规定，降低工程质量标准的行为，两者的区别在于是否造成重大安全事故。设计单位、施工单位、工程监理单位违反国家规定，降低工程质量标准，造成重大安全事故的，构成工程重大安全事故罪；如果上述单位虽然违反国家规定降低工程质量标准，却没有造成重大安全事故的，不以犯罪处理，可对直接责任人员以行政处罚，或按有关建筑合同承担相应的法律责任。

2. 工程重大安全事故罪与重大责任事故罪的区别

两罪都是过失犯罪，都以法定的严重后果作为构成犯罪的必备条件。两罪的区别在于：一是犯罪主体不同。工程重大安全事故罪属于单位犯罪，犯罪主体是建设单位、设计单位、施工单位、工程监理单位；重大责任事故罪的主体是工厂、矿山、林场、建筑企业或其他企业、事业单位的职工，属于自然人犯罪。二是客观表现不同。工程重大安全事故罪表现为违反国家规定，降低工程质量标准，造成重大安全事故；重大责任事故罪表现为不服从管理、违反规章制度或者强令工人违章冒险作业，因而发生重大伤亡事故或造成其他严重后果。

（三）立案标准

建设单位、设计单位、施工单位、工程监理单位违反国家规定，降低工程质量标准，涉嫌下列情形之一的，应予立案追诉：

1. 造成死亡一人以上，或者重伤三人以上的；

2. 造成直接经济损失一百万元以上的；

3. 其他造成严重后果或者重大安全事故的情形。

（四）犯罪处罚

犯工程重大安全事故罪的，对直接责任人员，处五年以下有期徒刑或者拘役，并处罚金；后果特别严重的，处五年以上十年以下有期徒刑，并处罚金。

第五章
国有企业单位经济犯罪的界定与识别

一、走私假币罪

走私假币罪是指走私伪造的货币的行为。

（一）犯罪构成

1. 犯罪主体

犯罪主体为一般主体，年满十六周岁具有刑事责任能力的自然人都可成为本罪主体，单位亦可构成本罪。

2. 犯罪客体

本罪不仅侵犯国家对货币的管理制度，而且破坏国家对外的贸易管理，犯罪对象限于伪造的货币。“货币”是指可在国内市场流通或者兑换的人民币、境外货币。“伪造的货币”是指依照人民币或外币的图案、形状、色彩、线条等特征而通过印刷、复印、石印、手描、照相等方法制作的以假充真的货币，包括伪造的人民币、外币。按照伪造方法，可分为机制胶印、凹印假币、石板、木板、蜡板印假币，复印、誊印假币，照相假币、描绘假币、板印假币、复印、制板技术合成假币，模仿硬币铸造的假币等。变造的货币即对货币通过采用剪贴、挖补、揭层、涂改等方法加工处理，而使其改变形态、升值产生的货币，严格来说不属于伪造的货币。

3. 主观方面

主观方面必须出于直接故意，行为人明知是伪造的货币，仍决意逃避海关的监管并将其运输、携带或邮寄进出国（边）境，过失不能构成本罪。如果不知情或者完全受到蒙骗而运输、携带或者邮寄伪造的货币进出国（边）境，不构成本罪。

4. 客观方面

客观方面表现为违反国家有关货币管理法规及海关法规，逃避海关监管，非法携带、运输、邮寄伪造的货币进出国（边）境。“逃避海关监管”是指采取种种方法躲避海关对其所运输、携带、邮寄的伪造货币进行监督和检查。这是本罪最为本质的特征之一。行为人明明知道国家一再严厉禁止运输、携带或邮寄伪造的货币进出国（边）境，如果被海关发现必然会被没收，却仍然采取种种不正当手段逃避海关检查与监督，有的绕关走私，即绕过关口，从无海关或边境检查站的地方非法运输、携带伪造的货币进出国（边）境；有的瞒关走私，即虽然通过关口，但采用隐匿、假报、伪装等手段欺骗海关检查。此外还有一些“准走私”行为，主要包括：直接向走私伪造货币的犯罪分子收购伪造的货币的；在内海、领海收购、运输、贩卖伪造的货币的；与走私伪造的货币的犯罪分子通谋，为其提供贷款、资金、账号、发票、证明或为其提供运输、保管、邮寄或其他方便条件的；等等。

（二）犯罪认定

区分罪与非罪的界限：

一般情况下只要行为人出于故意实施了走私伪造的货币的行为即可构成犯罪，原则上都要判处相应刑罚。但对于走私伪造的货币数额确实很小，如走私伪造的货币总面值不足五百元或币量不足五十张，情节较轻的，可参照最高人民法院1994年9月8日颁布的《关于办理伪造国家货币、贩运伪造的国家货币、走私伪造的货币犯罪案件具体应用法律的若干问题的解释》的规定，依照刑法规定认为是情节显著轻微、危害不大的，不认为是犯罪，不作刑事处罚，但应由海关依照规定给予行政处罚。

（三）立案标准

走私伪造的货币，涉嫌下列情形之一的，应予立案追诉：

1. 总面额在二千元以上或者币量在二百张（枚）以上的；

2. 总面额在一千元以上或者币量在一百张（枚）以上，二年内因走私假币受过行政处罚，又走私假币的；

3. 其他走私假币应予追究刑事责任的情形。

（四）犯罪处罚

根据刑法第一百五十一条规定，犯走私假币罪的，处七年以上有期徒刑，并处罚金或者没收财产，情节特别严重的，处无期徒刑，并处没收财产；情节较轻的，处三年以上七年以下有期徒刑，并处罚金。

单位犯本罪的，对单位判处罚金，并对其直接负责的主管人员和其他直接责任人员，依照上述的规定处罚。

根据《最高人民法院、最高人民检察院关于办理走私刑事案件适用法律若干问题的解释》（2014 年 9 月 10 日起施行）第六条规定：

走私伪造的货币，数额在二千元以上不满二万元，或者数量在二百张（枚）以上不满二千张（枚）的，可以认定为刑法第一百五十一条第一款规定的“情节较轻”。

具有下列情形之一的，依照刑法第一百五十一条第一款的规定处七年以上有期徒刑，并处罚金或者没收财产：

1. 走私数额在二万元以上不满二十万元，或者数量在二千张（枚）以上不满二万张（枚）的；

2. 走私数额或者数量达到第一款规定的标准，且具有走私的伪造货币流入市场等情节的。

具有下列情形之一的，应当认定为刑法第一百五十一条第一款规定的“情节特别严重”：

1. 走私数额在二十万元以上，或者数量在二万张（枚）以上的；

2. 走私数额或者数量达到第二款第一项规定的标准，且属于犯罪集团的首要分子，使用特种车辆从事走私活动，或者走私的伪造货币流入市场等情形的。

二、虚报注册资本罪

虚报注册资本罪是指申请公司登记使用虚假证明文件或者采取其他欺诈手段虚报注册资本，欺骗公司登记主管部门，取得公司登记，虚报注册资本数额巨大、后果严重或者有其他严重情节的行为。

（一）犯罪构成

1. 犯罪主体

犯罪主体是特殊主体，即申请公司登记的人或单位。公司是指依照公司法在中国境内设立的有限责任公司和股份有限公司。

2. 犯罪客体

本罪侵犯的客体是国家公司登记管理制度。公司作为市场经济的主体在市场经济活动中占有重要的位置。公司法等对公司的登记作了详尽的规定，公司未经登记不得设立。注册资本是登记注册事项的主要内容。虚报登记注册资本违反了公司登记制度对注册资本的特别要求，就会给社会带来损失甚至巨大损失。

本罪的犯罪对象是注册资本。“注册资本”是指有限责任公司和股份有限公司的股东在公司登记机关登记的股东实际缴纳的出资总额。注册资本是公司经营资本的一部分，是公司承担风险、偿还债务的基本保证。公司法对此作了严格限制。针对有限责任公司的不同经营范围，公司法分别作了最低限额规定。虚报注册资本取得登记设立公司，极大危害了社会主义市场经济秩序，对资本和债务安全构成威胁，应予以打击。

3. 主观方面

主观方面只能由故意构成。犯罪目的是为了欺骗公司登记机关，非法取得公司登记。因为过失，确实不知道公司登记条件，或者因工作疏忽造成注册资本虚假的不能构成本罪。

4. 客观方面

客观方面表现为使用虚假证明文件或者采取其他欺诈手段虚报注册资本，欺骗公司登记主管部门，取得公司登记，且虚报注册资本数额巨大、后果严重或者有其他严重情节。

本罪的行为方式是使用虚假证明文件或者采取其他欺诈手段虚报注册资本。“虚报注册资本”是指股东出资或者发起人认缴和社会公开募集的股本未达到法定资本最低限额，而采取虚假手段谎报注册资本已达到法定标准。“虚假证明文件”指公司股东缴纳全部出资或出资认购法定股份后，由依法设立的注册会计师事务所、审计师事务所等法定验资机构对申请公司登记的单位或个人提交的注册资本验证后出具的与事实不符合、不真实、隐瞒了重要事实、伪造的验资报告、资产评估报告、验资证明以及其他验资证明材料。证明文件必须真实可靠、不能虚假，否则就应承担相应的法律责任，但是中介机构可能出于各种不同的目的而出具虚假证明，交由出资人向公司登记主管部门提供。可能是公司登记申请人伪造或篡改，也可能是与验资机构的验资人员恶意串通，从而取得虚假证明文件。“其他欺诈手段”是指使用虚假的证明文件以外的手段，如采取贿赂等手段收买有关部门工作人员，恶意串通，虚报注册资本，或者隐瞒事实真相，欺骗公司登记主管部门，或者使用虚假股东姓名、虚构生产经营场所等。

行为人虚报注册资本，欺骗公司登记主管部门，取得了公司登记，虚报注册资本行为全部完成。如果行为人使用虚假证明文件或其他欺诈手段虚报注册资本不是为了取得公司登记，那么不构成本罪。如利用虚假证明文件与他人签订经济合同，诈骗钱财，不能构成本罪，但可能构成合同诈骗罪。行为人有欺诈登记行为，但被公司登记主管部门及时发现，没有取得公司登记，也不能构成犯罪。

本罪必须达到情节严重的程度才能构成。这里的“情节严重”是指虚报注册资本数额巨大、后果严重或具有其他严重情节。后果严重主要是指使用欺诈手段欺骗公司登记主管部门取得公司登记后，非法营利数额较大；严重损害公司登记机关威信；造成恶劣的政治影响；给国家、社会或公司利害关系人造成严重损害等情况。其他严重情节如多次欺诈登记公司；利用行贿方式欺诈登记；出于诈骗等卑劣动机进行欺诈登记；等等。

（二）犯罪认定

虚报注册资本罪与诈骗罪的区别在于：

1. 犯罪侵犯的客体不同。虚报注册资本罪侵犯公司登记管理制度，属于妨害对公司、企业的管理秩序的犯罪，诈骗罪侵犯的是公私财产所有权，属于侵犯财产权犯罪。

2. 犯罪客观方面不同。虚报注册资本罪只能发生在申请公司登记过程中，采用欺诈手段虚报注册资本，骗取公司登记，犯罪对象是注册资本，并不直接与财物发生关系。诈骗罪可以发生在任何情况下，行为人隐瞒事实真相或者虚造假象，骗取他人财物即构成诈骗犯罪。

3. 犯罪主体不同。虚报注册资本罪的主体是特殊主体，即申请公司登记的人或单位，诈骗罪的主体是一般主体，只能是自然人。

4. 主观方面不同。两罪虽然都是故意犯罪，但虚报注册资本罪目的是以欺诈手段虚报注册资本，骗取公司登记，而诈骗罪的目的在于骗取公私财物。

（三）立案标准

申请公司登记使用虚假证明文件或者采取其他欺诈手段虚报注册资本，欺骗公司登记主管部门，取得公司登记，涉嫌下列情形之一的，应予立案追诉：

1. 法定注册资本最低限额在六百万元以下，虚报数额占其应缴出资数额百分之六十以上的；

2. 法定注册资本最低限额超过六百万元，虚报数额占其应缴出资数额百分之三十以上的；

3. 造成投资者或者其他债权人直接经济损失累计数额在五十万元以

上的；

4. 虽未达到上述数额标准，但具有下列情形之一的：

（1）二年内因虚报注册资本受过二次以上行政处罚，又虚报注册资本的；

（2）向公司登记主管人员行贿的；

（3）为进行违法活动而注册的。

5. 其他后果严重或者有其他严重情节的情形。

本条只适用于依法实行注册资本实缴登记制的公司。

其中，“虽未达到上述数额标准”，是指接近上述数额标准且已达到该数额的百分之八十以上的。

（四）犯罪处罚

自然人犯本罪，虚报注册资本数额巨大、后果严重或者有其他严重情节的，处三年以下有期徒刑或者拘役，并处或者单处虚报注册资本金额百分之一以上百分之五以下罚金。

单位犯本罪的，对单位判处罚金，并对其直接负责的主管人员和其他直接责任人员，处三年以下有期徒刑或者拘役。

三、虚假出资、抽逃出资罪

虚假出资、抽逃出资罪是指公司发起人、股东违反公司法的规定未交付货币、实物或未转移财产权，虚假出资，或者在公司成立后又抽逃其出资，数额巨大、后果严重或者有其他严重情节的行为。

（一）犯罪构成

1. 犯罪主体

犯罪主体是特殊主体，即公司的发起人或者股东。“公司”是指公司法所规定的有限责任公司和股份有限公司。“公司发起人”是指依法创立筹办股份有限公司的人。“股东”是指公司的出资人，包括有限责任公司的股东和股份有限公司的股东。

2. 犯罪客体

犯罪侵犯了国家公司资本管理制度。为了稳定公司的注册资本及其正常运作，国家特地通过公司法对我国有限责任公司和股份有限公司的出资方式、额度、转移出资或抽回股本的原则作了规范性规定，以实现国家对公司法规定的各类公司的监督管理。公司股东或发起人虚假出资，会在事实上使公司的注册资本大大低于其登记注册的资本甚或陷于虚无，从而使公司成为在事实上没有权利能力或责任能力的空壳子公司；而擅自抽逃公司出资或股本的行为，实质上是对其他股东的擅自单方解约，这种单方解约的当然后果也是注册资本的减少，并易导致公司因难以正常运营而终止。由于公司是当前中国市场经济条件下的主要商事主体，因而公司的注册资本、股本及其设立与终止是否稳定，对稳定市场经济条件下的交易秩序极为重要。唯其如此，广义看，本罪的被害人除依法认足并缴足出资或股金的公司的其他股东、发起人外，还包括受到欺诈的公司的债权人及与公司发生经济往来的公司的客户单位、用户单位、合作单位等社会上特定的、不特定的公司合约相对人等。

3. 主观方面

主观方面只能由故意构成，即故意未交付货币、实物或者未转移财产权、虚假出资，或抽逃出资。由于过失造成虚假出资的，不作为犯罪处理。

4. 客观方面

在客观方面表现为公司发起人或者股东违反公司法规定，实施了未交付货币、实物或者未转移财产权，虚假出资，或者在公司成立后又抽逃其出资，数额巨大、后果严重或者有其他严重情节的行为。“违反公司法规定”是指违反公司法对公司发起人、股东出资方式、出资义务的规定。“未交付货币”是指没有按规定一次足额交付其所认缴的出资额或根本没有交付任何货币。“未交付实物或者未转移财产权”是指以实物、工业产权、非专利技术或者土地使用权出资的，没有实物移交或者没有办理所有权、土地使用权转让手续。“公司成立后又抽逃其出资”是指为达到设立公司的目的，通过向其他企业借款或者向银行贷款等手段取得资金作为自己的出资，待公司登记成立后，又抽回这些资金，造成虚假出资；或者是在公司设立时，依法缴纳了自己的出资，但当公司成立后，又将其出资撤回。.

（二）犯罪认定

1. 虚假出资、抽逃出资罪与诈骗罪的区别

虚假出资、抽逃出资罪是一种欺诈行为，指公司发起人、股东违反公司法规定的出资义务，未出资或抽逃出资而欺骗其他股东、债权人和社会公众、虚假或抽逃出资数额巨大、后果严重、情节严重。诈骗罪是以非法占有为目的，虚构事实或隐瞒事实真相以骗取数额较大的公私财物。两罪区别为：

（1）虚假出资、抽逃出资罪侵害的是公司或债权人的权益及公司财产管理制度。诈骗罪侵害的是公私财产所有权。

（2）虚假出资、抽逃出资罪的犯罪对象只是行为人自己应缴纳的资产份额，具有特定性；诈骗罪的对象是公私财物，具有不特定性。

（3）虚假出资、抽逃出资罪的欺诈行为是为了使他人相信自己已履行法定出资义务，并不是为非法占有；诈骗罪的诈骗行为在于让财物所有人或占有人“自愿”将财物交给行为人，表现为非法占有的目的。

（4）虚假出资、抽逃出资罪的主体为特殊主体，即公司发起人、股东；诈骗罪的主体为一般主体。

2. 虚假出资、抽逃出资罪与虚报注册资本罪的区别

两罪都是违反公司法的行为，都有虚假出资欺诈行为，主要区别为：

（1）虚假出资、抽逃出资罪的主体是公司的发起人、股东；而虚报注册资本罪的犯罪主体是申请公司登记的人。

（2）虚假出资、抽逃出资罪诈欺的对象主要是本公司的其他股东或发起人、认股人；虚报注册资本罪诈欺的主要是公司登记主管部门。

（3）虚假出资、抽逃出资罪的方式除有虚假出资行为外，还包括抽逃出资行为；虚报注册资本罪者没有抽逃出资行为。

（4）虚假出资、抽逃出资罪的时间可能发生在公司成立之前，也可

能发生在成立之后；虚报注册资本罪的行为只能发生在公司登记过程之中和成立之前。

3. 虚假出资、抽逃出资罪与职务侵占罪的区别

虚假出资、抽逃出资罪与职务侵占罪都侵犯公司的财产权，并损害了其他股东、债权人和社会公众的合法权益，区别在于：

（1）虚假出资、抽逃出资罪侵犯的对象为本公司的注册资本，具有特定性；职务侵占罪侵犯的对象为本公司、企业的财物，财物泛指一切有经济价值的钱财和物质，包括有形的和无形的。

（2）虚假出资、抽逃出资罪表现为行为人违反公司法的规定，虚假或抽逃出资，数额巨大、后果严重或者有其他严重情节。职务侵占罪表现为行为人利用职务上的便利将本单位财物非法占为己有，数额较大。

（3）虚假出资、抽逃出资罪的主体是公司发起人、股东；职务侵占罪的主体是公司、企业或者其他单位的人员，范围要广泛得多。

4. 虚假出资、抽逃出资罪与挪用资金罪的区别

（1）虚假出资、抽逃出资罪的主体是公司发起人、股东；挪用资金罪的主体是公司、企业或者其他单位的工作人员，范围要广泛一些。

（2）挪用资金罪的目的是非法暂时取得本单位资金使用权，虚假出资、抽逃出资罪的目的是抽逃资金，而非取得使用权。

（3）虚假出资、抽逃出资罪侵犯的对象是公司的注册资本，挪用资金罪侵犯的是本单位的资金，包括流动资金、固定资金。

（三）立案标准

公司发起人、股东违反公司法的规定未交付货币、实物或者未转移财产权，虚假出资，或者在公司成立后又抽逃其出资，涉嫌下列情形之一的，应予立案追诉：

1. 法定注册资本最低限额在六百万元以下，虚假出资、抽逃出资数额占其应缴出资数额百分之六十以上的；

2. 法定注册资本最低限额超过六百万元，虚假出资、抽逃出资数额占其应缴出资数额百分之三十以上的；

3. 造成公司、股东、债权人的直接经济损失累计数额在五十万元以上的；

4. 虽未达到上述数额标准，但具有下列情形之一的：

（1）致使公司资不抵债或者无法正常经营的；

（2）公司发起人、股东合谋虚假出资、抽逃出资的；

（3）二年内因虚假出资、抽逃出资受过二次以上行政处罚，又虚假出资、抽逃出资的；

（4）利用虚假出资、抽逃出资所得资金进行违法活动的。

5. 其他后果严重或者有其他严重情节的情形。

本条只适用于依法实行注册资本实缴登记制的公司。

其中，“虽未达到上述数额标准”，是指接近上述数额标准且已达到该数额的百分之八十以上的。

（四）犯罪处罚

自然人犯本罪，数额巨大、后果严重或者有其他严重情节的，处五年以下有期徒刑或者拘役，并处或者单处虚假出资金额或者抽逃出资金额百分之二以上百分之十以下罚金。

单位犯本罪的，对单位判处罚金，并对其直接负责的主管人员和其他直接责任人员，处五年以下有期徒刑或者拘役。

四、欺诈发行证券罪

欺诈发行证券罪是指在招股说明书、认股书、公司、企业债券募集办法等发行文件中隐瞒重要事实或者编造重大虚假内容，发行股票或者公司、企业债券、存托凭证或者国务院依法认定的其他证券，数额巨大、后果严重或者有其他严重情节的行为。

（一）犯罪构成

1. 犯罪主体

犯罪主体主要是单位。自然人在一定条件下也能成为犯罪的主体。

2. 犯罪客体

犯罪侵害的是国家对证券市场的管理制度以及投资者（即股东、债权人和公众）的合法权益。公司的招股说明书、认股书以及公司、企业债券募集办法等发行文件是公司设立或公司、企业向社会筹集资金的重要文件，国家对证券市场的有关文件内容都作了具体规定，以便于让社会公众了解公司的真实情况，保护公众利益，维护正常的市场经济秩序。如果弄虚作假，欺瞒公众，不仅破坏了国家证券市场秩序，而且还会给投资者带来直接经济损失。犯罪的对象是招股说明书、认股书、公司、企业债券募集办法等发行文件。

3. 主观方面

主观上只能是故意，过失不能构成本罪。行为人明知自己所制作的招股说明书、认股书、债券募集办法等不是对本公司状况或本次股票、债券发行状况的真实、准确、完整反映，仍然积极为之，其实质是欺诈募股或欺诈发行债券。

4. 客观方面

客观方面表现为在招股说明书、认股书、公司、企业债券募集办法等发行文件中隐瞒重要事实或者编造重大虚假内容，发行股票公司、企业债券、存托凭证或者国务院依法认定的其他证券，数额巨大、后果严重或者有其他严重情节。一是行为人实施了在招股说明书、认股书、公司、企业债券募集办法等发行文件中隐瞒重要事实或者编造重大虚假内容的行为。公司为扩大资本发行新股，向有关部门和社会公众、投资者进行欺骗或者误导，使之对公司的有关情况产生错误的认识，从而作出错误的判断和决定。二是行为人实施了发行股票、公司、企业债券、存托凭证或者国务院依法认定的其他证券的行为。如果行为人仅是制作虚假的招股说明书、认股书、公司、企业债券募集办法等发行文件，而未实施发行股票、公司、企业债券、存托凭证或者国务院依法认定的其他证券的行为，那么不构成本罪。制作虚假的上述发行文件，且已发行股票、公司、企业债券、存托凭证或者国务院依法认定的其他证券，这两个条件必须同时具备。三是达到一定的严重程度，即达到“数额巨大、后果严重或者有其他严重情节”的，才构成犯罪。

（三）立案标准

在招股说明书、认股书、公司、企业债券募集办法等发行文件中隐瞒重要事实或者编造重大虚假内容，发行股票或者公司、企业债券、存托凭证或者国务院依法认定的其他证券，涉嫌下列情形之一的，应予立案追诉：

1. 非法募集资金金额在一千万元以上的；

2. 虚增或者虚减资产达到当期资产总额百分之三十以上的；

3. 虚增或者虚减营业收入达到当期营业收入总额百分之三十以上的；

4. 虚增或者虚减利润达到当期利润总额百分之三十以上的；

5. 隐瞒或者编造的重大诉讼、仲裁、担保、关联交易或者其他重大事项所涉及的数额或者连续十二个月的累计数额达到最近一期披露的净资产百分之五十以上的；

6. 造成投资者直接经济损失数额累计在一百万元以上的；

7. 为欺诈发行证券而伪造、变造国家机关公文、有效证明文件或者相关凭证、单据的；

8. 为欺诈发行证券向负有金融监督管理职责的单位或者人员行贿的；

9. 募集的资金全部或者主要用于违法犯罪活动的；

10. 其他后果严重或者有其他严重情节的情形。

（四）犯罪处罚

自然人犯本罪，数额巨大、后果严重或者有其他严重情节的，处五年以下有期徒刑或者拘役，并处或者单处罚金。数额特别巨大、后果特别严重或者有其他特别严重情节的，处五年以上有期徒刑，并处罚金。

控股股东、实际控制人组织、指使实施上述行为的，处五年以下有期徒刑或者拘役，并处或者单处非法募集资金金额百分之二十以上一倍以下罚金。数额特别巨大、后果特别严重或者有其他特别严重情节的，处五年以上有期徒刑，并处非法募集资金金额百分之二十以上一倍以下罚金。

单位犯本罪的，对单位判处非法募集资金金额百分二十以上一倍以下罚金，并对其直接负责的主管人员和其他直接责任人员，处五年以下有期徒刑或者拘役，并处或者单处罚金。数额特别巨大、后果特别严重或者有其他特别严重情节的，处五年以上有期徒刑，并处罚金。

五、违规披露、不披露重要信息罪

违规披露、不披露重要信息罪，是指依法负有信息披露义务的公司、企业向股东和社会公众提供虚假的或者隐瞒重要事实的财务会计报告，或者对依法应当披露的其他重要信息不按照规定披露，严重损害股东或者其他人的利益，或者有其他严重情节的行为。

（一）犯罪构成

1. 犯罪主体

犯罪主体是单位，即依法应该披露信息的公司或者企业。依据公司法、证券法、商业银行法、证券投资基金法和银行业监督管理法等法律法规的相关规定，依法负有信息披露义务的公司、企业包括：证券发行人、上市公司或上市交易债券的公司、银行、基金管理人或托管人，以及其他依法应当披露信息的义务人。上述公司、企业有提供财务报告和披露重要信息的义务。根据证券法第七十八条规定，发行人及法律、行政法规和国务院证券监督管理机构规定的其他信息披露义务人，应当及时依法履行信息披露义务。信息披露义务人披露的信息，应当真实、准确、完整，简明清晰，通俗易懂，不得有虚假记载、误导性陈述或者重大遗漏。证券同时在境内境外公开发行、交易的，其信息披露义务人在境外披露的信息，应当在境内同时披露。

2. 犯罪客体

本罪侵犯的客体是国家对公司、企业的信息公开披露制度和股东、社会公众和其他利害关系人的合法权益。公司良好的经营状况是股东和其他投资人的利益保障，公司提供虚假的财会报告，或者不披露重要信息，无疑都会误导投资，或者造成信息不对称，影响判断，从而侵犯股东和其他投资人利益。本罪的犯罪对象是财务会计报告和应当披露的其他重要信息。财务会计报告包括会计报表及附属明细表。会计报表是用货币形式综合反映公司某一时期内生产经营活动和财务状况的书面文件，根据公司会计账簿的记录，按照规定格式、内容和方法编制而成。财务会计报告可以系统、全面反映公司的财务状况和经营成果，向公司、股东、债权人、潜在投资者、政府有关部门等提供必要的财务资料和会计信息。依据公司法、证券法、商业银行法、证券投资基金法、银行业监督管理法等法律法规的相关规定，公司、企业应当披露的重要信息包括：招股说明书和债券募集办法，上市报告，上市公司的中期报告、年度报告、临时报告，公司的重大举措、诉讼、仲裁、关联交易等信息，风险管理状况，董事、大股东和高级管理人员的变更情况，基金信息，以及其他重要信息。

3. 主观方面

本罪的主观表现是故意，过失不构成本罪。即故意向股东或者社会公众提供不符合公司经营状况的财务报表，或提供其他报告事项，隐瞒或者不披露公司重要信息，目的在于欺骗股东和社会公众。如果是因工作过失，或者对财务会计工作不熟悉，算错了账，或者误认为是不重要的信息而不予披露，那么不构成本罪。

4. 客观方面

在客观上表现为公司、企业向股东和社会公众提供虚假的或者隐瞒重要事实的财务会计报告，或者对依法应当披露的其他重要信息不按规定披露，严重损害股东或者其他人利益。包括两个方面：一是公司、企业向股东和社会公众提供虚假或者隐瞒重要事实的财务会计报告，或者是对依法应当披露的其他重要信息，不按照规定披露。二是提供虚假财会报告或者对依法应当披露的重要信息不予披露的行为，严重损害股东或其他人利益。

根据公司法规定，股东有权查阅、复制公司章程、股东名册、股东会会议记录、董事会会议决议、监事会会议决议和财务会计报告。有限责任公司应按照规定期限将财务会计报告递交各股东，以供股东查阅。以募集资金设立方式成立的股份有限公司须公告财务会计报告。上市公司必须按期公布财务会计报告，递交有关部门，并将公布的信息刊登在指定报刊上。这里的股东包括有限责任公司的股东，也包括股份有限公司的股东。社会公众是指股东之外的普通公民，供公民依据报告决定是否对其投资。

“提供虚假的或者隐瞒重要事实的财务会计报告”，是指财务会计报告的内容系伪造、虚构。有的是把亏损记为盈利或者把盈利记为亏损；有的隐瞒了重大债权、债务，有的是对某些重要事实进行歪曲或夸大；有的故意遗漏有关重要事项或大笔资金的去向；等等。“对依法应当披露的其他重要信息不按照规定披露”，是指对依法应当披露的其他重要信息不予披露，或者不按照规定的形式和要求披露，导致股东、社会公众无法或者无法真实、准确、完整地获取信息，从而影响判断和决策。

“依法应当披露的其他重要信息”包括：招股说明书、债券募集办法、上市报告等文件及其他信息披露资料、金融机构的风险管理状况、董事和高级管理人员变更以及其他重大事项等信息及基金信息、实际控制人、控股股东应当披露的重要信息等。

（二）犯罪认定

1. 违规披露、不披露重要信息罪与工作过失的界限

违规披露、不披露重要信息罪与工作过失造成财务会计报告失实、重要信息未按照规定披露的行为都会导致股东、社会公众无法真实、准确、完整地获取公司、企业财务会计报告和重要信息。二者区别在于：违规披露、不披露重要信息罪主观上是故意提供虚假的或者隐瞒重要事实的财务会计报告，而工作过失主观上是公司、企业工作人员业务能力、工作经验和态度等原因，导致财务会计报告有错算、错记、漏记等情形，结果财务会计报告失实，或者依法应当披露的重要信息没有披露。一般

来说，财务会计报告失实行为、依法应当披露的重要信息不按规定披露行为是个别的、无意的，不是有意提供或者不按规定披露的，不构成本罪。

2. 违规披露、不披露重要信息罪与诱骗投资者买卖证券期货合约罪的区别

两罪在提供虚假信息、隐瞒信息的方面是类似的，但也有较大区别：

（1）前罪表现为向股东和社会公众提供虚假的或者隐瞒重要事实的财务会计报告，或者对依法应当披露的其他重要信息不按照规定披露，严重损害股东或者其他人利益或者有其他严重情节的行为，后罪表现为提供虚假信息或者伪造、变造、销毁交易记录，诱骗投资者买卖证券、期货合约，造成严重后果的行为。

（2）前罪的主体是依法负有信息披露义务的公司、企业，后罪的主体是特殊主体，包括证券交易所、期货交易所、证券公司、期货经纪公司的从业人员，证券业协会、期货业协会或者证券期货监督管理部门的工作人员，单位和个人均可构成犯罪。

（三）立案标准

依法负有信息披露义务的公司、企业向股东和社会公众提供虚假的或者隐瞒重要事实的财务会计报告，或者对依法应当披露的其他重要信息不按照规定披露，涉嫌下列情形之一的，应予立案追诉：

1. 造成股东、债权人或者其他人直接经济损失数额累计在一百万元以上的；

2. 虚增或者虚减资产达到当期披露的资产总额百分之三十以上的；

3. 虚增或者虚减营业收入达到当期披露的营业收入总额百分之三十以上的；

4. 虚增或者虚减利润达到当期披露的利润总额百分之三十以上的；

5. 未按照规定披露的重大诉讼、仲裁、担保、关联交易或者其他重大事项所涉及的数额或者连续十二个月的累计数额达到最近一期披露的净资产百分之五十以上的；

6. 致使不符合发行条件的公司、企业骗取发行核准或者注册并且上市交易的；

7. 致使公司、企业发行的股票或者公司、企业债券、存托凭证或者国务院依法认定的其他证券被终止上市交易的；

8. 在公司财务会计报告中将亏损披露为盈利，或者将盈利披露为亏损的；

9. 多次提供虚假的或者隐瞒重要事实的财务会计报告，或者多次对依法应当披露的其他重要信息不按照规定披露的；

10. 其他严重损害股东、债权人或者其他人利益，或者有其他严重情节的情形。

（四）犯罪处罚

犯本罪的，对其直接负责的主管人员和其他直接责任人员，处五年以下有期徒刑或者拘役，并处或者单处罚金；情节特别严重的，处五年以上十年以下有期徒刑，并处罚金。

控股股东、实际控制人单位犯本罪的，对单位判处罚金，并对其直接负责的主管人员和其他直接责任人员，依照上述规定处罚。

六、隐匿、故意销毁会计凭证、会计账簿、财务会计报告罪

隐匿、故意销毁会计凭证、会计账簿、财务会计报告罪是指隐匿或者故意销毁依法应当保存的会计凭证、会计账簿、财务会计报告，情节严重的行为。

（一）犯罪构成

1. 犯罪主体

本罪的主体为一般主体。单位亦可构成本罪。犯罪的主体应为所有依会计法的规定办理会计事务的、对相应会计资料负有保管义务的单位和个人，包括相关的国家机关、社会团体、公司、企业、事业单位等组织和个人。

2. 犯罪客体

犯罪侵犯的客体是会计资料管理制度。犯罪对象是会计档案中的会计凭证、会计账簿和财务会计报告。会计凭证、会计账簿和财务会计报告是记录和反映单位经济业务的重要史料和证据。会计凭证是指记录经济业务发生和完成情况的书面证明，按照填制程序和用途可分为原始凭证和记账凭证。会计账簿是指由一定格式、相互连缀的账页组成，用来有序、分类地全面记录和反映一个单位经济业务的会计簿籍，是会计信息的主要载体之一。财物会计报告是指一个单位依法向国家有关部门提供或者向社会公开披露的反映单位财务状况和经营成果的书面文件。

按照《会计档案管理办法》的规定，会计档案包括：（1）会计凭证类，包括原始凭证、记账凭证、汇总凭证以及其他会计凭证。（2）会计账簿类，包括总账、明细账、日记账、固定资产卡片、辅助账簿以及其他会计账簿。（3）财务报告类，包括月度财务报告、季度财务报告、年度财务报告、会计报表、附表、附注及文字说明以及其他财务报告。《企业会计准则》第五十七条规定，企业会计报表主要包括资产负债表、损益表、财务状况变动表（或者现金流量表）以及其他附表。（4）其他类，包括银行存款余额调节表、银行对账单，其他应当保存的会计核算专业资料，会计档案移交清册，会计档案保管清册，会计档案销毁清册等。

3. 主观方面

主观方面表现为故意，即行为人明知属于应当保存的会计资料而故意隐匿或销毁。过失不能构成此罪，保管人由于粗心、失职等原因导致会计资料丢失、毁损；没有保管义务的人因受骗、过失、意外等原因导致会计资料毁损、灭失，都不能构成此罪。

4. 客观方面

客观方面表现为隐匿或者销毁应当依法保存的会计凭证、会计账簿、财务会计报告，且情节严重。隐匿是指故意隐藏。有关行政主管部门实施会计监督之时，将应当提供接受检查的会计凭证、会计账簿、财务会计报告隐藏起来拒不提供，或者对应当提供社会监督的会计凭证、会计账簿、财务会计报告隐藏起来拒不提供，都是隐匿。故意销毁是指将明知按照有关规定应当存档或者保存的会计凭证、会计账簿、财务会计报告予以销毁。

（二）犯罪认定

根据刑法修正案（一）第一条与1999年会计法第四十四条第一款，隐匿或故意销毁依法应当保存的会计凭证、会计账簿、财务会计报告的行为，情节严重的，才能认定为犯罪。此类犯罪与非罪的认定应注意三个方面：

1. 看行为人隐匿、销毁会计凭证、会计账簿、财务会计报告是否出于违法的故意。如果由于过失或意外事故销毁了会计资料，不应认定为犯罪；如果明知上述会计资料应当依法保存却故意予以隐匿或者销毁，则可构成犯罪。

2. 看行为人销毁的会计凭证、会计账簿、财务会计报告是否是依法应当保存。如果按法定审批程序、销毁办法销毁超期限的会计资料，不构成犯罪；如果未按照规定的审批程序和销毁办法擅自销毁未到保管期限而应依法保存的会计资料，可构成犯罪。

3. 看行为人隐匿或者故意销毁依法应当保存的会计凭证、会计账簿、财务会计报告的行为是否情节严重。如果情节较轻，应作为违反会计法的一般违法行为给予行政处罚；如果情节严重，则应认定为犯罪。

（三）立案标准

隐匿或者故意销毁依法应当保存的会计凭证、会计账簿、财务会计报告，涉嫌下列情形之一的，应予立案追诉：

1. 隐匿、故意销毁的会计凭证、会计账簿、财务会计报告涉及金额在五十万元以上的；

2. 依法应当向监察机关、司法机关、行政机关、有关主管部门等提供而隐匿、故意销毁或者拒不交出会计凭证、会计账簿、财务会计报告的；

3. 其他情节严重的情形。

(四) 犯罪处罚

自然人犯本罪，情节严重的，处五年以下有期徒刑或者拘役，并处或者单处二万元以上二十万元以下罚金。

单位犯本罪的，对单位判处罚金，并对其直接负责的主管人员和其他直接责任人员，处五年以下有期徒刑或者拘役，并处或者单处二万元以上二十万元以下罚金。

七、妨害清算罪

妨害清算罪是指公司、企业在进行清算时，隐匿财产，对资产负债表或者财产清单作虚伪记载或者在未清偿债务前分配公司、企业财产，严重损害债权人或者其他人利益的行为。

(一) 犯罪构成

1. 犯罪主体

犯罪主体是特殊主体，即进行清算的公司、企业。但如果清算组成员与公司、企业相勾结共同实施犯罪行为，也应以共同犯罪追究刑事责任。

2. 犯罪客体

犯罪侵犯的是国家公司、企业管理制度及债权人或其他人的合法权益。公司、企业清算是公司、企业解散或者结业活动中的一项活动，目的是了结、清理公司、企业的债权债务，保护债权人利益，并在能清偿公司、企业债务的情况下分配公司、企业的所有财产。为保护债权人利益，公司法、企业破产法、民事诉讼法都对此作了明确规定，要求依法成立清算组，按照法定程序和条件进行。

3. 主观方面

在主观上只能由故意构成，即明知隐匿公司财产、对资产负债表或财产清单作虚伪记载，或清偿债务前分配公司财产会损害债权人或者其他人的利益，而故意实施该行为。如因过失造成资产负债表或财产清单的记载不符合实际情况的不构成本罪。

4. 客观方面

在客观上表现为在公司、企业清算时，隐匿财产，对资产负债表或者财产清单作虚伪记载或者未清偿债务前分配公司、企业财产，严重损害债权人或者其他人利益。

一是在公司、企业清算过程中发生该行为。公司、企业解散或者破产，依法应当清理公司、企业的债权、债务。有两种情形，即公司、企业解散和公司、企业破产。前者是根据公司、企业的章程规定或者法律规定的条件，公司、企业决定停止对外经营活动，使其法人资格消失。后者是根据公司法、企业破产法（试行）、民事诉讼法的规定，公司、企业因不能清偿到期的债务，被依法宣告破产的，由人民法院依照法律规定，组织股东、有关机关及有关专业人员组成清算组，对公司、企业进行破产清算。

二是实施了犯罪行为，包括以下三种情形，即隐匿财产，对资产负债表或财产清单作虚伪记载，在未清偿债务前分配公司、企业财产。其中，“隐匿财产”是指隐匿、转移、私藏公司、企业财产，并隐瞒不报。隐匿可以是资金、机器设备、生产成品等实物。如将公司存款转移，秘密隐藏。

三是造成了严重的后果。即指因行为人妨害清算等行为造成了债权人和其他利益人的利益受到严重损害，主要是造成公司、企业长期拖欠的职工工资和劳动保险费用、国家巨额税款得不到清偿等。

（二）犯罪认定

1. 妨害清算罪与违规揭露、不揭露重要信息罪的区别

妨害清算罪与违规揭露、不揭露重要信息罪都出于故意，都存在虚假记载资产负债表或财产清单的行为，二者区别在于：

（1）妨害清算罪的主体是进行清算的公司和企业，及相关直接负责的主管人员和直接责任人员，后者的犯罪主体为公司及其直接负责的主管人员和其他直接责任人员。

（2）妨害清算罪侵犯的是公司、企业清算制度及债权人和其他人的合法权益，后罪侵犯的是公司、企业的信息公开披露制度及股东和其他人的利益。

（3）妨害清算罪只发生在公司、企业清算期间，后罪则是公司正常运作期间。妨害清算罪表现为隐匿财产、虚伪记载资产负债表和财产清单或者在未清偿债务前分配公司企业财产，后罪表现为向股东和社会公众提供虚假的或者隐瞒重要事实的财务会计报告，或者对依法应当揭露的其他重要信息不按规定揭露。

（4）妨害清算罪的目的是逃避公司、企业债务，后罪是欺骗股东和社会公众。

2. 隐匿、故意销毁会计凭证、会计账簿、财务会计报告罪与妨害清算罪的区别

二者区别在于：

（1）妨害清算罪主体为特殊主体，包括因解散、破产等原因需要进行清算的公司、企业，及其直接责任人员，以及进行公司、企业清算的清算组的组成人员才能构成此罪。隐匿、故意销毁会计凭证、会计账簿、财务会计报告罪的犯罪主体为一般主体，包括单位和个人；

（2）妨害清算罪表现为隐匿财产、对资产负债表或者财产清单作虚假记载，即不真实地反映资产负债和财产状况，或在未清偿债务前分配公司、企业财产，给债权人或者其他人的利益造成严重损害。隐匿、故意销毁会计凭证、会计账簿、财务会计报告罪表现为隐匿或者销毁应当依法保存的会计凭证、会计账簿、财务会计报告，且情节严重。

（3）妨害清算罪要求必须发生在公司、企业进行清算时，对于分配公司、企业财产的还要求发生在未清偿债务前。隐匿、故意销毁会计凭证、会计账簿、财务会计报告罪对发生时间没有限制。

（4）妨害清算罪侵犯的客体为公司、企业的清算管理制度，隐匿、故意销毁会计凭证、会计账簿、财务会计报告罪侵犯的客体为会计管理制度。

（三）立案标准

公司、企业进行清算时，隐匿财产，对资产负债表或者财产清单作虚伪记载或者在未清偿债务前分配公司、企业财产，涉嫌下列情形之一的，应予立案追诉：

1. 隐匿财产价值在五十万元以上的；

2. 对资产负债表或者财产清单作虚伪记载涉及金额在五十万元以上的；

3. 在未清偿债务前分配公司、企业财产价值在五十万元以上的；

4. 造成债权人或者其他人直接经济损失数额累计在十万元以上的；

5. 虽未达到上述数额标准，但应清偿的职工的工资、社会保险费用和法定补偿金得不到及时清偿，造成恶劣社会影响的；

6. 其他严重损害债权人或者其他人利益的情形。

（四）犯罪处罚

犯本罪的，对其直接负责的主管人员和其他直接责任人员，处五年以下有期徒刑或者拘役，并处或者单处二万元以上二十万元以下罚金。

八、擅自设立金融机构罪

擅自设立金融机构罪是指未经国家有关主管部门批准，擅自设立商业银行、证券交易所、期货交易所、证券公司、期货经纪公司、保险公司或者其他金融机构的行为。

（一）犯罪构成

1. 犯罪主体

擅自设立金融机构罪的主体可以是自然人，也可以是单位。

2. 犯罪客体

犯罪侵犯的是国家的金融管理制度。金融即货币资金的融通，是对货币流通和信用活动以及与之相关的经济活动的总称。金融活动是通过银行等金融机构的业务来进行的，这些机构筹集融通资金、引导资金流向、提高资金使用效益，调节社会总需求。1995 年 5 月 10 日通过的商业银行法对商业银行及其分支机构的设立、分立、合并及其变更的条件、申报批准的程序都作了详细规定。该法明确指出，未经中国人民银行批准，擅自设立商业银行，或者非法吸收公众存款、变相吸收公众存款的，依法追究刑事责任，并由中国人民银行予以取缔。不经批准擅自设立金融机构影响国家金融方针政策和信贷计划等的贯彻实施，会导致金融秩序混乱，影响经济发展。

3. 主观方面

犯罪在主观方面出于直接故意，间接故意或过失都不能构成本罪。行为人明知设立金融机构应当经过批准，擅自设立属于违法，而决意为之，并设立成功。设立的目的，主要是为了牟取非法利润。

4. 客观方面

在客观方面表现为未经有关主管部门批准，擅自设立商业银行、证券交易所、期货交易所、证券公司、期货经纪公司、保险公司或者其他金融机构的行为。

根据规定，商业银行等金融机构由中国人民银行审批，证券交易所、期货交易所等由中国证监会审批，保险公司由国家金融监督管理总局审批。凡未经中国人民银行等主管部门批准，擅自开业或者经营金融业务，均构成犯罪。商业银行，是指根据商业银行法和公司法成立的，并经中国人民银行批准以“银行”名义对外吸收公众存款、发放贷款、办理结算以及开展其他金融业务，具有法人资格，以实现利润为其经营目的的金融机构。擅自设立商业银行是指擅自设立本来不存在的商业银行，也包括未经批准冒用其他商业银行或其分支机构名称进行活动的行为。其他金融机构是指除银行及其分支机构以外，能依法参与金融活动、开展金融业务、具有法人资格的组织，主要包括：证券交易所；期货交易所；证券公司；期货经纪公司；保险公司；信托投资公司；融资租赁公司；农村信用合作社；城市信用合作社；企业集团财务公司；侨资、外资在我国境内设立的金融机构；等等。

本罪表现为已经成立商业银行或者其他金融机构。如果还在预备阶段，或者由于某种原因使商业银行或者其他金融机构并未实际成立，不构成犯罪。至于是否开展相应业务，是否已经造成危害，不影响犯罪成立。

（二）犯罪认定

要注意正确区分罪与非罪的界限。有的商业银行、证券交易所、期货交易所、证券公司、期货经纪公司、保险公司或其他金融机构为了扩大金融业务，没有向主管机关申报而擅自设立营业网点，增设分支机构，或者虽然已向主管机关进行申报，但是在主管机关未批准前就擅自设立并开展营业，属于违法行为，而不构成擅自设立金融机构罪，因为两种行为在本质上是不同的。

刑法关于擅自设立金融机构罪的规定中有“情节严重”的规定，“情节严重”主要是由行为、手段、实际造成的危害后果等因素确定。如：成立多家商业银行或其他金融机构；采取恶劣手段，如以伪造批文等方式；编造谎言，欺骗群众；由国家机关擅自设立金融机构；不顾批评擅自设立造成恶劣影响，给他人造成重大经济损失；等等。

（三）立案标准

未经国家有关主管部门批准，擅自设立金融机构，涉嫌下列情形之一的，应予立案追诉：

1. 擅自设立商业银行、证券交易所、期货交易所、证券公司、期货公司、保险公司或者其他金融机构的；

2. 擅自设立金融机构筹备组织的。

（四）犯罪处罚

自然人犯本罪的，处三年以下有期徒刑或者拘役，并处或者单处二万元以上二十万元以下罚金；情节严重的，处三年以上十年以下有期徒刑，并处五万元以上五十万元以下的罚金。

单位犯本罪的，对单位判处罚金，并对直接负责的主管人员和其他直接责任人员依上述规定处罚。

九、伪造、变造、转让金融机构经营许可证、批准文件罪

伪造、变造、转让金融机构经营许可证、批准文件罪是指伪造、变造、转让商业银行、证券交易所、期货交易所、证券公司、期货经纪公司、保险公司或者其他金融机构的经营许可证或者批准文件的行为。

（一）犯罪构成

1. 犯罪主体

犯罪主体为一般主体，可以是自然人，也可以是单位。一般来讲，伪造、变造经营许可证多为个人所为，个别单位也可能实施伪造、变造行为。转让经营许可证的犯罪一般都是许可证的持有者即单位的行为。

2. 犯罪客体

犯罪侵犯的是国家的金融管理制度。根据法律规定，金融机构的设立必须符合一定条件和程序，经中国人民银行等专门机构批准并颁发经营许可证，在办理登记领取营业执照后才能营业。任何单位和个人不得伪造、变造金融机构经营许可证，金融机构等不得转让经营许可证。伪造、变造、转让金融机构经营许可证会破坏国家对金融业的监督管理，导致非法设立金融机构，开展金融业务。

犯罪对象是金融机构经营许可证或者批准文件。金融机构经营许可证即指中国人民银行等对金融机构颁发的允许经营金融业务的证明文件。其内容包括审批的依据、被批准经营金融业务的机构名称及审批机构等内容，是金融机构经营活动的主要法律依据之一。如果经营对象为外汇，国家外汇管理部门所发《经营外汇业务许可证》也是本罪对象之一。

3. 主观方面

主观方面是故意，目的一般是营利或谋取其他非法利益。如为了自用，为了出卖，为了帮助他人实现不法意图，动机如何不影响犯罪成立。

4. 客观方面

客观方面表现为非法伪造、变造、转让金融机构经营许可证或者批

准文件。只要行为人故意伪造、变造、转让了金融机构经营许可证，即可构成犯罪。至于是否将伪造、变造的经营许可证使用或者出售、转交他人，以及是否发生实际危害社会的损害结果，不影响本罪构成。

“伪造”是指无权制作的单位或个人，依照中国人民银行等主管部门统一制造的经营金融业务许可证式样，非法制作假的《经营金融业务许可证》。伪造方式可以多种多样，有的是印刷，有的复印，有的是用石印、影印、木印、胶印等方法复制，有的是通过手工描绘。

“变造”是指单位或个人采取剪裁、挖补、拼凑、涂改、覆盖、揭层等方法对真的《经营金融业务许可证》改造处理，改变其内容。如变更经营单位名称与地址、经营业务范围、批准日期、批准单位、批准字号等。其结果是改变了金融机构经营许可证的内容。

“转让”是指将自己或他人的金融机构经营许可证转交给别的单位或个人使用。有的是通过出售、出租等方式有偿转让，有的以出借、赠与等方式无偿转让；有的是永久性交给他人使用，有的是暂时借给他人使用；有的转让的是真的许可证，有的转让的是假的；有的转让自己的，有的转让的是购买、出租等方式获得的。

（二）犯罪认定

伪造、变造、转让金融机构经营许可证罪与伪造、变造、买卖国家机关公文、证件、印章罪在犯罪对象、犯罪行为方式上都有易混淆之处，其主要区别在于：

1. 伪造、变造、转让金融机构经营许可证罪侵犯的是国家的金融管理制度；伪造、变造、买卖国家机关公文、证件、印章罪侵犯的是国家机关、企业事业单位、人民团体的正常管理活动。

2. 伪造、变造、转让金融机构经营许可证罪的对象是金融机构经营许可证；伪造、变造、买卖国家机关公文、证件、印章罪的对象是公文、证件和印章。

3. 伪造、变造、转让金融机构经营许可证罪包括三种方式，即伪造、变造、转让；伪造、变造、买卖国家机关公文、证件、印章罪的方式除伪造、变造外，还有买卖、盗窃、抢夺、毁灭。如果是盗窃、抢夺、毁灭金融机构经营许可证的，应以盗窃、抢夺、毁灭国家机关公文、证件、印章罪论处。

(三) 立案标准

伪造、变造、转让商业银行、证券交易所、期货交易所、证券公司、期货公司、保险公司或者其他金融机构的经营许可证或者批准文件的，应予立案追诉。

(四) 犯罪处罚

自然人犯本罪的，处三年以下有期徒刑或者拘役，并处或者单处二万元以上二十万元以下罚金；情节严重的，处三年以上十年以下有期徒刑，并处五万元以上五十万元以下罚金。

单位犯本罪的，对单位判处罚金，并对其直接负责的主管人员和其他直接责任人员依上述规定处罚。

十、高利转贷罪

高利转贷罪是指以转贷牟利为目的，套取金融机构信贷资金高利转贷他人，违法所得数额较大的行为。

(一) 犯罪构成

1. 犯罪主体

犯罪主体为特殊主体，即借款人。根据《贷款通则》（1996 年 8 月 1 日起施行）规定，借款人应当是经工商行政管理机关（或主管机关）核准登记的企（事）业法人、其他经济组织、个体工商户或具有中华人民共和国国籍的具有完全民事行为能力的自然人。借款人申请贷款，应当具备产品有市场、生产经营有效益、不挤占挪用信贷资金、恪守信用等基本条件，并且应当符合以下要求：

(1) 有按期还本付息的能力，原应付贷款利息和到期贷款已清偿；没有清偿的，已经做了贷款人认可的偿还计划。

（2）除自然人和不需要经工商部门核准登记的事业法人外，应当经过工商部门办理年检手续。

（3）已开立基本账户或一般存款账户。

（4）除国务院规定外，有限责任公司和股份有限公司对外股本权益性投资累计额未超过其净资产总额的百分之五十。

（5）借款人的资产负债率符合贷款人的要求。

（6）申请中期、长期贷款的，新建项目的企业法人所有者权益与项目所需总投资的比例不低于国家规定的投资项目的资本金比例。

2. 犯罪客体

高利转贷罪侵犯的直接客体是国家信贷管理制度，是信贷资金市场秩序。

金融机构包括银行和非银行金融机构。银行主要指工商银行、农业银行、建设银行、中国银行等国有独资商业银行；以及合资设立的股份制银行，如交通银行、投资银行、光大银行、发展银行、民生银行等；以及集体经济性质的城市合作制银行等。银行以外的金融机构主要指依法享有存、贷款经营权的非银行金融单位，如信托投资、保险机构、金融租赁公司、城市、农村信用合作社等。

信贷资金是指金融机构根据有关贷款方针、政策，用于发放贷款的资金。主要包括三部分：（1）银行及其他金融机构吸收的存款，主要是单位公营存款。为信贷资金的主体；（2）国家财政拨给银行及其他金融机构的自有资金。在信贷资金中占极小比例；（3）由资金市场拆借的资金，包括从人民银行贷入的短期贷款、系统内部的借款、金融机构之间的拆借款。原则上不能安排长期贷款。

根据金融管理法规，对用作发放贷款的信贷资金，贷款申请人必须述明合法用途、偿还能力、方式，原则上应提供担保人或质押、不动产抵押等，经审查、评估后，方能确认是否贷款。任何单位不得在央行规定的贷款利率幅度以上发放贷款，否则属于违反信贷资金发放利率管理制度的高利转贷行为。

3. 主观方面

在主观上只能由故意构成，且以转贷牟利为目的。过失不构成本罪。

4. 客观方面

在客观上表现为以转贷牟利为目的，套取金融机构信贷资金，高利转贷他人，数额较大。借款人依正常程序依法贷得金融机构信贷资金之后，为了牟利，将贷款高利转贷他人，并且因转贷行为取得的违法所得数额较大。

（二）犯罪认定

1. 高利转贷罪的行为人有两个行为，即套取和转贷。也就是说行为人采取虚构贷款项目等手段套得银行贷款，然后转而贷给他人，从中赚取息差。仅有套取行为不能构成本罪。

2. 行为人套取的对象仅包括银行的信贷资金，民间借贷不在规制范围。

3. 行为人的转贷不是一般的转贷，而是高利转贷。

（三）立案标准

以转贷牟利为目的，套取金融机构信贷资金高利转贷他人，违法所得数额在五十万元以上的，应予立案追诉。

（四）犯罪处罚

自然人犯本罪的，处三年以下有期徒刑或者拘役，并处违法所得一倍以上五倍以下罚金；数额巨大的，处三年以上七年以下有期徒刑，并处违法所得一倍以上五倍以下罚金。

单位犯本罪的，对单位判处罚金，并对其直接负责的主管人员和其他直接责任人员，处三年以下有期徒刑或者拘役。

十一、非法吸收公众存款罪

非法吸收公众存款罪是指非法吸收公众存款或者变相吸收公众存款，扰乱金融秩序的行为。

（一）犯罪构成

1. 犯罪主体

犯罪主体包括单位和个人。在实践中，更多的是具有法人资格的公司、企业。

2. 犯罪客体

犯罪侵犯的是国家金融管理制度。商业银行法第三条规定，吸收公众存款是商业银行的首项业务。国家对吸收公众存款的主体、规模、利率等均有专门规定和限制。未经中国人民银行批准，非法吸收公众存款、变相吸收公众存款的，应当依法追究刑事责任。一些单位和个人以各种方式、手段面向社会，非法吸收公众存款，随意提高利率，造成吸收公众存款的无序状态和金融秩序混乱，不仅破坏国家金融秩序，也会使单位和个人存款无法追回，造成重大损失，影响社会稳定。

3. 主观方面

主观方面是直接故意，具有非法牟利的目的。但是非法吸收存款是否已获利及获利数额大小不影响犯罪成立。

4. 客观方面

客观方面表现为非法向社会公开吸收公众存款或者变相吸收公众存款。非法吸收公众存款是指违反国家法律、法规的规定，在社会上以存款的形式公开吸收公众资金。公众存款是指存款人是不特定的群体，如果存款人只是少数人或特定人，如仅限于单位内部人，则不是公众存款。非法吸收公众存款包括两种：一是不具有吸收存款的资格而吸收公众存款的。二是虽然具有吸收存款资格，但采取的方法违法，如有的金融机构为揽储户，违反利率规定，擅自提高利率以吸收存款。变相吸收公众存款是指通过存款名义以外的形式吸收公众存款。变相吸收公众存款，回避“存款”的形式，如在未经中国人民银行或者国务院批准的情况下，擅自开办“基金”或者“基金会”，再以此名义“合法”吸收公众资金。有的以吸收投资、扩大再生产为名，无固定利率，年底分红，实际上是以高出银行利率很多的股息来吸收公众存款。

（二）犯罪认定

1. 非法吸收公众存款行为与合法民间借贷行为的区别

实践中，两者的区别主要是从其吸收资金的对象是否“特定”来确定的。根据有关规定，公民与非金融企业之间的借贷属于民间借贷，只要双方当事人意思表示真实，借款利率在国家许可的范围内即为合法有效。这里贷款方是指特定的公民。法律承认和保护某个企业向特定公民借款的直接融资。

2. 非法吸收公众存款与企业内部集资的区别

两者本质的区别在于吸收资金对象的不同。非法吸收公众存款的对象是社会不特定的单位和个人，企业内部集资严格限于企业内部职工。企业向内部职工集资，即便违规也只会受到行政处罚，不会触犯刑法。有的企业以向内部职工集资为幌子，将集资对象的范围扩大到企业职工之外，如让职工找亲朋好友集资，就很可能会演变成非法吸收公众存款。

3. 非法吸收公众存款罪与集资诈骗罪的区别

两罪都属于破坏社会主义市场经济秩序罪，侵犯的都是国家经济管理制度，行为人都实施了违反国家经济管理法规、破坏国家经济管理活动的行为，危害国计民生，严重损害国家经济。主要区别是：

（1）非法吸收公众存款罪是违反国家有关规定，非法吸收公众存款或者变相吸收公众存款，不具有占有存款的动机。集资诈骗罪是以非法占有为目的，使用诈骗方法非法集资。

（2）非法吸收公众存款罪是否已获利，获利数额大小，甚至亏损，资不抵债，均不影响犯罪成立。集资诈骗的非法集资行为，必须达到“数额较大”的程度才构成犯罪。

（3）非法吸收公众存款罪的表现形式有两种，即非法向社会公众吸收存款或者变相吸收公众存款。集资诈骗须使用诈骗方法，即虚构集资用途，以虚假的证明文件和高回报率为诱饵骗取集资。

（三）立案标准

非法吸收公众存款或者变相吸收公众存款，扰乱金融秩序，涉嫌下列情形之一的，应予立案追诉：

1. 非法吸收或者变相吸收公众存款数额在一百万元以上的；

2. 非法吸收或者变相吸收公众存款对象一百五十人以上的；

3. 非法吸收或者变相吸收公众存款，给集资参与人造成直接经济损失数额在五十万元以上的。

非法吸收或者变相吸收公众存款数额在五十万元以上或者给集资参与人造成直接经济损失数额在二十五万元以上，同时涉嫌下列情形之一的，应予立案追诉：

1. 因非法集资受过刑事追究的；

2. 二年内因非法集资受过行政处罚的；

3. 造成恶劣社会影响或者其他严重后果的。

（四）犯罪处罚

自然人犯本罪的，处三年以下有期徒刑或者拘役，并处或者单处罚金；数额巨大或者有其他严重情节的，处三年以上十年以下有期徒刑，并处罚金；数额特别巨大或者有其他特别严重情节的，处十年以上有期徒刑，并处罚金。

单位犯本罪的，对单位判处罚金，并对其直接负责的主管人员和其他直接责任人员依照上述的规定处罚。

在提起公诉之前积极退赃退赔，减少损害结果发生的，可以从轻或者减轻处罚。

十二、伪造、变造金融票证罪

伪造、变造金融票证罪是指伪造、变造汇票、本票、支票、委托收款凭证、汇款凭证、银行存单、信用证或者附随的单据、文件，以及伪造信用卡等金融票证的行为。

（一）犯罪构成

1. 犯罪主体

犯罪主体包括自然人和单位。实践中主要包括以下单位和人员：银行或其他金融机构及其从业人员，与金融活动密切相关的其他单位和个人，以及一些社会上的投机分子。

2. 犯罪客体

犯罪侵害的是国家对于金融票证的管理制度。一旦伪造、变造的金融票证进入金融领域，被犯罪分子作为金融诈骗工具，就会破坏社会主义金融秩序，给国家和人民造成重大损害。犯罪对象是金融票证，包括汇票、本票、支票，委托收款凭证、汇款凭证、银行存单等其他银行结算凭证，信用证或者附随的单据、文件、信用卡等。

其中，汇票是指出票人签发的，委托付款人在见票时或在指定日期无条件支付确定金额给收款人或持票人的票据，分为银行汇票和商业汇票。本票是指由出票人签发的，承诺自己在见票时无条件支付确定金额给收款人或持票人的票据，仅指银行本票。支票是指由出票人签发的，委托办理支票存款业务的银行或其他金融机构在见票时无条件支付确定金额给收款人或持票人的票据。

委托收款凭证是指收款人在委托银行向付款人收取款项时所填写的凭证和证明，有邮寄和电报划回两种。汇款凭证是指汇款人委托银行将款项汇给外地收款人时所填写的凭据和证明。银行存单是储户向银行交存款项、办理开户时，银行签发载有户名、账号、存款金额、存期、存入日、到期日、利率等内容的存单。

信用证是指开证银行根据作为进口商的开证申请人的请求，开给受益人的一种在其具备约定条件以后即可保证由开证银行或支付银行支付约定金额的保证付款的凭证。附随的单据文件，主要有运输单据、商业发票、保险单据。运输单据是指表明运送人已将货物装船或发运或接受监管的单据，包括海运提单、航空运单、铁路运单等。保险单据是关于货物运输保险的单据。商业发票是卖方向买方签发的货物价目总清单。

商业发票不仅是证明卖方已履行合同的凭证，而且是海关实行货物进出口管理的依据，是买方验收货物的依据。使用信用证除附随上述单据外，有时还需要附其他文件，如领事发票、海关发票、出口许可证、产地证明书等。

信用卡是指银行或者信用卡公司发给用户用于购买商品、取得服务或者提取现金的信用凭证。

3. 主观方面

主观上是故意，有伪造、变造金融票证从中牟取非法利益的目的。如果因过失而错写误填票证内容，不属于伪造和变造。行为人错写误填票证之后故意使用的，只能按金融票据诈骗罪等犯罪追究刑事责任。

4. 客观方面

客观方面表现为伪造、变造各种金融票证。“伪造”和“变造”金融票证都是造假行为，都会产生假金融票证。“伪造”是指行为人仿照真实的金融票证的形式、图案、格式，通过印刷、复印、绘制等制作方法，非法制造以上金融票证。“变造”是指行为人在真实的金融票证的基础上或以真实金融票证为材料，通过剪接、挖补与覆盖、涂改等方法对金融票证主要内容非法加以改变。

主要包括：

（1）伪造、变造汇票、本票、支票。这里的“伪造”是指仿照真实的汇票、本票、支票的形式、图案、颜色、格式，通过印刷、复印、拓印、绘制等方法非法制造汇票、本票、支票。这里的“变造”是指在真实的汇票、本票、支票的基础上或者以真实票据为基本材料，通过剪接、挖补、覆盖、涂改等方法，非法改变票据的主要内容如出票人名称、持票人名称、金额、有效期等。

（2）伪造、变造委托收款凭证、汇款凭证、银行存单等其他银行结算凭证。这里的“伪造”是指行为人未经国家有关主管部门批准，非法印制委托收款凭证、汇款凭证、银行存单等其他银行结算凭证。“变造”是指在真实、合法的银行结算凭证基础上或者以真实的银行结算凭证为基本材料，通过剪接、挖补、涂改等手段，非法加以改变银行结算凭证的主要内容。

(3) 伪造、变造信用证或者附随的单据、文件。这里的“伪造”是指行为人采用描绘、复制、印刷等方法仿照信用证的模式、内容制造假信用证，或者编造、冒用某金融机构名义开出假信用证。这里的伪造信用证主要是通过编造虚假的根本不存在的银行开出信用证，或者以假冒有影响的银行的名义开出假信用证的手段伪造信用证。变造是指在原信用证的基础上，采用涂改、剪贴、挖补等方法改变原信用证内容和主要条款的行为。伪造、变造附随的单据、文件是指在使用信用证时伪造、变造提单等必须附随信用证的单据。

(4) 伪造信用卡。主要表现为两种情形，一是非法制造信用卡，即模仿信用卡的质地、模式、版块、图样及磁条密码等制造信用卡；二是在真卡基础上伪造，即信用卡本身是合法制造的，但未经银行或信用卡发卡机构发行给用户正式使用，即在信用卡面上未加打用户账号或姓名，在磁条上未输入一定的密码等信息，行为人将这种信用卡再“加工”，使其貌似已发行给用户。

(二) 犯罪认定

伪造、变造金融票证罪和伪造、倒卖伪造的有价票证罪有相似之处，都有营利目的，都实施了伪造行为。二者区别主要在于伪造有价票证罪的犯罪对象是车票、船票等非金融性质的有价票证；伪造金融票证罪的犯罪对象则是汇票、本票、支票、委托收款凭证、汇款凭证、银行存单、信用证、信用卡等金融性质票证。由于上述犯罪对象不同，两种行为所侵害的社会关系也不同。对于既伪造有价票证，又伪造金融票证的行为，如果构成犯罪，应以数罪并罚。

(三) 立案标准

伪造、变造金融票证，涉嫌下列情形之一的，应予立案追诉：

1. 伪造、变造汇票、本票、支票，或者伪造、变造委托收款凭证、汇款凭证、银行存单等其他银行结算凭证，或者伪造、变造信用证或者附随的单据、文件，总面额在一万元以上或者数量在十张以上的；

2. 伪造信用卡一张以上，或者伪造空白信用卡十张以上的。

（四）犯罪处罚

自然人犯本罪的，处五年以下有期徒刑或者拘役，并处或者单处二万元以上二十万元以下罚金；情节严重的，处五年以上十年以下有期徒刑，并处五万元以上五十万元以下罚金；情节特别严重的，处十年以上有期徒刑或者无期徒刑，并处五万元以上五十万元以下罚金或者没收财产。

单位犯本罪的，对单位判处罚金，并对其直接负责的主管人员和其他直接责任人员依照上述规定处罚。

十三、伪造、变造国家有价证券罪

伪造、变造国家有价证券罪是指伪造、变造国库券或者国家发行的其他有价证券，数额较大的行为。

（一）犯罪构成

1. 犯罪主体

本罪主体为一般主体。单位和个人都可以犯伪造、变造国家有价证券罪。

2. 犯罪客体

伪造、变造国家有价证券罪侵害的是国家有关证券的管理制度。由于伪造、变造国库券和国家发行的其他有价证券严重破坏证券管理制度，扰乱金融秩序，必须严厉打击。

犯罪对象是国家有价证券，包括国库券和国家发行的其他有价证券。国库券是指国家为解决急需的预算支出而由财政部发行的一种国家债券，按面值公开发行，上面注明偿还债务的期限与到期的利息。在一定时间之后，可以依法转让、买卖。国家发行的其他有价证券是指国家发行的国库券以外的载明一定财产价值的其他有价证券，如国家建设债券、保值公债、财政债券等。

3. 主观方面

主观方面是故意，具有非法牟取利益的目的。

4. 客观方面

在客观方面表现为伪造、变造国库券或国家发行的其他有价证券，数额较大。“伪造”是指仿照有价证券的图案、形式、颜色、面值、格式等特征，通过复印、绘制、印刷制作假证券，使非有价证券变成“有价证券”。“变造”是指对真实有效的有价证券使用涂改、挖补、拼凑、剪接、覆盖等方式加工，改变其主要内容如发行的面额、发行期限或张数等。“数额较大”是指伪造、变造国家证券的数额较大。仅有伪造、变造国家证券行为，没有达到数额较大的，不能以伪造、变造国家有价证券罪论处。

(二) 犯罪认定

伪造、变造国家有价证券罪与有价证券诈骗罪的区别在于：

伪造、变造国家有价证券罪侵犯的是国家有价证券管理制度，有价证券诈骗罪侵犯的是国家的有价证券管理制度和公私财产。伪造、变造国家有价证券罪实质上是伪造、变造有价证券的行为，有价证券诈骗罪是使用伪造、变造的有价证券进行诈骗，目的是由此获得被害人的钱财。行为人先是伪造、变造国家有价证券，然后用伪造、变造的国家有价证券去骗取他人钱财的，同时触犯伪造、变造国家有价证券罪与有价证券诈骗罪，应当选择一重罪从重处罚。

(三) 立案标准

伪造、变造国库券或者国家发行的其他有价证券，总面额在二千元以上的，应予立案追诉。

(四) 犯罪处罚

自然人伪造、变造国库券或者国家发行的其他有价证券，数额较大的，处三年以下有期徒刑或者拘役，并处或者单处二万元以上二十万元以下罚金；数额巨大的，处三年以上十年以下有期徒刑，并处五万元以上五十万元以下罚金；数额特别巨大的，处十年以上有期徒刑或者无期徒刑，并处五万元以上五十万元以下罚金或者没收财产。

单位犯本罪的，对单位判处罚金，并对其直接负责的主管人员和其他直接责任人员依照上述规定处罚。

十四、伪造、变造股票、公司、企业债券罪

伪造、变造股票、公司、企业债券罪是指伪造、变造股票或者公司、企业债券，数额较大的行为。

（一）犯罪构成

1. 犯罪主体

犯罪主体是一般主体，既包括单位，又包括达到刑事责任年龄具有刑事责任能力的自然人。

2. 犯罪客体

犯罪侵犯的是国家对有价证券的管理制度，由于伪造、变造股票、公司、企业债券而扰乱、破坏金融市场的正常秩序。

3. 主观方面

在主观方面是出于故意，且具有牟取非法利益的目的，如果是过失，不能构成本罪。

4. 客观方面

在客观方面表现为行为人违反国家有价证券管理法规，伪造、变造股票或者公司、企业债券，数额较大。

一是实施了伪造、变造股票或者公司、企业债券行为。股票是由公司签发的证明股东所持股份的要式凭证。根据公司法规定，股票应当载明下列主要事项：（1）公司名称；（2）公司成立日期或者股票发行的时间；（3）股票种类、票面金额及代表的股份数，发行无面额股的，股票代表的股份数。股票的制成必须依照法律规定的形式，由股份公司对缴纳股款的认股人进行签发。公司、企业债券是公司、企业依法定程序发行的，

约定在一定期限内还本付息的有价证券，是一种用以显示和证明与他人形成的金钱债务关系的证券。根据公司法规定，债券必须载明公司名称、债券票面金额、利率、偿还期限等事项。

二是伪造、变造股票或者公司、企业债券达到数额较大的标准。数额较大是指伪造、变造股票或者公司、企业债券的面额较大。

（二）犯罪认定

1. 伪造、变造股票、公司、企业债券罪与伪造、变造国家有价证券罪的区别

伪造、变造股票、公司、企业债券罪与伪造、变造国家有价证券罪在主体、主观方面、行为方式、客体等方面是一致的，不同的则是犯罪对象。伪造、变造股票、公司、企业债券罪的犯罪对象是公司、企业依法发行的有价证券，包括股票和债券。伪造、变造国家有价证券罪的犯罪对象是国家发行的有价证券，如国库券、国家债券等，其犯罪危害性比伪造、变造股票、公司、企业债券罪更大。

2. 伪造、变造股票、公司、企业债券罪与诈骗罪的区别

伪造、变造股票、公司、企业债券罪客观表现为伪造、变造股票或者公司、企业债券。如果没有伪造、变造行为，而是直接用假的或失效的票证去骗取财物，应定为诈骗罪。如果伪造、变造股票、公司、企业债券，之后又用伪造、变造的股票、公司、企业债券骗取钱财，应选择其中的一个重罪定罪处罚。

（三）立案标准

伪造、变造股票或者公司、企业债券，总面额在三万元以上的，应予立案追诉。

（四）犯罪处罚

自然人犯本罪，数额较大的，处三年以下有期徒刑或者拘役，并处或者单处一万元以上十万元以下罚金；数额巨大的，处三年以上十年以下有期徒刑，并处二万元以上二十万元以下罚金。

单位犯本罪的，对单位判处罚金，并对其直接负责的主管人员和其

他直接责任人员依照上述规定处罚。

十五、擅自发行股票、公司、企业债券罪

擅自发行股票、公司、企业债券罪指未经国家有关主管部门批准，擅自发行股票或者公司、企业债券，数额巨大、后果严重或者有其他严重情节的行为。

（一）犯罪构成

1. 犯罪主体

犯罪主体是一般主体，包括自然人和单位。通过工商登记程序设立的或其他依法成立的单位，包括法人、非法人单位，均能成为本罪的主体。

2. 犯罪客体

犯罪侵犯的是国家的证券发行管理制度、秩序及其社会公众、法人的合法财产权益。根据公司法的规定，凡不具备公司资格者无权发行股票和公司、企业债券；而且公司、企业要发行股票、债券须经由国务院证券管理部门批准。我国公司法对股份有限公司的股票和公司债券的发行条件、程序及审批制度作了严格的规定。

犯罪对象是股票和公司、企业债券。发行股票、公司、企业债券，是公司、企业在市场经济下的一种有效集资手段。股票是股份有限公司签发的证明股东所持股份的凭证。股份发行分为为设立公司而首次发行股份和发行新股两种形式。公司债券、企业债券分别指公司、企业依照法定程序发行的，约定在一定期限内还本付息的有价证券。公司、企业通过发行股票、公司、企业债券，向社会融资，吸纳剩余、闲散资金，筹集生产经营资金。

3. 主观方面

主观方面是故意。行为人明知发行股票、公司、企业债券需经国务院证券管理部门批准而故意不予报批，或者明知申报以后未经批准不得

发行而擅自发行公司股票、债券；明知其擅自发行股票、债券有害于社会仍然付诸发行。由于过失而发行，不能构成本罪。

4. 客观方面

在客观方面行为人实施了以下行为：

（1）行为人发行股票、公司、企业债券。尚未发行或正在准备发行的，不构成本罪；采取其他方法非法集资的也不构成本罪。

（2）未经国家有关主管部门批准，而擅自发行股票、债券。

可能是不具备发行股票、公司、企业债券的条件而未得到有关主管部门的批准，也可能是符合法律规定发行股票的条件，但未经有关主管部门批准。有关主管部门的审查批准是发行股票、公司、企业债券的必经程序，公司、企业不具备条件而发行股票和虽具备条件但未经批准即发行股票、公司债券，逃避了主管部门的审查、监督、管理，扰乱了发行管理秩序。未经批准包括两种情况，即没有报请上述法定机构批准和虽然业已上报但未获批准。

这里的“未经批准”既包括根本未向主管部门提出申请，也包括虽然提出申请，但未得到批准和已作出批准决定但发现不符合法律规定，又予以撤销后仍然发行股票、公司、企业债券；还包括虽经过批准，但未按照规定的方式、范围发行股票、公司、企业债券的，例如超出招股说明书所载明的股票发行总数超额发行股票的；有关主管部门批准的是按股票票面金额发行，但行为人却擅自以超过票面金额的价格溢价发行股票；又如超出国务院证券管理部门批准的公司债券发行规模发行公司、企业债券的；等等。

（3）发行数额巨大、后果严重或者有其他严重情节。

（二）犯罪认定

擅自发行股票、公司、企业债券罪与欺诈发行股票债券罪都有欺诈认购人的主观故意，发行的股票、公司、企业债券都有虚假性。区别在于：

1. 擅自发行股票、公司、企业债券罪任何人都能成为犯罪主体；欺诈发行股票债券罪的主体只能是有资格发行股票、公司债券的特定主体。

2. 擅自发行股票、公司、企业债券罪是未经法定机构批准而发行股票、公司债券；欺诈发行股票债券罪是制作虚假的招股说明书、认股书或公司债券募集办法等。

3. 擅自发行股票、公司、企业债券罪的犯罪对象是股票、公司、企业债券；欺诈发行股票债券罪的对象是招股说明书、认股书和公告的公司债券募集办法等。

4. 擅自发行股票、公司、企业债券罪欺诈的对象是国家证券发行管理机关和社会公众；欺诈发行股票债券罪欺诈的是认购股票、公司、企业债券的社会公众或国家授权投资的机构。

（三）立案标准

未经国家有关主管部门批准或者注册，擅自发行股票或者公司、企业债券，涉嫌下列情形之一的，应予立案追诉：

1. 非法募集资金金额在一百万元以上的；

2. 造成投资者直接经济损失数额累计在五十万元以上的；

3. 募集的资金全部或者主要用于违法犯罪活动的；

4. 其他后果严重或者有其他严重情节的情形。

本条规定的“擅自发行股票或者公司、企业债券”，是指向社会不特定对象发行、以转让股权等方式变相发行股票或者公司、企业债券，或者向特定对象发行、变相发行股票或者公司、企业债券累计超过二百人的行为。

（四）犯罪处罚

自然人犯本罪，数额巨大、后果严重或者有其他严重情节的，处五年以下有期徒刑或者拘役，并处或者单处非法募集资金金额百分之一以上百分之五以下罚金。

单位犯本罪的，对单位判处罚金，并对其直接负责的主管人员和其他直接责任人员，处五年以下有期徒刑或者拘役。

十六、内幕交易、泄露内幕信息罪

内幕交易、泄露内幕信息罪是指证券、期货交易内幕信息的知情人员或者非法获取证券、期货交易内幕信息的人员，在涉及证券的发行，证券、期货交易或者其他对证券、期货交易价格有重大影响的信息尚未公开前，买入或者卖出该证券，或者从事与该内幕信息有关的期货交易，或者泄露该信息，或者明示、暗示他人从事上述交易活动，情节严重的行为。

（一）犯罪构成

1. 犯罪主体

犯罪主体为特定主体，为知悉内幕信息的人，即内幕人员。“内幕人员”是指证券、期货交易内幕信息的知情人员或者非法获取证券、期货交易内幕信息的人员。证券交易内幕信息的知情人包括：发行人及其董事、监事、高级管理人员；持有公司百分之五以上股份的股东及其董事、监事、高级管理人员，公司的实际控制人及其董事、监事、高级管理人员；发行人控股或者实际控制的公司及其董事、监事、高级管理人员；由于所任公司职务或者因与公司业务往来可以获取公司有关内幕信息的人员；上市公司收购人或者重大资产交易方及其控股股东、实际控制人、董事、监事和高级管理人员；因职务、工作可以获取内幕信息的证券交易场所、证券公司、证券登记结算机构、证券服务机构的有关人员；因职责、工作可以获取内幕信息的证券监督管理机构工作人员；因法定职责对证券的发行、交易或者对上市公司及其收购、重大资产交易进行管理可以获取内幕信息的有关主管部门、监管机构的工作人员；国务院证券监督管理机构规定的可以获取内幕信息的其他人员。

2. 犯罪客体

犯罪侵犯的是国家对证券、期货交易管理秩序，以及证券、期货投资人的合法利益。证券、期货市场公正而高效是证券、期货市场健康发展的前提。为了保证公正高效建立了必要的证券、期货信息保密制度，作为证券、期货管理制度的重要内容之一。在重要情报公之于众之前，掌握内幕信息的人员不得利用它为自己和其他个人牟利或者避免损失。内幕信息交易违反了证券、期货市场的公开、公平和公正原则，违反了国家法律、法规。由于内幕交易的存在，各投资者获得信息的渠道不公平，投资不公平，使得非内幕交易投资者处于不利地位，损害了证券、期货投资者的利益。

内幕交易、泄露内幕信息罪的犯罪对象是有关证券、期货发行、交易的内幕信息。根据证券法的规定，内幕信息是指证券交易活动中，涉及公司的经营、财务或者对公司证券的市场价格有重大影响的尚未公开的信息。内幕消息具有重要性和未公开性的特征，不包括运用公开的信息和资料，对证券市场的预测和分析。内幕信息一般都被列入“机密”范围，一旦公开就可能影响证券市场相关股票、债券的价格。

3. 主观方面

主观方面只能是故意。行为人明知自己或他人的内幕交易行为会侵犯其他投资者的合法权益，扰乱证券、期货市场管理秩序，却希望或放任这种结果发生。过失不构成本罪。过失表现为主观上没有恶意，不是以非法牟利或非法避免损失为目的，而是因疏忽大意没有尽到应尽的注意义务。

4. 客观方面

客观上表现为行为人违反有关法规，在涉及证券发行，证券、期货交易或者其他对证券、期货交易价格有重大影响的信息正式公开前，利用自己所知的内幕信息进行证券、期货买卖，或者泄露内幕信息，或者明示、暗示他人利用该内幕信息进行证券、期货买卖，情节严重的行为。表现为以下几个方面：

（1）行为人利用内幕信息，直接参与证券买卖、期货交易。行为人在涉及证券发行，证券、期货交易或者其他对证券、期货交易价格有重大影响的信息正式公开以前，利用所处的特殊位置而获悉内幕信息，掌握有利时机，进行证券、期货的买入或卖出，从中获利或减少损失。

(2) 行为人故意泄露内幕信息。行为人在涉及证券发行，证券、期货交易或者其他对证券、期货交易价格有重大影响的信息正式公开前，将所知悉的内幕信息故意泄露，透露、提供给与公司没有关系的第三人，从而将处于保密状态的信息公开化，使之进入公开领域。具体有两种形式，即将信息告知不应或无权知道该信息的人，扩大了信息公布范围；在保密期届满前解密，也就是超前公布信息。

(3) 行为人明示、暗示他人从事内幕信息所涉及的证券买卖和有关的期货交易。体现为以下行为：内幕人员利用内幕信息买卖证券、期货或者根据内幕信息建议他人买卖证券、期货；内幕人员向他人泄露内幕信息，使他人利用该信息进行内幕交易；非内幕人员通过不正当的手段或者其他途径获得内幕信息，并根据该信息买卖证券、期货或者建议他人买卖证券、期货；其他内幕交易行为。

（二）犯罪认定

1. 内幕交易、泄露内幕信息罪与侵犯商业秘密罪的区别

内幕交易、泄露内幕信息罪的犯罪对象都具有秘密性，在客观方面都包括泄露或提前公开不该公开的内容等。两者的区别在于：

(1) 内幕交易、泄露内幕信息罪的对象是内幕信息，必然会影响证券、期货交易市场价格。侵犯商业秘密罪侵犯的是商业秘密，是指不为公众知悉、具有商业价值并经权利人采取保密措施的技术信息与经营信息等商业信息。

(2) 内幕交易、泄露内幕信息罪包括不公开内幕信息而本人直接加以利用，或者将内幕信息公开建议别人利用从而间接参与两种情形。侵犯商业秘密罪包括：以盗窃、利诱、胁迫或者其他不当手段获取商业秘密；披露、使用或者允许他人使用前项手段获取商业秘密；违反约定或者违反有关保守秘密的要求，披露、使用或者允许他人使用所掌握的商业秘密。

如果行为人侵害的同时属于内幕信息和商业秘密，同时触犯两个独

立罪名，应以重罪论处。

2. 内幕交易、泄露内幕信息罪与泄露国家秘密罪的区别

两罪的主体均可以是国家工作人员，泄露的内容均可以是国家的经济秘密和影响证券发行、期货交易及其相关的国家外交、财政、立法等秘密。两罪的区别在于：

（1）内幕交易、泄露内幕信息罪只能是故意，且具有谋取非法利益或避免损失的犯罪目的。泄露国家秘密罪可以是故意，也可以是过失。

（2）内幕交易、泄露内幕信息罪的对象是内幕信息，具体范围由法律和行政法规来确定，并非都属于国家秘密。泄露国家秘密罪侵犯的是国家秘密，包括国防、外交、立法、司法、财政、经济、科技等方面不应公开的事项，也包括一切未经决定或虽经决定而尚未公开的国家事项，以及有关国家机密的文件、电报、函件、资料、统计、机构、编制、仓库等。

（3）内幕交易、泄露内幕信息罪是违反有关证券、期货法规，行为人利用内幕信息进行证券、期货交易或泄露内幕信息。泄露国家秘密罪指行为人违反国家秘密法规，故意或过失泄露国家秘密的行为。

（三）立案标准

证券、期货交易内幕信息的知情人员、单位或者非法获取证券、期货交易内幕信息的人员、单位，在涉及证券的发行，证券、期货交易或者其他对证券、期货交易价格有重大影响的信息尚未公开前，买入或者卖出该证券，或者从事与该内幕信息有关的期货交易，或者泄露该信息，或者明示、暗示他人从事上述交易活动，涉嫌下列情形之一的，应予立案追诉：

1. 获利或者避免损失数额在五十万元以上的；

2. 证券交易成交额在二百万元以上的；

3. 期货交易占用保证金数额在一百万元以上的；

4. 二年内三次以上实施内幕交易、泄露内幕信息行为的；

5. 明示、暗示三人以上从事与内幕信息相关的证券、期货交易活

动的；

6. 具有其他严重情节的。

内幕交易获利或者避免损失数额在二十五万元以上，或者证券交易成交额在一百万元以上，或者期货交易占用保证金数额在五十万元以上，同时涉嫌下列情形之一的，应予立案追诉：

1. 证券法规定的证券交易内幕信息的知情人实施或者与他人共同实施内幕交易行为的；

2. 以出售或者变相出售内幕信息等方式，明示、暗示他人从事与该内幕信息相关的交易活动的；

3. 因证券、期货犯罪行为受过刑事追究的；

4. 二年内因证券、期货违法行为受过行政处罚的；

5. 造成其他严重后果的。

(四) 犯罪处罚

自然人犯本罪，情节严重的，处五年以下有期徒刑或者拘役，并处或者单处违法所得一倍以上五倍以下罚金；情节特别严重的，处五年以上十年以下有期徒刑，并处违法所得一倍以上五倍以下罚金。

单位犯本罪的，对单位判处罚金，并对其直接负责的主管人员和其他直接责任人员，处五年以下有期徒刑或者拘役。

十七、编造并传播证券、期货交易虚假信息罪

编造并传播证券、期货交易虚假信息罪是指编造并且传播影响证券、期货交易的虚假信息，扰乱证券、期货交易市场，造成严重后果的行为。

(一) 犯罪构成

1. 犯罪主体

犯罪主体是一般主体，包括单位、个人。

2. 犯罪客体

犯罪侵害国家有关证券、期货交易的管理制度，扰乱证券、期货交

易市场秩序，会由此对投资者造成重大经济损害。

3. 主观方面

主观方面是故意，明知编造并传播虚假信息会影响证券、期货交易价格，扰乱证券、期货交易市场秩序，仍然决意编造并传播。过失不能构成本罪。其动机一般是为自己或关系人谋取不正当利益或转嫁风险，但也不排除故意制造混乱、影响证券、期货市场价格波动等动机。

4. 客观方面

客观方面表现为编造并且传播对证券、期货交易有影响的虚假信息，扰乱证券、期货交易市场秩序，造成严重后果。行为人须同时有两种行为：一是编造，二是传播。“编造”是指无中生有地捏造、胡编乱造，产生与事实不相符、不真实、不全面的虚假消息。“传播”是指通过各种途径宣传、散布或误导。可以是口头的传播，或者是书面传播，或者利用录音、录像、计算机等现代化科学技术手段传播。可以当面传播，可以向个人传播，或者向不特定的公众传播，从而将消息扩散、公开。如果将道听途说的消息散布给他人，不应以本罪论处。如果明知是编造的虚假信息，仍然根据别人的要求传播，应当以本罪论处。如果不知是编造的，不宜认定为本罪。

对证券、期货交易有影响的虚假信息主要是指对上市公司股票交易价格、期货合约价格产生较大影响的虚假信息，如涉及增资计划、重大投资、资产重大损失、经营环境重大变化、分配股利、减资、合并、分立、破产、解散等消息。如果编造并传播的信息与证券、期货交易无关，不会对其产生影响，不能以本罪论处。

编造并传播影响证券、期货交易虚假信息的行为扰乱了证券、期货交易市场秩序，造成严重的危害后果。如果没有扰乱证券、期货交易市场秩序，未造成实际危害后果或虽然扰乱证券、期货交易市场秩序，但是没有造成严重的实际危害后果，也不能构成本罪。这里的严重后果主要指因证券、期货价格强烈波动；引起投资者恐慌，大量抛售或购买证券、期货合约；给投资者造成重大经济损失；造成恶劣的社会影响；等等。

（二）犯罪认定

编造并传播证券、期货交易虚假信息罪与预测错误的区别。证券、期货市场的预测是指根据有关资料，依证券、期货市场变化规律，结合有关因素，经过综合分析，据此判断证券、期货市场尤其是证券、期货市场的价格变化趋势。这是法律允许的，对于证券、期货投资者也是有用的。但是，预测毕竟是对未知的分析推断，受到很多因素制约，结果很可能与实际不符，存在偏差，甚至可能完全相反，出现预测错误。如果将预测错误的信息发布，也可能对证券、期货市场产生消极、不利影响，甚至引起很大的负面影响，造成投资失误和投资损失。预测错误很可能是由于突发事件或能力水平、限制等因素所造成。

错误预测与编造并传播证券、期货交易虚假信息罪有本质区别：

1. 预测是出于善意，即便是错误预测也是善意的，其目的和动机是正当的，不是为了欺骗投资者。编造并传播证券、期货交易虚假信息罪是恶意的。

2. 考察预测是有合理根据的，是依据有关事实来推断，而编造虚假信息是凭空捏造、无中生有，没有任何事实依据。

3. 预测人一般都有专门的资格，可以从其素质、职业、经历等来判断，编造和传播虚假信息的一般无专门资格。但是有专门资格的人也可能编造和传播虚假信息，对这种情况须经过专门调查才能确认。

（三）立案标准

编造并且传播影响证券、期货交易的虚假信息，扰乱证券、期货交易市场，涉嫌下列情形之一的，应予立案追诉：

1. 获利或者避免损失数额在五万元以上的；

2. 造成投资者直接经济损失数额在五十万元以上的；

3. 虽未达到上述数额标准，但多次编造并且传播影响证券、期货交易的虚假信息的；

4. 致使交易价格或者交易量异常波动的；

5. 造成其他严重后果的。

（四）犯罪处罚

自然人犯本罪，造成严重后果的，处五年以下有期徒刑或者拘役，并处或者单处一万元以上十万元以下罚金。

单位犯本罪的，对单位判处罚金，并对其直接负责的主管人员和其他直接责任人员，处五年以下有期徒刑或者拘役。

十八、操纵证券、期货市场罪

操纵证券、期货市场罪是指操纵证券、期货市场，影响证券、期货交易价格或者证券、期货交易量，情节严重的行为。

（一）犯罪构成

1. 犯罪主体

犯罪主体为一般主体，包括单位和个人。凡达到刑事责任年龄并且具有刑事责任能力的自然人均可成为操纵证券、期货市场罪主体。

2. 犯罪客体

犯罪侵犯了国家证券、期货管理制度，侵犯了投资者的合法权益。证券、期货交易操作制度是国家证券、期货管理制度的一部分，是为了保证有一个良好的投资秩序，为投资者提供公平、诚实信用的投资场所，是为了避免证券、期货市场中敏感价格受操纵和控制，使其准确地反映价值规律，反映投资市场供求关系。操纵证券交易价格的行为会在市场上造成虚假的供求关系，从而破坏证券、期货管理制度，侵犯投资者合法权益。

犯罪的对象是证券、期货，包括公司、企业债券、上市公司的股票、各种期货合约以及公司新股认购证等。

3. 主观方面

主观上只能是故意，且以获取不正当利益或转嫁风险为目的。如果工作人员因玩忽职守，使有关信息严重失实而引起市场混乱，是过失行为，不以操纵证券、期货市场罪论处。

4. 客观方面

客观方面表现为操纵证券、期货市场，影响证券、期货交易价格或者证券、期货交易量，情节严重。包括以下情形：

(1) 单独或者合谋，集中资金优势、持股或持仓优势或者利用信息优势联合或者连续买卖的；

(2) 与他人串通，以事先约定的时间、价格和方式相互进行证券、期货交易的；

(3) 在自己实际控制的账户之间进行证券交易，或者以自己为交易对象，自买自卖期货合约的；

(4) 不以成交为目的，频繁或者大量申报买入、卖出证券、期货合约并撤销申报的；

(5) 利用虚假或者不确定的重大信息，诱导投资者进行证券、期货交易的；

(6) 对证券、证券发行人期货交易标的公开作出评价、预测或者投资建议，同时进行反向证券交易或者相关期货交易的；

(7) 以其他方法操纵证券、期货市场的。

(二) 犯罪认定

1. 操纵证券、期货市场罪与诱骗投资者买卖证券、期货合约罪的区别

两罪都包含证券投资者在不真实情况的诱导下可能或实际作出不符合本人意愿的证券、期货交易。两罪的区别在于：

(1) 操纵证券、期货市场罪的主体属于一般主体。骗投资者买卖证券、期货合约罪的主体为特殊主体，即证券交易所、期货交易所、证券公司、期货经纪公司的从业人员和证券业协会、期货业协会或者证券期货监督管理部门的工作人员。

(2) 操纵证券、期货市场罪是行为人通过操纵市场来影响证券、期货交易价格，制造虚假证券、期货行情，诱使其他投资者参与证券、期货交易，从中谋利。诱骗投资者买卖证券、期货合约罪是通过提供虚假

信息、伪造、变造或者销毁交易记录，诱骗投资者买卖证券、期货合约。两罪的诱因不同，操纵证券、期货市场罪的诱因是不正常的证券、期货行情，诱骗投资者买卖证券、期货合约罪的诱因是虚假信息或不真实的交易记录。

2. 操纵证券、期货市场罪与编造并传播证券、期货交易虚假信息罪的区别

（1）操纵证券、期货市场罪是通过操纵市场来制造证券、期货行情的虚假情形，以吸引其他投资者参与证券、期货交易，从中谋利。编造并传播证券、期货交易虚假信息罪是通过编造和传播虚假信息来影响证券、期货交易，扰乱证券、期货市场。

（2）操纵证券、期货市场罪是有意图影响证券、期货价格以获取不正当利益或转嫁风险，减免损失。编造并传播证券、期货交易虚假信息罪不要求主观上具有谋取不正当利益的目的。

（3）操纵证券、期货市场罪要求操纵行为达到情节严重程度才能构成犯罪，编造并传播证券、期货交易虚假信息罪要求编造并传播虚假信息的行为产生严重后果才能构成犯罪。

实践中，如果行为人以编造散布谣言、传播虚假信息等手段来实施操纵市场，同时触犯两罪名的，应择一重罪处罚。

（三）立案标准

操纵证券、期货市场，影响证券、期货交易价格或者证券、期货交易量，涉嫌下列情形之一的，应予立案追诉：

1. 持有或者实际控制证券的流通股份数量达到该证券的实际流通股份总量百分之十以上，实施刑法第一百八十二条第一款第一项操纵证券市场行为，连续十个交易日的累计成交量达到同期该证券总成交量百分之二十以上的；

2. 实施刑法第一百八十二条第一款第二项、第三项操纵证券市场行为，连续十个交易日的累计成交量达到同期该证券总成交量百分之二十以上的；

3. 利用虚假或者不确定的重大信息，诱导投资者进行证券交易，行为人进行相关证券交易的成交额在一千万元以上的；

4. 对证券、证券发行人公开作出评价、预测或者投资建议，同时进行反向证券交易，证券交易成交额在一千万元以上的；

5. 通过策划、实施资产收购或者重组、投资新业务、股权转让、上市公司收购等虚假重大事项，误导投资者作出投资决策，并进行相关交易或者谋取相关利益，证券交易成交额在一千万元以上的；

6. 通过控制发行人、上市公司信息的生成或者控制信息披露的内容、时点、节奏，误导投资者作出投资决策，并进行相关交易或者谋取相关利益，证券交易成交额在一千万元以上的；

7. 实施刑法第一百八十二条第一款第一项操纵期货市场行为，实际控制的账户合并持仓连续十个交易日的最高值超过期货交易所限仓标准的二倍，累计成交量达到同期该期货合约总成交量百分之二十以上，且期货交易占用保证金数额在五百万元以上的；

8. 通过囤积现货，影响特定期货品种市场行情，并进行相关期货交易，实际控制的账户合并持仓连续十个交易日的最高值超过期货交易所限仓标准的二倍，累计成交量达到同期该期货合约总成交量百分之二十以上，且期货交易占用保证金数额在五百万元以上的；

9. 实施刑法第一百八十二条第一款第二项、第三项操纵期货市场行为，实际控制的账户连续十个交易日的累计成交量达到同期该期货合约总成交量百分之二十以上，且期货交易占用保证金数额在五百万元以上的；

10. 利用虚假或者不确定的重大信息，诱导投资者进行期货交易，行为人进行相关期货交易，实际控制的账户连续十个交易日的累计成交量达到同期该期货合约总成交量百分之二十以上，且期货交易占用保证金数额在五百万元以上的；

11. 对期货交易标的公开作出评价、预测或者投资建议，同时进行相关期货交易，实际控制的账户连续十个交易日的累计成交量达到同期该期货合约总成交量的百分之二十以上，且期货交易占用保证金数额在五百万元以上的；

12. 不以成交为目的，频繁或者大量申报买入、卖出证券、期货合约并撤销申报，当日累计撤回申报量达到同期该证券、期货合约总申报量百分之五十以上，且证券撤回申报额在一千万元以上、撤回申报的期货合约占用保证金数额在五百万元以上的；

13. 实施操纵证券、期货市场行为，获利或者避免损失数额在一百万元以上的。

操纵证券、期货市场，影响证券、期货交易价格或者证券、期货交易量，获利或者避免损失数额在五十万元以上，同时涉嫌下列情形之一的，应予立案追诉：

1. 发行人、上市公司及其董事、监事、高级管理人员、控股股东或者实际控制人实施操纵证券、期货市场行为的；

2. 收购人、重大资产重组的交易对方及其董事、监事、高级管理人员、控股股东或者实际控制人实施操纵证券、期货市场行为的；

3. 行为人明知操纵证券、期货市场行为被有关部门调查，仍继续实施的；

4. 因操纵证券、期货市场行为受过刑事追究的；

5. 二年内因操纵证券、期货市场行为受过行政处罚的；

6. 在市场出现重大异常波动等特定时段操纵证券、期货市场的；

7. 造成其他严重后果的。

对于在全国中小企业股份转让系统中实施操纵证券市场行为，社会危害性大，严重破坏公平公正的市场秩序的，比照本条的规定执行，但本条第一款第一项和第二项除外。

（四）犯罪处罚

自然人犯本罪，情节严重的，处五年以下有期徒刑或者拘役，并处或者单处罚金；情节特别严重的，处五年以上十年以下有期徒刑，并处罚金。

单位犯本罪的，对单位判处罚金，并对其直接负责的主管人员和其

他直接责任人员，依照上述的规定处罚。

十九、骗购外汇罪

骗购外汇罪是指违反国家外汇管理法规，使用伪造、变造的海关签发的报关单、进口证明、外汇管理部门核准件等凭证和单据，或者重复使用海关签发的报关单、进口证明、外汇管理部门核准件等凭证和单据，或者以其他方式骗购外汇，数额较大的行为。

（一）犯罪构成

1. 犯罪主体

犯罪主体为一般主体，自然人和单位均可构成。实践中单位主体多为拥有进出口经营权的外贸公司、企业或者其他单位。无进出口经营权的公司、企业可能假称具有进出口经营权或与有进出口经营权的单位共谋骗购外汇。

2. 犯罪客体

犯罪侵犯的是国家外汇管理制度。我国实行的外汇管理制度，有利于国家外汇资金集中使用，保护贸易发展，防止资本逃避，维持国际收支平衡，增强本币信誉，提升国家经济地位；稳定国内物价，促进经济平衡、协调发展。骗购外汇容易造成本外币兑换盲目与失控，造成外汇流失，影响国际收支，扭曲货币信息，影响国家金融、经济稳定。

犯罪的对象是外汇。外汇是指以外国货币表示的用于国际收付、国际结算的支付手段。

3. 主观方面

在主观方面表现为故意。行为人明知以虚假、无效的凭证、合同、单据骗购外汇会破坏外汇管理制度且追求其发生。过失不构成骗购外汇罪。实践中多出于牟利动机。

4. 客观方面

在客观方面表现为违反国家外汇管理规定，骗购外汇、数额较大。

（1）违反国家外汇管理规定，即违反我国实行的结售汇管理制度。根据外汇管理行政法律法规规定，售汇一般包括贸易及非贸易经营性支付的售汇、非贸易非经营性质的售汇、个人非贸易非经营性支付的售汇、驻华机构及来华人员的售汇以及资本项目的售汇。售汇行为的对向性行为即购汇行为。对正当购汇行为，外汇管理行政法律法规作出了明确规定，一是对购汇场所的限定。外商投资企业可以在外汇指定银行办理结汇和售汇，也可在外汇调剂中心买卖外汇，而境内机构、居民个人、驻华机构及来华人员只能在外汇指定银行办理结汇和售汇。二是对购汇单证的限定。外汇管理部门依购汇主体不同、资本项目与经常项目不同、进出口项下贸易结算方式不同，规定了必须具有的商业单据和有效凭证。三是购汇手续的限定。各用汇单位凭《非贸易外汇支出申请书》和人民币支票在核准限额下到外汇指定银行购汇；外汇指定银行根据申请书经核对开户证件和填写金额无误后售汇，同时削减用汇单位账户内购汇人民币限额；用汇单位不得超过限额购汇，外汇指定银行不得超过限额售汇。

（2）骗购外汇。即指以虚假或无效的凭证、合同、单据等欺骗外汇指定银行购买外汇。外汇指定银行是指经国家外汇管理机关批准经营结汇和售汇业务的银行。有以下方式：使用伪造、变造的海关签发的报关单、进口证明、外汇管理部门核准件等凭证和单据，骗购外汇；重复使用海关签发的报关单、进口证明、外汇管理部门核准件等凭证和单据，骗购外汇；以其他方式骗购外汇。

（3）违反国家外汇管理规定，骗购外汇、数额较大。

（二）立案标准

骗购外汇，数额在五十万美元以上的，应予立案追诉。

（三）犯罪处罚

自然人骗购外汇，数额较大的，处五年以下有期徒刑或者拘役，并处骗购外汇数额百分之五以上百分之三十以下罚金；数额巨大或者具有其他严重情节的，处五年以上十年以下有期徒刑，并处骗购外汇数额百分之五以上百分之三十以下的罚金；数额特别巨大或者有其他特别严重情节的，处十年以上有期徒刑或者无期徒刑，并处骗购外汇数额百分之五以上百分之三十以下罚金或者没收财产。

自然人伪造、变造海关签发的报关单、进口证明、外汇管理部门核准件等凭证和单据，并用于骗购外汇，按前述规定从重处罚。明知用于骗购外汇而提供人民币资金的，以共犯论处。

单位犯本罪，对单位判处罚金，并对直接负责任的主管人员和其他直接责任人进行如下处罚：数额较大的，处五年以下有期徒刑或者拘役；数额巨大或者有其他严重情节的，处五年以上十年以下有期徒刑；数额特别巨大或者有其他特别严重情节的，处十年以上有期徒刑或者无期徒刑。

二十、逃汇罪

逃汇罪是指公司、企业或者其他单位，违反国家规定，擅自将外汇存放境外，或者将境内的外汇非法转移到境外，数额较大的行为。

（一）犯罪构成

1. 犯罪主体

犯罪主体是特殊主体，只有公司、企业或其他单位才能构成本罪。

2. 犯罪客体

犯罪侵害的是国家的外汇管理制度。根据《中华人民共和国外汇管理条例》规定，外汇是指下列以外币表示的可以用作国际清偿的支付手段和资产：（1）外国货币，包括纸币、铸币；（2）外币支付凭证，包括票据、银行存款凭证、邮政储蓄凭证等；（3）外币有价证券，包括政府债券、公司债券、股票等；（4）特别提款权、欧洲货币单位；（5）其他外汇资产。

我国外汇管理制度主要包括经常项目和资本项目管理。经常项目是指国际收支中经常发生的交易项目，包括贸易收支、劳务收支、单方面转移等。境内机构的经常项目外汇收入必须调回境内，不得违反国家有关规定将外汇擅自存放在境外。资本项目是指国际收支中因资本输出和输入而产生的资产与负债的增减项目，包括直接投资、各类贷款、证券投资等。境内机构的资本项目外汇收入，除国务院另有规定外，应当调回境内。

3. 主观方面

主观方面表现为故意。过失不构成本罪。行为人认识到自己的行为是在逃汇，却依然实施该行为。当然，并不是了解关于逃汇的具体法规，只要知道其行为违法即可。

4. 客观方面

客观方面表现为违反国家规定擅自将外汇存放境外，或者将境内的外汇非法转移至境外，数额较大。

逃汇即指国家机关、企事业单位、团体或者个人，违反国家外汇管理规定，将应售给国家的外汇私自转移、转让、买卖、存放境外，以及将外汇私自携带、托带或者邮寄出境等。逃汇行为主要有：违反国家规定擅自将外汇存放在境外的；不按照国家规定将外汇卖给指定银行的；违反国家规定汇出外汇或者携带出境的，如以投资的名义将外汇转移至国外的；未经外汇管理机关批准，擅自将外币存款凭证、外币有价证券携带或者邮寄出境的；其他逃汇的行为。本罪只列举了两种表现方式，即擅自将外汇存放境外和把境内的外汇非法转移到境外。

另外，逃汇行为必须达到“数额较大”。根据规定，单笔数额在二百万美元以上或者累计数额在五百万美元以上的，即应立案追诉。

（二）犯罪认定

逃汇罪与走私罪的区别在于：

1. 逃汇罪主体是特殊主体，限于公司、企业或者其他单位。走私罪的主体为一般主体，包括单位和个人。

2. 逃汇罪侵犯的是国家外汇管理制度，与进出口贸易及关税无关；走私罪侵犯的是对外贸易管制，管制是通过对进出口货物的监督、管理与控制，防止偷逃关税及阻止或限制不该进出口的物资进出口。

3. 逃汇罪的对象限于外汇；走私罪的对象很广泛，包括外汇在内的一切禁止或限制进出境的货物与物品或者应当缴纳关税的货物及物品。

4. 逃汇罪表现为逃汇行为。即将境外取得的外汇应当调回境内而不调回，或把境内的外汇私自转移到国外等；走私罪表现为行为人逃避海关监管，非法运输、携带、邮寄货物、物品进出国（边）境的行为。

（三）立案标准

公司、企业或者其他单位，违反国家规定，擅自将外汇存放境外，或者将境内的外汇非法转移到境外，单笔在二百万美元以上或者累计数额在五百万美元以上的，应予立案追诉。

（四）犯罪处罚

犯本罪，数额较大的，对单位判处逃汇数额百分之五以上百分之三十以下罚金，并对其直接负责的主管人员和其他直接责任人员处五年以下有期徒刑或者拘役；数额巨大或者有其他严重情节的，对单位判处逃汇数额百分之五以上百分之三十以下罚金，并对其直接负责的主管人员和其他直接责任人员处五年以上有期徒刑。

二十一、洗钱罪

洗钱罪是指通过提供资金账户、将财产转换为现金、金融票据、有价证券、通过转账或者其他支付结算方式转移资金、跨境转移资产以及其他方法掩饰、隐瞒毒品犯罪、黑社会性质的组织犯罪、恐怖活动犯罪、走私犯罪、贪污贿赂犯罪、破坏金融管理秩序犯罪、金融诈骗犯罪的所得及其产生的收益的来源和性质的行为。

（一）犯罪构成

1. 犯罪主体

犯罪主体为一般主体，达到刑事责任年龄且具有刑事责任能力的自然人、单位都能成为本罪主体。

2. 犯罪客体

犯罪侵犯的是国家金融管理制度和司法机关的正常活动。犯罪分子为掩盖、掩饰、隐瞒犯罪的违法所得及收益的性质和来源，通过金融活动将赃款由“黑钱变白”。也就是说，犯罪分子将犯罪所得的赃款，通过另一种犯罪行为使其合法化。这是犯罪过程中重要的一环，对经济、金融乃至政治秩序和社会稳定等方面具有相当严重的危害。

3. 主观方面

主观方面表现为故意。行为人明知是毒品犯罪、黑社会性质的组织犯罪、走私犯罪的违法所得及其收益而掩饰、隐瞒该财物的非法性质和来源。如果行为人确实不知系犯罪的违法所得及其收益，而误认为是合法来源的财物，那么不构成犯罪。

4. 客观方面

在客观方面表现为明知是毒品犯罪、黑社会性质的组织犯罪、走私犯罪的违法所得及其产生的收益，为了掩饰、隐瞒其来源和性质而实施洗钱行为。具体说，有以下表现形式：

（1）提供资金账户。赃款持有人开立银行账户，然后将该赃款汇出境外或开出票据以供使用。往往采取掩盖赃款持有人的真实身份的方式为其在金融机构开立合法账户或开立假账户。结果使赃款与赃款持有人形式上分离，司法机关难以追查赃款去向。

（2）将财产转换为现金、金融票据、有价证券。毒品犯罪、黑社会性质的组织犯罪、走私犯罪往往拥有大量不便携带、难以转移的财产，如股票、债券、贵重金属、名人字画乃至汽车、船舶及相关不动产。行为人明知该财产是上述犯罪所得，采取质押、抵押、买卖的方式同财产持有人交易，将财产换为现金或金融票据，即可构成本罪。

（3）通过转账或者其他支付结算方式转移资金，即将非法资金混于合法现金中，凭借银行支票或其他方法使资金以合法的形式出现，以便开办公司、企业。

（4）跨境转移资产，即将国内的赃款迅速转移至境外的一些“保密银行”。公民、企业只要其为赃款调往境外提供帮助，即可构成本罪。

（5）以其他方法掩饰、隐瞒犯罪违法所得及其收益的来源和性质。如将犯罪收入藏匿于交通工具中带出国境，兑换成外币或购买财产，或以国外亲属名义存入国外银行；开设超市、饭店、旅馆、酒吧、夜总会、舞厅等服务行业等，把非法收入混入合法收入之中；现金购买不动产再变卖出去；等等。

（二）犯罪认定

洗钱罪与掩饰、隐瞒犯罪所得、犯罪所得收益罪的行为人都明知是犯罪分子的违法所得及其所产生的收益，仍给予犯罪分子帮助。两者的区别在于：

1. 洗钱罪侵犯的是金融管理秩序，是破坏社会主义市场经济秩序。掩饰、隐瞒犯罪所得、犯罪所得收益罪侵犯的是社会管理秩序，是妨害司法。

2. 洗钱罪的对象特指毒品犯罪、黑社会性质的组织犯罪、恐怖活动犯罪、走私犯罪、破坏金融管理秩序犯罪、金融诈骗犯罪的违法所得及其产生的收益，掩饰、隐瞒犯罪所得、犯罪所得收益罪的对象泛指一切犯罪的所得赃物。

3. 洗钱罪是指通过某类中介机构来隐瞒和掩饰违法所得及其收益的性质和来源，掩饰、隐瞒犯罪所得、犯罪所得收益罪包括窝藏、转移、收购或代为销售赃物四种行为。

（三）立案标准

为掩饰、隐瞒毒品犯罪、黑社会性质的组织犯罪、恐怖活动犯罪、走私犯罪、贪污贿赂犯罪、破坏金融管理秩序犯罪、金融诈骗犯罪的所得及其产生的收益的来源和性质，涉嫌下列情形之一的，应予立案追诉：

1. 提供资金账户的；

2. 将财产转换为现金、金融票据、有价证券的；

3. 通过转账或者其他支付结算方式转移资金的；

4. 跨境转移资产的；

5. 以其他方法掩饰、隐瞒犯罪所得及其收益的来源和性质的。

（四）犯罪处罚

自然人犯本罪的，没收实施毒品犯罪、黑社会性质的组织犯罪、恐怖活动犯罪、走私犯罪、贪污贿赂犯罪、破坏金融管理秩序犯罪、金融诈骗犯罪的所得及其产生的收益，处五年以下有期徒刑或者拘役，并处或者单处罚金；情节严重的，处五年以上十年以下有期徒刑，并处罚金。

单位犯本罪的，对单位判处罚金，并对其直接负责的主管人员和其他直接责任人员，依照上述的规定处罚。

二十二、集资诈骗罪

集资诈骗罪是指以非法占有为目的，使用诈骗方法非法集资、数额较大的行为。

（一）犯罪构成

1. 犯罪主体

犯罪主体是一般主体，包括单位和个人。达到刑事责任年龄、具有刑事责任能力的自然人均可构成本罪。

2. 犯罪客体

犯罪侵犯了国家金融管理制度和公私财产所有权。集资诈骗行为采取欺骗手段蒙骗社会公众，造成投资者经济损失，干扰金融机构储蓄、贷款等业务正常进行，破坏国家的金融管理秩序。使得投资者对集资活动甚至对金融机构集资产生不信任感，影响了现代经济的发展。

3. 主观方面

主观上表现为故意，且以非法占有为目的。行为人具有将非法聚集的资金据为己有的目的。包括将非法募集的资金置于个人控制之下和将非法募集的资金置于本单位的控制之下。

4. 客观方面

在客观方面表现为行为人必须实施使用诈骗方法非法集资，数额较大的行为，表现为以下方面：

（1）实施了非法集资行为。集资是指自然人或者法人为实现某种目的而募集资金或集中资金。依法集资主要是指公司、企业或者其他个人、团体依法律规定的条件和程序通过向社会、公众发行有价证券或利用融资租赁、联营、合资、企业集资等方式在资金市场上筹集资金。如股份有限公司、有限责任公司为设立或者生产、经营所需要发行股票和债券。从资金市场的情况看，从事集资活动的主要是公司、企业。非法集资是指公司、企业、个人或其他组织未经批准，违反法律法规，通过不正当渠道向社会公众或集体募集资金。非法集资往往表现为允诺到期支付比银行同期最高浮动利率高得多的回报率，集资人很可能集资后携款潜逃，或者不按约定用途使用，擅自挥霍、滥用，或者进行违法犯罪活动，致使集资款无法返还。

（2）通过使用诈骗方法实施集资行为。使用诈骗方法即指行为人以非法占有为目的，编造谎言，捏造或隐瞒事实真相，骗取他人的资金。其中的“诈骗方法”是指行为人采取虚构集资用途，以虚假的证明文件和高回报率为诱饵，骗取集资款的手段。犯罪分子往往利用公众缺乏投资常识、盲目投资的心理，钻市场经济活动复杂、法制不健全的漏洞。如谎称集资得到政府同意，并出具伪造批件，大肆登载虚假广告，以优厚红利为诱饵等。

（3）诈骗非法集资达到数额较大的程度。否则，不构成犯罪。

（二）犯罪认定

1. 如何认定诈骗非法集资中的“以非法占有为目的”

集资诈骗罪是以非法占有为目的。认定是否具有非法占有的目的，不能单纯根据损失结果，也不能仅凭被告人供述，应根据案件具体情况具体分析。使用诈骗方法非法集资，具有下列情形之一的，可以认定为“以非法占有为目的”：

（1）集资款不用于生产经营活动或者用于生产经营活动与筹集资金规模明显不成比例，致使集资款不能返还的；

（2）肆意挥霍集资款，致使集资款不能返还的；

（3）携带集资款逃匿的；

（4）将集资款用于违法犯罪活动的；

（5）抽逃、转移资金、隐匿财产，逃避返还资金的；

（6）隐匿、销毁账目，或者搞假破产、假倒闭，逃避返还资金的；

（7）拒不交代资金去向，逃避返还资金的；

（8）其他可以认定非法占有目的的情形。

2. 集资诈骗罪与诈骗罪的区别

集资诈骗罪是一种特殊的诈骗罪，有一般诈骗罪的共性，也具有其特殊性。区别是：

（1）集资诈骗罪的对象是不特定多数人的用以集资获利的资金，包括金钱与财物；对于具体的诈骗罪，其犯罪对象具有特定性，即针对某一特定的人或单位实施诈骗行为并获取钱财。

（2）诈骗罪客观表现为用虚构事实，或者隐瞒真相直接使被骗人交付财物，被骗人交付财物可能是为投资营利，也可能是购买某种物品或藏品。集资诈骗罪是以诈骗的方法骗取集资。

3. 集资诈骗罪与非法吸收公众存款罪的区别

（1）集资诈骗罪侵犯了国家的金融制度和秩序，侵犯了出资人的财产所有权；非法吸收公众存款罪侵犯的是国家金融管理秩序，是国家信贷管理制度。由于非法吸收公众存款的行为人经营不善造成亏损，无法兑现承诺，也会给投资人、存款人造成重大经济损失。

（2）集资诈骗罪具有非法占有集资款的目的，过失不构成犯罪。非法集资必须达到“数额较大”的程度才构成犯罪。非法吸收公众存款罪以非法牟利为目的，达到“扰乱金融秩序”的程度的，才构成犯罪，至于行为是否已获利，获利数额大小，甚至亏损，资不抵债，均不影响犯罪成立。

（3）集资诈骗罪是以集资之名行诈骗之实，是指行为人虚构集资用途，以虚假的证明文件和高回报率为诱饵，骗取集资款。非法吸收公众存款罪表现为非法吸收公众存款或变相吸收公众存款。非法吸收公众存款指完全仿造银行吸收存款的做法，以确定的存款期限、利率，面向社会公众吸收存款。变相吸收存款是指行为人为回避以“存款”的形式吸收公众资金，未经过中国人民银行或国务院批准，擅自开办“基金”或“基金会”等，再以此名义“合法”地吸收公众资金，还有的以吸收投资、扩大企业再生产为名，无固定利率，许以年底分红和高股息，吸收公众存款。

（三）立案标准

以非法占有为目的，使用诈骗方法非法集资，数额在十万元以上的，应予立案追诉。

（四）犯罪处罚

自然人犯集资诈骗罪，数额较大的，处三年以上七年以下有期徒刑，并处罚金；数额巨大或者有其他严重情节的，处七年以上有期徒刑或者无期徒刑，并处罚金或者没收财产。

单位犯本罪的，对单位判处罚金，并对其直接负责的主管人员和其他直接责任人员，依照上述的规定处罚。

二十三、票据诈骗罪

票据诈骗罪是指以非法占有为目的，利用金融票据进行诈骗活动，数额较大的行为。

（一）犯罪构成

1. 犯罪主体

犯罪主体是一般主体，包括单位和个人。凡是达到刑事责任年龄并具有刑事责任能力的自然人均可构成本罪主体。银行或者其他金融机构工作人员与犯罪分子串通，在实施票据诈骗的前后过程中，相互勾结、共同策划、商量对策、充当内应，为犯罪分子提供诈骗帮助的，以票据诈骗共犯论处。

2. 犯罪客体

犯罪侵犯了国家金融管理制度和他人的财物所有权。金融票据是可流通转让的信用支付工具，包括汇票、本票和支票等有价证券，具有有价性、物权性、无因性、要式性等特点。使用金融票据可以大大提高资金使用效益，加速资金周转，及时清结债权债务，规范商业信用，减少现金使用，节省流通费用。一些违法犯罪分子利用票据或使用伪造、变造的票据骗取他人财物，不仅侵犯他人财产权利，而且影响金融票据的信誉，妨害了金融票据正常流通和使用，破坏了国家对金融票据业务的管理制度。

3. 主观方面

主观上是故意，且以非法占有为目的。行为人由于过失使用金融票据，如不知金融票据系伪造、变造或作废的，或者误签空头支票，因过失而导致对票据事项记载错误等，不构成本罪。

4. 客观方面

票据诈骗罪在客观方面表现为利用金融票据进行诈骗活动，骗取财物数额较大。一般表现为以下方式：

（1）明知是伪造、变造的汇票、本票、支票而使用。行为人以伪造、变造的金融票据冒充真票据进而骗取他人财物。行为人在使用票据时明知是伪造、变造的，仍然使用。行为人在使用汇票、本票、支票时，确实不知道票据是伪造、变造的不构成此罪。

（2）明知是作废的汇票、本票、支票而使用。指利用已经作废的汇票、本票、支票进行诈骗。“作废”的票据是指根据法律和有关规定不能使用的票据，它包括过期的票据，无效的以及作废的票据。

（3）冒用他人的汇票、本票、支票。行为人擅自以合法持票人的名义，支配、使用、转让自己不具备支配权利的他人的汇票、本票、支票，进行诈骗。“冒用”是指行为人以欺诈、偷盗或者胁迫等非法手段获取票据，或者明知是非法手段取得的票据而用之进行诈骗活动；或者是没有代理权的以代理人名义或超越代理权限使用票据；或者是用他人委托代管的或捡拾他人遗失的票据以骗取财物。

(4) 签发空头支票或与其预留印鉴不符的支票以骗取财物。“空头支票”是指出票人签发的支票金额超过其付款时在付款人处实有的存款金额的支票。签发“与其预留印鉴不符的支票”是指票据签发人在其签发支票上加盖与其预留于银行或其他金融机构处印鉴不一致的财务公章或支票签发人的名章。“与其预留印鉴不符”可以是与所有预留印鉴不符，也可以是与其预留的某个印鉴不符。

(5) 汇票、本票的出票人签发无资金保证的汇票、本票或在出票时作虚假记载，骗取财物。出票人签发汇票、本票时必须有可靠的资金保证。“资金保证”是指票据的出票人在承兑票据时具有按票支付的能力，既有可靠的资金来源，又具有支付能力。

(二) 犯罪认定

1. 票据诈骗罪与非罪的界限

在主观上是否明知所使用的汇票、本票、支票是伪造、变造或者作废的，是划分票据诈骗罪与非罪的重要标准。行为人使用伪造、变造或者作废的汇票、本票、支票，在主观上必须是“明知”，才能构成本罪。如果行为人在使用汇票、本票、支票时，在主观上确实不知该票据是伪造、变造或作废的，不构成票据诈骗罪。

在主观上是否以非法占有为目的是划分票据诈骗罪与非罪的另一重要标准。行为人冒用他人票据、签发空头支票或与其预留印鉴不符的支票、签发无资金保证的汇票、本票或在出票时作虚伪记载以及使用伪造、变造的其他银行结算凭证的，必须具有诈骗他人财物的故意和目的，才能构成犯罪。如果没有这一目的，不能构成票据诈骗罪。一般讲，具有以下情形不构成犯罪：不知是伪造、变造、作废的金融票据而使用的；将他人的金融票据误认为是自己的金融票据而使用的；不知存款已不足而误签空头支票或者误签与其预留印鉴不符的支票的；签发汇票、本票时因过失而作错误记载的；不知是伪造、变造的委托收款凭证、汇款凭证、银行存单而使用的；等等。

2. 票据诈骗罪与合同诈骗罪的区别

两罪同属诈骗类犯罪，主观上都要求行为人有非法占有的目的，客观上均要求以虚构事实或隐瞒真相的方法骗取财物。两者的区别是：

（1）票据诈骗罪是金融诈骗罪，侵犯的是票据管理秩序和公私财产所有权，合同诈骗罪属于扰乱市场秩序罪，侵犯的是合同管理制度、市场经济秩序和公私财产所有权。

（2）票据诈骗罪的核心是虚构票据事实或隐瞒票据真相，通过实施票据行为诈骗；合同诈骗罪表现为虚构合同事实或隐瞒合同真相，在签订、履行合同过程中欺骗对方当事人。

（三）立案标准

进行金融票据诈骗活动，数额在五万元以上的，应予立案追诉。

（四）犯罪处罚

自然人犯票据诈骗罪，数额较大的，处五年以下有期徒刑或者拘役，并处二万元以上二十万元以下罚金；数额巨大或者有其他严重情节的，处五年以上十年以下有期徒刑，并处五万元以上五十万元以下罚金；数额特别巨大或者有其他特别严重情节的，处十年以上有期徒刑或者无期徒刑，并处五万元以上五十万元以下罚金或者没收财产。

单位犯本罪的，对单位判处罚金，并对其直接负责的主管人员和其他直接责任人员，处五年以下有期徒刑或者拘役，可以并处罚金；数额巨大或者有其他严重情节的，处五年以上十年以下有期徒刑，并处罚金；数额特别巨大或者有其他特别严重情节的，处十年以上有期徒刑或者无期徒刑，并处罚金。

二十四、金融凭证诈骗罪

金融凭证诈骗罪是指使用伪造、变造的委托收款凭证、汇款凭证、银行存单等其他银行结算凭证，骗取他人财物，数额较大的行为。

（一）犯罪构成

1. 犯罪主体

犯罪主体为一般主体，包括单位和个人。银行或其他金融机构工作人员与犯罪分子串通，在实施金融凭证诈骗的前后过程中，暗中勾结、共同策划、商量对策，或者充当内应，为诈骗分子提供诈骗帮助的，以金融凭证诈骗共犯论处。

2. 犯罪客体

犯罪侵犯了国家有关金融凭证管理制度，损害了公私财产的所有权。犯罪对象为金融凭证，仅指委托收款凭证、汇款凭证及银行存单。

3. 主观方面

犯罪主观方面是出于故意，过失不能构成本罪。行为人明知所使用的是伪造、变造的金融凭证。如果不知是伪造、变造的金融凭证，不构成本罪。犯罪的目的，本罪要求出于非法占有之目的。否则，如无非法占有的目的，即使出于故意也不可能构成本罪。不过，行为人明知自己所使用的属于伪造、变造的金融凭证，仍决意使用，其非法占有的目的不言而喻。

4. 客观方面

客观方面表现为使用伪造、变造的委托收款凭证、汇款凭证、银行存单等其他银行结算凭证，进行诈骗活动，数额较大。行为人明知是经过伪造手段产生或变造手段加以改变的虚假金融凭证，而将伪造或变造的金融凭证谎称、冒充为真实的金融凭证，用之骗取他人财物。行为人仅仅伪造、变造金融凭证但没有使用的，只构成伪造、变造金融票证罪。如果既伪造、变造金融凭证，又用之骗取他人财物，应择一重罪定罪处罚。另外，金融凭证诈骗行为只有达到了数额较大的起点标准，才能构成犯罪。

（二）犯罪认定

金融凭证诈骗罪属于特殊的诈骗罪，与一般诈骗罪有区别。表现在：

1. 金融凭证诈骗罪的对象是指犯罪对象为金融凭证，仅指委托收款凭证、汇款凭证及银行存单；诈骗罪的对象包括货币和财物，对象范围比金融凭证诈骗罪广泛。

2. 金融凭证诈骗罪发生在金融领域流通过程中；诈骗罪发生在很多领域，包括金融领域在内。

3. 金融凭证诈骗罪侵犯的是国家有关金融凭证管理制度，损害了公私财产的所有权；诈骗罪侵犯的是公私财物所有权。

4. 金融凭证诈骗罪使用经过伪造手段产生或变造手段加以改变的虚假金融凭证；诈骗罪的方式更多样化，如鼓惑、引诱、设立圈套等。

（三）立案标准

使用伪造、变造的委托收款凭证、汇款凭证、银行存单等其他银行结算凭证进行诈骗活动，数额在五万元以上的，应予立案追诉。

（四）犯罪处罚

自然人犯本罪，数额较大的，处五年以下有期徒刑或者拘役，并处二万元以上二十万元以下罚金；数额巨大或者有其他严重情节的，处五年以上十年以下有期徒刑，并处五万元以上五十万元以下罚金；数额特别巨大或者有其他特别严重情节的，处十年以上有期徒刑或者无期徒刑，并处五万元以上五十万元以下罚金或者没收财产。

单位犯本罪的，对单位判处罚金，并对其直接负责的主管人员和其他直接责任人员，处五年以下有期徒刑或者拘役，可以并处罚金；数额巨大或者有其他严重情节的，处五年以上十年以下有期徒刑，并处罚金；数额特别巨大或者有其他特别严重情节的，处十年以上有期徒刑或者无期徒刑，并处罚金。

二十五、信用证诈骗罪

信用证诈骗罪是指以非法占有为目的，利用信用证进行诈骗活动，骗取财物数额较大的行为。

（一）犯罪构成

1. 犯罪主体

犯罪主体是一般主体，包括单位和个人。

2. 犯罪客体

犯罪侵犯的是双重客体，既侵犯了国家金融管理制度，又侵犯了他人财物所有权。犯罪对象是信用证，即某一银行（开证行）应买方（开证申请人）要求或指示开给卖方（受益人）的，保证在规定的期限内以规定单据为依据，即期或在以后某一规定日期支付一定金额的书面文件。信用证可以通过运用一个或多个银行的金融技能及信誉，加速国际间付款，通过信用证交易能给买卖双方提供安全的保证，能够为出口方、进口方提供资金融通。但是信用证交易也为犯罪分子使用伪造、变造、作废的信用证或以其他方式进行诈骗提供了可能。信用证诈骗活动侵犯他人财产，破坏信用证的安全信誉，危害贸易的发展。

3. 主观方面

犯罪主观方面是出于故意，且具有非法占有的目的，过失不能构成本罪。行为人明知使用的是伪造、变造的信用证或附随的单据、文件、作废的信用证而进行诈骗。如果行为人确实不知是伪造、变造、作废的信用证不构成本罪。如果没有非法占有的目的，也不构成本罪。

4. 客观方面

客观方面表现为行为人实施了利用信用证进行诈骗的行为，具体表现为如下方面：

（1）使用伪造、变造的信用证或者附随的单据、文件。有三种情形，即使用伪造的信用证，或者使用变造的信用证，或者使用伪造、变造附随的单据、文件，来骗取信用证项下贷款。

（2）使用作废的信用证。包括使用过期的信用证、无效的信用证和经他人涂改的信用证进行诈骗。

（3）骗取信用证的。行为人编造虚假的事实或隐瞒事实真相，欺骗银行为其开具信用证。

（4）以其他方法进行信用证诈骗活动。如利用“隐蔽性”信用证进行诈骗。“隐蔽性”信用证即指在开立信用证时故意制造一些隐蔽性条款，实际上赋予开证人或开证行单方面主动权，使信用证随时因开证行或开证申请人单方面行为而解除，这很可能是一种可撤销的“陷阱”信用证。诈骗分子通过“隐蔽性”信用证主要表现在以下方面：信用证开出后暂不生效，需待开证行签发通知书后生效；规定公司船名、目的港、起运港或验货人、装船日期须待开证申请人通知或须开证申请人同意，并以修改书形式通知；品质证书须由开证申请人出具，开证行核实或与开证行存档之样相符；收货收据须开证申请人签发或核实。再如，利用远期信用证进行诈骗。由于远期信用证支付时，进口商是先取货，后付款，犯罪分子可以利用信用证到期付款前存有的一段时间将财产转移、宣布企业破产。

（二）犯罪认定

1. 信用证诈骗罪与贷款诈骗罪的区别

（1）信用证诈骗罪侵犯的是信用证管理制度和财产所有权；贷款诈骗罪侵犯的是国家对金融机构的贷款管理制度和金融机构对信贷资金的所有权。

（2）信用证诈骗罪的犯罪对象可以是信用证下的款项包括银行所贷资金，也可以是开证申请人的贷款等；贷款诈骗罪的犯罪对象仅指银行或其他金融机构的贷款。

（3）信用证诈骗罪发生在信用证业务过程中；贷款诈骗罪发生在金融机构贷款业务过程中。信用证诈骗罪采用使用伪造、变造的信用证或者附随的单据、文件，使用作废的信用证、骗取信用证等方法。贷款诈骗罪采用编造引进资金、项目等虚假理由、使用虚假经济合同、使用虚假证明文件，使用虚假的产权证明作担保或超出抵押物价值重复担保等方法诈骗银行或其他金融机构贷款。

2. 信用证诈骗罪与合同诈骗罪的区别

两罪都与合同有关，但是仍有区别：

（1）信用证诈骗罪发生在信用证业务过程中，而合同诈骗罪发生在签订、履行合同的过程中。

（2）信用证诈骗罪主要采取使用伪造、变造的信用证或者附随的单据、文件；使用作废的信用证；骗取信用证等。合同诈骗罪主要采取以虚构单位或者冒用他人名义签订合同；以伪造、变造、作废的票据或其他虚假的产权证明作担保；没有实际履行能力，却以先履行小额合同或部分履行合同的方法诱骗对方当事人继续签订和履行合同；收受对方当事人给付的货物、货款、预付款或担保财产后逃匿。

（三）立案标准

进行信用证诈骗活动，涉嫌下列情形之一的，应予立案追诉：

1. 使用伪造、变造的信用证或者附随的单据、文件的；

2. 使用作废的信用证的；

3. 骗取信用证的；

4. 以其他方法进行信用证诈骗活动的。

（四）犯罪处罚

自然人犯本罪的，处五年以下有期徒刑或者拘役，并处二万元以上二十万元以下罚金；数额巨大或者有其他严重情节的，处五年以上十年以下有期徒刑，并处五万元以上五十万元以下罚金；数额特别巨大或者有其他特别严重情节的，处十年以上有期徒刑或者无期徒刑，并处五万元以上五十万元以下罚金或者没收财产。

单位犯本罪的，对单位判处罚金，并对其直接负责的主管人员和其他直接责任人员，处五年以下有期徒刑或者拘役，可以并处罚金；数额巨大或者有其他严重情节的，处五年以上十年以下有期徒刑，并处罚金；数额特别巨大或者有其他特别严重情节的，处十年以上有期徒刑或者无期徒刑，并处罚金。

二十六、保险诈骗罪

保险诈骗罪是指以非法获取保险金为目的，违反保险法规，采用虚构保险标的、保险事故或者制造保险事故等方法，向保险公司骗取保险金，数额较大的行为。

（一）犯罪构成

1. 犯罪主体

犯罪主体是特殊主体，只能是投保人、被保险人、受益人。这里的投保人、被保险人、受益人可以是单位，也可以是自然人。投保人是指与保险人订立保险合同，并按保险合同负有支付保险费义务的人。被保险人是指其财产或者人身受保险合同保障，享有保险金请求权的人，投保人可以成为被保险人。受益人是指人身保险合同中由被保险人或者投保人指定的享有保险金请求权的人。投保人、被保险人可以成为受益人。保险事故的鉴定人、证明人、财产评估人故意提供虚假的证明文件，为他人诈骗提供条件的，以保险诈骗的共犯论处。

2. 犯罪客体

犯罪侵犯的是国家的保险制度和保险人的财产所有权。犯罪对象是保险金，是指按照保险法规，投保人根据合同约定，向保险人支付保险费，待发生合同约定内的事故后获得的一定赔偿。

3. 主观方面

主观上只能是故意，且具有非法占有保险金的目的。行为人出于过失并因此获取了保险金的不构成犯罪。

4. 客观方面

客观方面表现为违反保险法规，虚构保险标的、保险事故或者制造保险事故等，骗取较大数额保险金。保险诈骗行为有以下五种方式：

（1）财产投保人故意虚构保险标的，骗取保险金。指在与保险人订立保险合同时，故意捏造根本不存在的保险对象，编造保险事故，骗取保险金。保险标的是作为保险对象的物质财富及其有关利益、人的生命、健康或有关利益。

（2）投保人、被保险人或者受益人对发生的保险事故编造虚假的原因或夸大损失程度，骗取保险金。投保人、被保险人或受益人隐瞒发生保险事故的真实原因，或者将非保险责任范围内的原因谎称为保险责任范围内的原因，以便骗取保险金。对确已发生保险事故造成损失的，故意夸大损失的程度以骗取额外保险金。

(3) 投保人、被保险人或者受益人编造未曾发生的保险事故，骗取保险金。

(4) 投保人、被保险人故意造成财产损失的保险事故，骗取保险金。

(5) 投保人、受益人故意造成被保险人死亡、伤残或者疾病，骗取保险金。

采取上述方式骗取保险金数额较大的，构成保险诈骗罪。

(二) 犯罪认定

1. 如果投保人、被保险人故意造成财产损失的行为或者投保人、受益人故意造成被保险人死亡、伤残或者疾病，同时又涉嫌放火罪、爆炸罪、故意杀人罪、故意伤害罪等，应当分别定罪，数罪并罚。

2. 保险事故的鉴定人、证明人、财产评估人故意提供虚假的证明文件，为他人诈骗提供条件的，以保险诈骗的共犯论处。

3. 保险公司的非国家工作人员利用职务便利，故意编造未曾发生的保险事故进行虚假理赔，骗取保险金归己所有，依照职务侵占罪定罪处罚。

4. 国有保险公司工作人员和国有保险公司委派到非国有保险公司从事公务的人员利用职务上的便利，故意编造未曾发生的保险事故进行虚假理赔，骗取保险金归己所有的，依照贪污罪定罪处罚。

(三) 立案标准

进行保险诈骗活动，数额在五万元以上的，应予立案追诉。

(四) 犯罪处罚

自然人犯本罪，数额较大的，处五年以下有期徒刑或者拘役，并处一万元以上十万元以下罚金；数额巨大或者有其他严重情节的，处五年以上十年以下有期徒刑，并处二万元以上二十万元以下罚金；数额特别巨大或者有其他特别严重情节的，处十年以上有期徒刑，并处二万元以上二十万元以下罚金或者没收财产。

单位犯本罪的，对单位判处罚金，并对其直接负责的主管人员和其

他直接责任人员，处五年以下有期徒刑或者拘役；数额巨大或者有其他严重情节的，处五年以上十年以下有期徒刑；数额特别巨大或者有其他特别严重情节的，处十年以上有期徒刑。

二十七、逃税罪

逃税罪是指纳税人采取欺骗、隐瞒手段进行虚假纳税申报或者不申报，逃避缴纳税款数额较大并且占应纳税额百分之十以上的行为，以及扣缴义务人采取欺骗、隐瞒手段不缴或者少缴已扣、已收税款数额较大的行为。

（一）犯罪构成

1. 犯罪主体

本罪的犯罪主体是特殊主体，即纳税人、扣缴义务人。根据《中华人民共和国税收征收管理法》规定，纳税人是指“法律、行政法规规定负有纳税义务的单位和个人”；扣缴义务人是指“法律、行政法规规定负有代扣代缴、代收代缴税款义务的单位和个人”。法律上不负有纳税义务或者扣缴义务的单位和个人不能成为逃税罪的主体。无证经营的行为人可以成为逃税主体。非纳税人和非扣缴义务人不能成为逃税罪主体，但可成为共犯。税务人员与纳税人内外勾结共同实施逃税，也可以构成逃税罪共犯。

2. 犯罪客体

逃税罪侵犯的是国家对税收的管理制度。国家税收管理制度是国家各种税收和税款征收办法的总称，包括征收对象、开征税种、税率、纳税期限、征收管理体制等内容，任何应税产品、应税项目不纳税，不按规定税率、期限纳税以及违反税收管理体制等行为都是对税收管理制度的侵犯。逃税罪的犯罪对象是应缴未缴的税款。

3. 主观方面

主观方面是直接故意，且具有逃避纳税义务和非法获利的目的。如果不具有主观上的直接故意和非法获利的目的，而是出于过失，不构成逃税罪。

4. 客观方面

客观表现为采取欺骗、隐瞒手段进行虚假纳税申报，或者不申报，逃避数额较大，并且占应纳税额百分之十以上，或者不缴、少缴已扣、已收税款数额较大的行为。

(1) 纳税人采取欺骗、隐瞒手段进行虚假纳税申报或不申报，逃避缴纳税款，数额较大且占应纳税额百分之十以上，经税务机关下达追缴通知，不予补缴纳税款、不缴纳滞纳金或不接受行政处罚。

(2) 纳税人五年内因逃避缴纳税款受过刑事处罚或者被税务机关给予二次以上行政处罚，又逃避缴纳税款，数额较大且占应纳税总额百分之十以上。

(3) 扣缴义务人采取欺骗、隐瞒手段，不缴或者少缴已扣、已收税款，数额较大。

(4) 纳税人缴纳税款后，采取假报出口或者其他欺骗手段，骗取所缴纳的税款。

(二) 犯罪认定

1. 逃税与漏税的区别

逃税罪是一种故意犯罪行为，行为人明知自己有纳税义务而采取种种手段以逃避缴纳税款。而漏税是由于行为人对税收规定、财务会计制度不了解，或疏忽大意漏报应税项目等过失行为而导致不缴或少缴应纳税款。可见，逃税和漏税是两种完全不同的行为，逃税是故意犯罪，具有很大的主观恶性，损害国家利益，危害社会。漏税则是出于过失，没有主观恶意，不以犯罪论处。

2. 税务机关工作人员参与逃税罪如何处理

税务机关的工作人员如果与逃税人相勾结，故意不履行其依法征税职责，不征或少征应征税款，应该作为逃税罪共犯来处理。但是如果行为人知道某人在逃税，出于某种私利而佯装不知，对逃税行为采取放任态度，而不征或少征应征税款，致使国家税收遭受重大损失的，应认定为徇私舞弊不征、少征税款罪，即是指税务机关的工作人员徇私舞弊，不征或少征应征税款，致使国家税收遭受重大损失的犯罪。

3. 不作犯罪处理的情形

有逃税行为，经税务机关依法下达追缴通知后，补缴应纳税款，缴纳滞纳金，已受行政处罚的，不予追究刑事责任；但是五年内因逃避缴纳税款受过刑事处罚或者被税务机关给予二次以上行政处罚的除外。

（三）立案标准

逃避缴纳税款，涉嫌下列情形之一的，应予立案追诉：

1. 纳税人采取欺骗、隐瞒手段进行虚假纳税申报或者不申报，逃避缴纳税款，数额在十万元以上并且占各税种应纳税总额百分之十以上，经税务机关依法下达追缴通知后，不补缴应纳税款、不缴纳滞纳金或者不接受行政处罚的；

2. 纳税人五年内因逃避缴纳税款受过刑事处罚或者被税务机关给予二次以上行政处罚，又逃避缴纳税款，数额在十万元以上并且占各税种应纳税总额百分之十以上的；

3. 扣缴义务人采取欺骗、隐瞒手段，不缴或者少缴已扣、已收税款，数额在十万元以上的。

纳税人在公安机关立案后再补缴应纳税款、缴纳滞纳金或者接受行政处罚的，不影响刑事责任的追究。

（四）犯罪处罚

自然人犯本罪，逃避缴纳税款数额较大并且占应纳税额百分之十以上的，处三年以下有期徒刑或者拘役，并处罚金；数额巨大并且占应纳税额百分之三十以上的，处三年以上七年以下有期徒刑，并处罚金。

采取上述手段，不缴或者少缴已扣、已收税款，数额较大的，依照上述的规定处罚。

对多次实施上述行为，未经处理的，按照累计数额计算。

有逃税行为，经税务机关依法下达追缴通知后，补缴应纳税款，缴纳滞纳金，已受行政处罚的，不予追究刑事责任；但是，五年内因逃避缴纳税款受过刑事处罚或者被税务机关给予二次以上行政处罚的除外。

单位犯本罪的，对单位判处罚金，并对其直接负责的主管人员和其他直接责任人员，依照上述的规定处罚。

二十八、逃避追缴欠税罪

逃避追缴欠税罪是指纳税人欠缴应纳税款，采取转移或者隐匿财产的手段，致使税务机关无法追缴欠缴的税款，数额较大的行为。

（一）犯罪构成

1. 犯罪主体

犯罪主体是特殊主体，即法律规定负有纳税义务的单位和个人。不具有纳税义务的单位和个人不能构成本罪主体。

2. 犯罪客体

犯罪侵犯的是国家税收管理制度。

3. 主观方面

犯罪在主观方面为故意，且具有逃避缴纳应缴纳税款而非法获利的目的。行为人明知欠缴应纳税款，但是为逃避纳税的目的而故意转移或者隐匿财产，致使税务机关无法追缴其欠缴的税款。

4. 客观方面

客观方面表现为行为人违反税收法规，欠缴应纳税款，并采取转移或者隐匿财产的手段、致使税务机关无法追缴欠缴的税款，数额较大。

（1）欠缴应纳税款。欠缴税款是指纳税单位或个人超过税务机关核定的纳税期限，没有按时缴纳、拖欠税款。欠缴税款行为超过了法定的纳税期限，应依据具体的税收法规来确定。因合法理由欠税是允许的，如果是财力不支、资金短缺等，纳税人因有特殊困难，不能近期缴纳税款的，经县以上税务机关批准可以延期缴纳，但最长不得超过三个月。逃避追缴欠税是指故意拖欠税款。

（2）逃避追缴。逃避是专指转移财产和隐匿财产，如转移开户行、提走存款、运走商品、隐匿存货等。如果不是将财产转移或隐匿，而是欠税人本人逃匿，不构成本罪。“逃避”行为与“欠税”行为存在着必然的因果联系，即“逃避”是为了“欠税”。

（3）致使税务机关无法追缴。行为人将资金和财产转移、隐匿，所欠税款无法追缴，给国家造成损失。

（4）无法追缴的税金数额需达法定的量刑标准，即一万元以上。

（二）犯罪认定

1. 逃避追缴欠税罪与欠税的界限

逃避追缴欠税罪与欠税都是明知没有缴纳税款而不予缴纳。关键的区别在于逃避追缴欠税罪是采取转移或隐匿财产的手段而致使税务机关无法追缴欠缴的税款。欠税行为人没有采取上述手段，致使税务机关无法追缴欠缴税款。逃避追缴欠税罪的目的是逃避纳税而非法获利，欠税行为一般只是暂时拖欠税款，没有逃避纳税的故意。

2. 逃避追缴欠税罪与逃税罪的区别

（1）逃避追缴欠税罪的主体只能由纳税人构成，逃税罪的主体除纳税人外还包括扣缴义务人。

（2）逃避追缴欠税罪的目的是逃避税务机关追缴其所欠缴的应纳税款。逃税罪通过欺骗、隐瞒税务机关，达到不缴或者少缴应纳税款的目的。

（3）逃避追缴欠税罪表现为行为人采取转移或者隐匿财产的手段致使税务机关无法追缴欠缴的税款。逃税罪表现为采取伪造、变造、隐匿、擅自销毁账簿、记账凭证，在账簿上多列支出或者不列、少列收入，经税务机关通知申报而拒不申报或进行虚假的纳税申报的手段，不缴或少缴应纳税款。前者具有公开性，后者具有欺骗性、隐瞒性。

（4）逃避追缴税款数额较大的才构成犯罪；逃税罪情节严重的才构成犯罪。情节严重包括因逃税被二次行政处罚又逃税的情况，以及逃税数额较大的情况。逃避追缴税款数额在一万元以上构成犯罪，逃税罪逃税数额占应缴纳税额百分之十以上才能构成犯罪。

3. 逃避追缴欠税罪与抗税罪的区别

（1）逃避追缴欠税罪侵犯的是国家的税收管理制度，抗税罪不仅侵犯了国家的税收管理制度，还侵犯了依法从事税收征管工作的税务人员的人身权利。

(2) 逃避追缴欠税罪客观表现为采取转移或者隐匿财产的手段致使税务机关无法追缴欠缴的税款。抗税罪表现为以暴力、威胁方法拒不缴纳税款的行为。前者是秘密的，后者是公开的。

(3) 逃避追缴税款数额较大的才构成犯罪，而抗税罪无数额较大的标准，只要以暴力、威胁方法拒不缴纳税款的，即可构成犯罪。

(三) 立案标准

纳税人欠缴应纳税款，采取转移或者隐匿财产的手段，致使税务机关无法追缴欠缴的税款，数额在一万元以上的，应予立案追诉。

(四) 犯罪处罚

自然人犯本罪，致使税务机关无法追缴欠缴的税款，数额在一万元以上不满十万元的，处三年以下有期徒刑或者拘役，并处或者单处欠缴税款一倍以上五倍以下罚金；数额在十万元以上的，处三年以上七年以下有期徒刑，并处欠缴税款一倍以上五倍以下罚金。

单位犯本罪的，对单位判处罚金，并对其直接负责的主管人员和其他直接责任人员，依照上述的规定处罚。

二十九、骗取出口退税罪

骗取出口退税罪是指以假报出口或者其他欺骗手段，骗取国家出口退税款，数额较大的行为。

(一) 犯罪构成

1. 犯罪主体

犯罪主体为一般主体，包括单位和个人。其中个人指达到刑事责任年龄且具备刑事责任能力的自然人。单位主要是具有出口经营权的单位。根据税法规定，我国享有出口退税权的单位有三种：(1) 享有独立对外出口经营权的中央和地方的外贸企业、工业贸易公司以及部分工业生产企业；（2）特定出口退税企业，如外轮供应公司、对外承包工程公司等；（3）委托出口企业。代理方本身具有直接出口经营权，可以成为本罪主体。

2. 犯罪客体

犯罪侵犯的是国家出口退税管理制度和国家财产权。出口退税制度是我国特定税收政策的产物，国家为体现税收鼓励出口的政策，使出口商品以不含税的价格进入国际市场，以提高出口商品在国际市场的竞争能力，依法对在国内已征增值税、营业税、消费税的产品（除国家明确规定不予退税的产品外），在其出口时将已征税款予以退还。出口退税制度对于鼓励出口，扩大和占领国际市场，参与国际竞争，发展外向型经济，具有重要意义。少数企业事业单位却采取假报出口等手段，骗取国家出口退税款，严重地破坏了国家出口退税管理制度，扰乱了国家出口退税政策顺利执行，给国家财政造成严重损失。

3. 主观方面

主观方面是直接故意，且具有骗取出口退税的目的。出于过失，由于工作人员失误，或者产品因质量问题被退回，造成税务机关多退税款的，没有骗税故意，不能以骗取出口退税款罪定罪量刑。

4. 客观方面

客观方面表现为采取假报出口或者其他欺骗手段，骗取国家出口退税款，数额较大。

（1）行为人对其所生产或者经营的商品采取假报出口等欺骗手段。“假报出口”是指以虚构已税货物出口事实为目的，具有以下情形之一的行为：①伪造或者签订虚假的买卖合同；②以伪造、变造或者其他非法手段取得出口货物报关单、出口收汇核销单、出口货物专用缴款书等有关出口退税单据、凭证；③虚开、伪造、非法购买增值税专用发票或者其他可以用于出口退税的发票；④其他虚构已税货物出口事实的行为。“其他欺骗手段”是指：①骗取出口货物退税资格的；②将未纳税或者免税货物作为已税货物出口的；③虽有货物出口，但虚构该出口货物的品名、数量、单价等要素，骗取未实际纳税部分出口退税款的；④以其他手段骗取出口退税款的。

（2）骗税行为发生在从事出口业务的过程中。如果不是从事出口业务的单位和个人，而是冒充出口企业假报出口、伪造、变造或者骗取退税凭证，以骗取退税款，属于诈骗行为，不构成本罪。

（3）骗取国家出口退税款的数额达到一定的标准，即十万元以上。

（二）犯罪认定

骗取出口退税罪与逃税罪都属于危害税收犯罪，区别在于：

1. 骗取出口退税罪主体是一般主体，可由纳税人构成，也可由非纳税人构成。逃税罪主体是特殊主体，通常只能由纳税人构成，该纳税人对其所逃税款负有纳税义务。

2. 逃税罪的目的是，有纳税义务的行为人不缴或少缴税款、逃避纳税义务。骗取出口退税的目的是，未实际履行纳税义务的行为人从国家的出口退税款中获取非法利益。

3. 逃税罪通常是纳税人在商品的国内生产、销售环节，伪造、变造、隐匿、擅自销毁账簿、记账凭证，在账簿上多列支出或者不列、少列收入，拒不申报纳税或者进行虚假纳税申报，以逃避应缴纳的税款。骗取出口退税罪是在商品的出口环节，采取假报出口或其他欺骗手段，骗取国家的出口退税款。在商品出口环节，行为人根本没有出口货物，而假报出口或采取其他欺骗手段骗取出口退税款，才能构成骗取出口退税罪。纳税人有商品出口，但以少报多，以低价报高价，以骗取出口退税款的，应当分情况定罪处罚：对纳税人骗取税款未超过所缴纳的税款的，以逃税罪定罪处罚；纳税人骗取税款超过其所缴纳的税款的，对超过的部分应以骗取出口退税罪定罪处罚。

（三）立案标准

以假报出口或者其他欺骗手段，骗取国家出口退税款，数额在十万元以上的，应予立案追诉。

(四) 犯罪处罚

自然人犯本罪，数额较大的，处五年以下有期徒刑或者拘役，并处骗取税款一倍以上五倍以下罚金；数额巨大或者有其他严重情节的，处五年以上十年以下有期徒刑，并处骗取税款一倍以上五倍以下罚金；数额特别巨大或者有其他特别严重情节的，处十年以上有期徒刑或者无期徒刑，并处骗取税款一倍以上五倍以下罚金或者没收财产。

单位犯本罪的，对单位判处罚金，并对其直接负责的主管人员和其他直接责任人员，依照上述的规定处罚。

三十、虚开增值税专用发票、用于骗取出口退税、抵扣税款发票罪

虚开增值税专用发票、用于骗取出口退税、抵扣税款发票罪是指违反国家税收征管和发票管理规定，为他人虚开、为自己虚开、让他人为自己虚开、介绍他人虚开增值税专用发票、用于骗取出口退税、抵扣税款的其他发票的行为。

(一) 犯罪构成

1. 犯罪主体

犯罪主体为一般主体，包括单位和个人。

2. 犯罪客体

犯罪侵犯的是国家对增值税专用发票和可用于出口退税、抵扣税款的其他发票的监督管理制度。发票管理办法规定，开具发票应当按照规定的时限、顺序，逐栏、全部联次一次性如实开具，并加盖单位财务印章或者发票专用章。任何单位和个人不得转借、转让、代开发票。为了骗取税款，虚开增值税专用发票或用于骗取出口退税、抵扣税款的其他发票，违反了发票管理制度，同时可以抵扣大量税款，造成国家税款的大量流失，严重地破坏了社会主义经济秩序。

犯罪对象是增值税专用发票和可用于骗取出口退税款的其他发票。

增值税专用发票是指国家税务部门根据增值税征收管理需要，兼记价款及货物或劳务所负担的增值税税额而设定的一种专用发票。增值税专用发票在发票上可以直接说明增值税税金和不含增值税的价格，购货一方可以用作抵扣税款的一种凭证。可用于骗取出口退税、抵扣税款的其他发票，是指除增值税专用发票外，其他可用于出口退税、抵扣税款的农产品收购发票、废旧物质回收发票、运输发票等。当然，虚开增值税专用发票、可用于骗取出口退税、抵扣税款发票罪的犯罪对象，既包括从税务部门领购的由有关税务主管部门指定的企业印制的真的发票，也包括未经有关税务部门监制而擅自非法制造的假的发票。

3. 主观方面

犯罪在主观方面是故意，而且一般具有牟利的目的。

4. 客观方面

犯罪客观方面表现为没有货物购销或者没有提供或接受应税劳务而为他人、为自己、让他人为自己、介绍他人开具增值税专用发票或用于出口退税、抵扣税款的其他发票；或者即使有货物购销或提供或接受了应税劳务但为他人、为自己、让他人为自己、介绍他人开具数量或者金额不实的增值税专用发票或用于骗取出口退税、抵扣税款的其他发票；或者进行了实际经营活动，但让他人为自己代开增值税专用发票或用于骗取出口退税、抵扣税款的其他发票。

“虚开”是指违反有关发票开具管理的规定、不按照实际情况如实开具增值税专用发票及其他可用于骗取出口退税、抵扣税款的发票。对发票能反映纳税人纳税情况、数额的有关内容作不实填写致使所开发票的税款与实际缴纳不符。如没有销售商品、提供服务等经营活动却虚构、填写经济活动的项目、数量、单价、收取金额或有关税率、税额；在销售商品提供服务开具发票时变更经营项目的名称、数量、单价、税额、税率等，使发票不能反映交易双方经营活动及应纳或已纳税款的情况。结果票与物或经营项目不符、票面金额与实际收取的金额不符。

虚开增值税专用发票或用于骗取出口退税、抵扣税款的其他发票的具体方式有：

（1）为他人虚开增值税专用发票或用于骗取出口退税、抵扣税款的其他发票。合法拥有增值税专用发票或者用于骗取出口退税、抵扣税款的其他发票的单位或者个人，在明知他人没有货物购销或没有提供或接受应税劳务的情况下，为其开具增值税专用发票或用于骗取出口退税、抵扣税款的其他发票。或者在有货物购销或者提供了应税劳务的情况下，为其开具数量或者金额不实的增值税专用发票或用于骗取出口退税、抵扣税款的其他发票。

（2）为自己虚开增值税专用发票或者用于骗取出口退税、抵扣税款的其他发票。合法拥有增值税专用发票或用于骗取出口退税、抵扣税款的其他发票的单位和个人，在明知他人没有货物购销或者没有提供或接受应税劳务的情况下，为其开具增值税专用发票或用于骗取出口退税、抵扣税款的其他发票。或者在有货物购销或者提供或接受了应税劳务的情况下，为自己开具数量或者金额不实的增值税专用发票或用于骗取出口退税、抵扣税款的其他发票。

（3）让他人为自己虚开增值税专用发票或用于骗取出口退税、抵扣税款的其他发票。没有货物购销或没有提供或接受应税劳务的单位或者个人要求合法拥有增值税专用发票或用于骗取出口退税、抵扣税款的其他发票的单位或者个人，为其开具增值税专用发票或用于骗取出口退税、抵扣税款的其他发票。或者有货物购销或者提供或接受了应税劳务，要求他人开具数量或者金额不实的增值税专用发票或用于骗取出口退税、抵扣税款的其他发票。或者进行了实际经营活动，但让他人为自己代开增值税专用发票或用于骗取出口退税、抵扣税款的其他发票。

（4）介绍他人虚开增值税专用发票或用于骗取出口退税、抵扣税款的其他发票。合法拥有增值税专用发票或用于骗取出口退税、抵扣税款的其他发票的单位或者个人，与要求虚开增值税专用发票或用于骗取出口退税、抵扣税款的其他发票的单位或者个人沟通联系、牵线搭桥。

虚开增值税专用发票或用于出口退税、抵扣税款的其他发票需达到一定情节才能构成犯罪，虚开税款数额一万元以上的或者虚开增值税专用发票或可用于出口退税、抵扣税款的其他发票致使国家税款被骗取五千元以上的，应当依法定罪处罚。

(二) 立案标准

虚开增值税专用发票或者虚开用于骗取出口退税、抵扣税款的其他发票，虚开的税款数额在十万元以上或者造成国家税款损失数额在五万元以上的，应予立案追诉。

(三) 犯罪处罚

自然人犯本罪的，处三年以下有期徒刑或者拘役，并处二万元以上二十万元以下罚金；虚开的税款数额较大或者有其他严重情节的，处三年以上十年以下有期徒刑，并处五万元以上五十万元以下罚金；虚开的税款数额巨大或者有其他特别严重情节的，处十年以上有期徒刑或者无期徒刑，并处五万元以上五十万元以下罚金或者没收财产。

单位犯本罪的，对单位判处罚金，并对其直接负责的主管人员和其他直接责任人员，处三年以下有期徒刑或者拘役；虚开的税款数额较大或者有其他严重情节的，处三年以上十年以下有期徒刑；虚开的税款数额巨大或者有其他特别严重情节的，处十年以上有期徒刑或无期徒刑。

三十一、伪造、出售伪造的增值税专用发票罪

伪造、出售伪造的增值税专用发票罪是指仿照国家增值税专用发票的式样，使用各种方法非法制造假增值税专用发票冒充真增值税发票或者出售伪造的假增值税专用发票的行为。

(一) 犯罪构成

1. 犯罪主体

犯罪主体是一般主体，包括单位和个人。

2. 犯罪客体

本罪侵犯的是国家增值税专用发票管理制度。建立以增值税为主体

的流转税制度反映了深化改革、促进竞争、公平税负和保障国家税收的需要。发票管理办法规定，发票由省、自治区、直辖市税务机关指定的企业印制；增值税专用发票由国家税务总局统一印制，禁止私自印制、伪造、变造发票。伪造或出售伪造的增值税专用发票违反了发票管理法规，干扰了税制改革。

本罪的犯罪对象为伪造的增值税专用发票，包括增值税专用发票防伪专用品和发票监制章。增值税专用发票防伪专用品和发票监制章是增值税专用发票的有机组成部分。发票防伪专用品是指国家税务总局规定的用于发票防伪的专用物品，属国家专控商品，包括发票底纹版，专用纸张，有色、无色荧光专用油墨等其他专用品。

3. 主观方面

主观方面是直接故意，行为人明知自己伪造、出售伪造的增值税专用发票违反发票管理法规，会造成危害社会的结果，而希望和追求这种结果发生。

4. 客观方面

本罪客观方面表现为伪造增值税专用发票和出售伪造的增值税专用发票两种行为。

（1）伪造增值税专用发票。“伪造”是指行为人仿照增值税专用发票的图案、色彩、形状、式样，包括发票所属的种类、各联用途、内容、版面排列、规格、使用范围等事项，使用印刷、复制、复印、描绘、拓印、蜡印、石印等方法，非法制造假增值税专用发票。

（2）出售伪造的增值税专用发票。“出售”即有偿让与，是指以营利为目的，以各种方法通过各种途径将伪造的增值税专用发票以一定价格卖出。可以以票换取金钱，也可以以票换取其他财物或者其他财产性利益与报酬。“伪造的增值税专用发票”是指通过伪造行为而产生的虚假发票，足以以假乱真、蒙骗他人。

（二）犯罪认定

伪造、出售伪造的增值税专用发票罪与伪造有价票证罪的区别在于：

1. 伪造有价票证罪的犯罪对象是车票、船票、邮票、税票，其中的税票是指不能用于骗取出口退税、抵扣税款的普通发票。伪造、出售伪造的增值税专用发票罪的犯罪对象仅指增值税专用发票。

2. 伪造有价票证之后，又大量出售营利构成诈骗罪。伪造增值税专用发票后，又出售伪造的增值税专用发票的，构成伪造、出售伪造的增值税专用发票罪。

3. 伪造有价票证罪的主观目的是营利。不具有营利目的，不宜定罪判刑，伪造、出售伪造的增值税专用发票罪不以营利为目的作为主观方面的必要要件，只要有伪造、出售伪造的增值税专用发票的行为，就可构成犯罪。

（三）立案标准

伪造或者出售伪造的增值税专用发票，涉嫌下列情形之一的，应予立案追诉：

1. 票面税额累计在十万元以上的；

2. 伪造或者出售伪造的增值税专用发票十份以上且票面税额在六万元以上的；

3. 非法获利数额在一万元以上的。

（四）犯罪处罚

自然人犯本罪的，处三年以下有期徒刑、拘役或者管制，并处二万元以上二十万元以下罚金；数量较大或者有其他严重情节的，处三年以上十年以下有期徒刑，并处五万元以上五十万元以下罚金；数量巨大或者有其他特别严重情节的，处十年以上有期徒刑或者无期徒刑，并处五万元以上五十万元以下罚金或者没收财产。

单位犯本罪的，对单位判处罚金，并对其直接负责的主管人员和其他直接责任人员，处三年以下有期徒刑、拘役或者管制；数量较大或者有其他严重情节的，处三年以上十年以下有期徒刑；数量巨大或者有其他特别严重情节的，处十年以上有期徒刑或者无期徒刑。

三十二、非法出售增值税专用发票罪

非法出售增值税专用发票罪是指违反国家有关发票管理法规，故意非法出售增值税专用发票的行为。

（一）犯罪构成

1. 犯罪主体

本罪的主体是一般主体，包括单位和个人。

2. 犯罪客体

犯罪侵犯的是国家对增值税专用发票的管理制度。增值税专用发票可以直接抵扣税款，出售增值税专用发票可以牟取暴利，非法出售增值税专用发票的犯罪严重侵犯国家对增值税专用发票的管理制度，干扰国家的税制改革，破坏社会主义市场经济秩序。

3. 主观方面

犯罪主观方面表现为直接故意。行为人故意非法出售增值税专用发票，不论动机和目的如何，也不论是否营利，均可构成本罪。过失不构成本罪。

4. 客观方面

犯罪客观表现为违反有关发票管理法规，非法出售增值税专用发票。根据《中华人民共和国发票管理办法》和国家税务总局制定的《增值税专用发票使用规定》的规定，禁止倒买倒卖发票。经税务机关批准认定的一般纳税人，可以持批准证件向主管税务机关领购发票，从 1994 年 1 月 1 日起一般纳税人销售货物和应税劳务应当开具专用发票。使用专用发票必须按月在《增值税纳税申报表》附列资料栏目中如实填列购、用、存等情况。可见，增值税专用发票的发售单位只能是主管税务机关，任何单位和个人都无权出售。

实践中，非法出售包括两种情况：

（1）出售主体不合法。除税务机关及有关工作人员之外的任何单位和个人出售增值税专用发票的都是主体不合法。如一般纳税人出售、一般纳税人为他人出售、盗窃增值税专用发票后出售等，都属于非法出售。

（2）主体合法，但不依法出售。即有权出售增值税专用发票的税务工作人员，明知购买人不符合购买条件而出售，属于非法出售。如果因工作马虎，严重不负责任而不知道、没有判断出购买人不符合条件，或者未经依法批准以及不按批准数量向一般纳税人出售增值税专用发票，也属于违法出售，不构成本罪，可能构成玩忽职守罪或者徇私舞弊发售发票、抵扣税款、出口退税罪。

根据最高人民法院《关于适用〈全国人民代表大会常务委员会关于惩治虚开、伪造和非法出售增值税专用发票犯罪的决定〉的若干问题的解释》，出售增值税专用发票三十五份以上或者票面额（百元版以每份一百元、千元版以每份一千元，万元版以每份一万元计算，以此类推。下同）累计十万元以上的应当依法定罪处罚。

（二）犯罪认定

非法出售增值税专用发票罪与出售伪造的增值税专用发票罪的区别在于：

1. 非法出售增值税专用发票罪的犯罪对象是由国家统一印制的增值税专用发票；出售伪造的增值税专用发票罪的犯罪对象是伪造的国家增值税专用发票。

2. 非法出售增值税专用发票罪是明知是国家的增值税专用发票而故意非法出售；出售伪造的增值税专用发票罪是明知是伪造的增值税专用发票而故意出售。

3. 非法出售增值税专用发票罪的最高刑为无期徒刑；伪造并出售伪造的增值税专用发票，数量特别巨大、情节特别严重、严重破坏经济秩序的，处无期徒刑或者死刑。

（三）立案标准

非法出售增值税专用发票，涉嫌下列情形之一的，应予立案追诉：

1. 票面税额累计在十万元以上的；

2. 非法出售增值税专用发票十份以上且票面税额在六万元以上的；

3. 非法获利数额在一万元以上的。

（四）犯罪处罚

自然人犯本罪的，处三年以下有期徒刑、拘役或者管制，并处二万元以上二十万元以下罚金；数量较大的，处三年以上十年以下有期徒刑，并处五万元以上五十万元以下罚金；数量巨大的，处十年以上有期徒刑或者无期徒刑，并处五万元以上五十万元以下罚金或者没收财产。

单位犯本罪的，对单位判处罚金，并对其直接负责的主管人员和其他直接责任人员，依照上述的规定处罚。

三十三、非法购买增值税专用发票、购买伪造的增值税专用发票罪

非法购买增值税专用发票、购买伪造的增值税专用发票罪是指违反国家发票管理法规，非法购买增值税专用发票或者购买伪造的增值税专用发票的行为。

（一）犯罪构成

1. 犯罪主体

非法购买增值税专用发票、购买伪造的增值税专用发票罪的主体是一般主体，包括单位和个人。凡达到刑事责任年龄并具有刑事责任能力的自然人均可构成。单位犯非法购买增值税专用发票、购买伪造的增值税专用发票罪的，实行两罚制。

2. 犯罪客体

非法购买增值税专用发票、购买伪造的增值税专用发票罪侵犯的是国家对增值税专用发票的管理制度。非法购买增值税专用发票、购买伪造的增值税专用发票罪是增值税专用发票犯罪的一种，这种犯罪形成了一个很大的增值税专用发票需求市场，使得犯罪分子为牟取巨额财富而伪造、出售、盗窃增值税专用发票的犯罪活动十分猖狂，严重地干扰了

对增值税专用发票的管理制度。本罪的犯罪对象是增值税专用发票或者伪造的增值税专用发票。

3. 主观方面

非法购买增值税专用发票、购买伪造的增值税专用发票罪的主观方面表现为直接故意。行为人出于故意非法购买增值税专用发票和购买伪造的增值税专用发票就可构成本罪，不要求主观上必须具有营利的目的。

4. 客观方面

在客观方面表现为违反发票管理法规，非法购买增值税专用发票或者购买伪造的增值税专用发票。

（1）非法购买增值税专用发票。“购买”是指行为人以一定价格用货币或者其他利益从他人处换回增值税专用发票。“非法购买”是指违反国家法律、法规有关增值税专用发票购买规定而购买发票。发票的领购条件、程序及发售主体都有明确而具体的规定，任何单位与个人不得违反，否则即属非法。根据有关规定，非法购买，主要包括：

①购买主体不合法。税务机关审核确认为增值税一般纳税人以外的任何单位与个人都不符合法定购买条件，都属非法购买。一般纳税人如果出现法定购买阻碍事由，而采取欺骗手段购买，也属非法购买，包括下列情形：会计核算不健全，不能向税务机关准确提供增值税进项税额、销项税额、应纳税额数据以及其他有关增值税税务资料的；私自印制专用发票，向个人或税务机关以外的单位买取专用发票，借用他人专用发票，向他人提供专用发票，未按增值税有关规定要求填开专用发票，未按规定保管专用发票、未按照规定按月在《增值税纳税申报表》附列资料栏目中如实填写购用、存废情况、未按规定接受税务机关检查等行为，经税务机关责令限期改正的；销售的货物全部属于免税项目的。

②购买手段不合法，即不按法律要求的程序购买。如提供的证件是伪造的，或行贿税务机关工作人员而购买的，或不依核准的数量进行购买的等，都属于手段不合法的购买。

③从无出售权的单位与个人处购买。即从税务机关以外的单位与个

人处购买，属于非法购买。

（2）购买伪造的增值税专用发票。明知是伪造的增值税专用发票而购买，不论手段与方式，也不论从何处购买，都可构成非法购买增值税专用发票、购买伪造的增值税专用发票罪。这里的“伪造”是依照增值税专用发票的数额、式样、图案、色彩、结构等特征采取印刷、复制、石印、描绘、拓印等方法，非法制造增值税专用发票，伪造产生的增值税专用发票即为伪造的增值税专用发票。

（二）犯罪认定

1. 非法购买增值税专用发票、购买伪造的增值税专用发票罪与销赃罪的区别

（1）非法购买增值税专用发票、购买伪造的增值税专用发票罪的犯罪对象是增值税专用发票或者伪造的增值税专用发票。销赃罪的犯罪对象一般表现为财产或物品。

（2）非法购买增值税专用发票、购买伪造的增值税专用发票罪不要求行为人在购买增值税发票时明知所购买的增值税专用发票是使用犯罪手段获得的，销赃罪要求行为人主观上必须明知是犯罪获得的赃物而予以窝藏、转移、收购或销售。如果行为人明知他人以犯罪手段取得增值税专用发票或者伪造的增值税发票而购买，行为人同时触犯了两罪，应择一重罪定罪量刑。

2. 非法购买增值税专用发票、购买伪造的增值税专用发票罪的一罪与数罪

非法购买增值税专用发票、购买伪造的增值税专用发票后又虚开或出售的，可能构成非法购买增值税专用发票、购买伪造的增值税专用发票罪，同时可能构成虚开增值税专用发票罪、出售伪造的增值税专用发票罪、非法出售增值税专用发票罪，处理时应按重罪吸收轻罪原则，择一重罪从重处罚。

非法购买增值税专用发票、购买伪造的增值税专用发票后进行逃税、骗取出口退税、贪污等违法犯罪活动的，可能构成非法购买增值税专用发

票罪、购买伪造的增值税专用发票罪的同时，又构成逃税罪、骗取出口退税罪和贪污罪等犯罪，在处理上应择一重罪，从重处罚，不实行数罪并罚。

（三）立案标准

非法购买增值税专用发票或者购买伪造的增值税专用发票，涉嫌下列情形之一的，应予立案追诉：

1. 非法购买增值税专用发票或者购买伪造的增值税专用发票二十份以上且票面税额在十万元以上的；

2. 票面税额累计在二十万元以上的。

（四）犯罪处罚

自然人犯本罪的，处五年以下有期徒刑或者拘役，并处或者单处二万元以上二十万元以下罚金。

单位犯本罪的，对单位判处罚金，并对其直接负责的主管人员和其他直接责任人员依照上述规定处罚。

三十四、非法制造、出售非法制造的用于骗取出口退税、抵扣税款发票罪

非法制造、出售非法制造的用于骗取出口退税、抵扣税款发票罪是指违反发票管理规定，伪造、擅自制造或者出售伪造、擅自制造的可以用于骗取出口退税、抵扣税款的其他发票的行为。

（一）犯罪构成

1. 犯罪主体

犯罪主体为一般主体，包括单位和个人。

2. 犯罪客体

非法制造、出售非法制造的用于骗取出口退税、抵扣税款发票罪侵犯的是国家的发票管理秩序和税收秩序。

3. 主观方面

犯罪主观是直接故意，行为人明知伪造、擅自制造或者出售伪造、

擅自制造的可以用于骗取出口退税、抵扣税款的其他发票违反发票管理法规，会危害社会，而希望、追求结果发生。

4. 客观方面

犯罪客观方面表现为伪造、擅自制造或出售伪造、擅自制造的用于骗取出口退税、抵扣税款的其他发票。

（1）非法制造用于骗取出口退税、抵扣税款的发票。《发票管理办法》规定，发票必须是由防伪专用品制成，并套印全国统一发票监制章。非法制造用于骗取出口退税、抵扣税款发票的，包括非法制造用于制作该发票的防伪专用品及套印的发票监制章，有伪造和擅自制造两种情形。“伪造”是指无权印制增值税专用发票之外的其他具有出口退税、抵扣税款功能的发票的人仿照真实的发票式样，非法制造假发票，冒充真发票。“擅自制造”是指印制发票企业或生产发票防伪专用品企业未经有关主管税务机关批准，私自印制发票或私自制造防伪专用品，或者虽经批准但未按发票印制通知书或发票防伪专用品生产通知书规定的印制数量或生产产量，私自超量加印或制造。

（2）出售非法制造的用于骗取出退税、抵扣税款的发票。这里的“出售”是指以一定价格将非法制造的用于骗取出口退税、抵扣税款的发票卖出。出售非法制造的发票须以非法制造的发票为前提，可以是自己伪造、擅自制造的，也可以是他人伪造、擅自制造的，或通过盗窃、骗取、买入等手段获得的。

（二）立案标准

伪造、擅自制造或者出售伪造、擅自制造的用于骗取出口退税、抵扣税款的其他发票，涉嫌下列情形之一的，应予立案追诉：

1. 票面可以退税、抵扣税额累计在十万元以上的；

2. 伪造、擅自制造或者出售伪造、擅自制造的发票十份以上且票面可以退税、抵扣税额在六万元以上的；

3. 非法获利数额在一万元以上的。

（三）犯罪处罚

自然人犯本罪的，处三年以下有期徒刑、拘役或者管制，并处二万元以上二十万元以下罚金；数量巨大的，处三年以上七年以下有期徒刑，并处五万元以上五十万元以下罚金；数量特别巨大的，处七年以上有期徒刑，并处五万元以上五十万元以下罚金或者没收财产。

单位犯本罪的，对单位判处罚金，并对其直接负责的主管人员和其他直接责任人员，依照上述的规定处罚。

三十五、非法制造、出售非法制造的发票罪

非法制造、出售非法制造的发票罪是指违反发票管理法规，伪造、擅自制造不能用于出口退税、抵扣税款的发票，以及出售伪造、擅自制造的不能用于出口退税、抵扣税款的发票的行为。

（一）犯罪构成

1. 犯罪主体

非法制造、出售非法制造的发票罪的主体是一般主体，包括单位和个人。

2. 犯罪客体

非法制造、出售非法制造的发票罪侵犯的是国家的发票管理秩序和税收秩序。根据税收征收管理法规定："发票必须由省、自治区、直辖市人民政府税务主管部门指定的企业印制；未经省、自治区、直辖市人民政府税务主管部门指定，不得印制发票。"

3. 主观方面

犯罪主观方面表现为直接故意，一般以营利为目的。过失和间接故意，均不能构成本罪。如过失造成的超量印制发票，不以犯罪论处。

4. 客观方面

犯罪客观方面表现为违反国家有关发票管理法规，实施了非法制造、出售非法制造的发票的行为。

（1）非法制造发票。根据发票管理办法的规定，发票应须是由防伪专用品制成并套印全国统一发票监制章才有效。非法制造普通发票包括伪造和擅自制造两种形式。这里的“伪造”即无权印制普通发票的人仿照真实的普通发票，非法制造假发票、冒充真发票。“擅自制造”即指印制发票企业或生产发票防伪专用品企业未经有关主管税务机关批准，私自印制发票或私自制造防伪专用品，或虽经批准，但未按发票印制通知书或发票防伪专用品生产通知书所规定的印制数量或生产产量，私自超量加印或制造。发票管理办法规定，“各省、自治区、直辖市内的单位和个人使用的发票，除增值税专用发票外，应当在本省、自治区、直辖市范围以内印制；确有必要到外省、自治区、直辖市印制的，应当由省、自治区、直辖市税务机关商印制地省、自治区、直辖市税务机关同意，由印制地省、自治区、直辖市税务机关确定的企业印制”。所以，如果印制发票企业未经本省（自治区、直辖市）税务机关同意，私自接受外省（自治区、直辖市）的单位或个人或外省、自治区、直辖市税务机关的委托而印制发票的，也是擅自制造。

（2）出售非法制造的发票。这里的“出售”是指以一定价格将非法制造的普通发票卖出。金钱交易、转移所有权是“出售”的本质特征，租用、转让、赠与等无此特征的行为都不是出售。出售的方法不限。非法出售的发票可以是自己伪造、擅自制造的，也可以盗窃、骗取、买入、拾得他人伪造、擅自制造的。出售的可以是真的发票，也可以是假的发票。

（二）立案标准

伪造、擅自制造或者出售伪造、擅自制造的不具有骗取出口退税、抵扣税款功能的其他发票，涉嫌下列情形之一的，应予立案追诉：

1. 伪造、擅自制造或者出售伪造、擅自制造的不具有骗取出口退税、抵扣税款功能的其他发票一百份以上且票面金额累计在三十万元以上的；

2. 票面金额累计在五十万元以上的；

3. 非法获利数额在一万元以上的。

（三）犯罪处罚

自然人犯本罪的，处二年以下有期徒刑、拘役或者管制，并处或者单处一万元以上五万元以下罚金；情节严重的，处二年以上七年以下有期徒刑，并处五万元以上五十万元以下罚金。

单位犯本罪的，对单位判处罚金，并对其直接负责的主管人员和其他直接责任人员，依照上述的规定处罚。

三十六、非法出售用于骗取出口退税、抵扣税款发票罪

非法出售用于骗取出口退税、抵扣税款发票罪是指违反发票管理规定，非法出售可以用于骗取出口退税、抵扣税款的其他发票的行为。

（一）犯罪构成

1. 犯罪主体

非法出售用于骗取出口退税、抵扣税款发票罪的犯罪主体是一般主体，包括单位和个人。包括从税务机关依法领购此类发票的单位或者个人，负责发售此类发票的税务工作人员，以及其他单位和个人。

2. 犯罪客体

非法出售用于骗取出口退税、抵扣税款发票罪侵犯的是国家的发票管理秩序和税收秩序。

3. 主观方面

犯罪主观上是故意，只能由直接故意构成。行为人具有非法出售增值税专用发票以外可以用于出口退税、抵扣税款的发票的犯罪故意，具有营利的目的。

4. 客观方面

犯罪客观表现为非法出售增值税专用发票以外可以用于出口退税、抵扣税款的发票。

发票管理办法规定，开具发票仅限于销售商品、提供服务以及从事其他经营活动的单位和个人对外发生经营业务、收取款项的情况。在通

常情况下，应由收款方向付款方开具；在特殊情况下可由付款方向收款方开具发票。任何单位和个人都不得转借、转让、代开发票；禁止倒买倒卖发票。从事生产、经营的企业事业单位或者个人，如果需要使用发票，只能依法向主管税务机关申请领购。因此，除税务机关依法发售发票之外的其他一切出售发票行为都是非法行为。

出售不包括行为人没有从中牟利的转借发票的行为，名为转借、实为非法出售的，应当认定为非法出售。对于非法购买不能用于出口退税、抵扣税款的发票的，应当根据行为人购买发票的目的和用途确定。行为人购买发票是为了转手倒卖的，是倒卖发票的一个环节，应当认定为非法出售（未遂）；行为人购买发票的目的是为了其他非法目的，供自己使用不构成本罪。

增值税专用发票以外可以用于出口退税、抵扣税款的发票，是指废旧物品收购发票、运输发票、农业产品收购发票等不是增值税专用发票而又具有与增值税专用发票相同的功能，可以用于出口退税、抵扣税款的发票。刑法专门规定了非法出售增值税专用发票罪和非法出售发票罪，非法出售增值税专用发票和非法出售不能用于出口退税、抵扣税款的发票分别构成非法出售增值税专用发票罪和非法出售发票罪，不能构成本罪。刑法还规定了非法制造、出售非法制造的增值税专用发票以外可以用于出口退税、抵扣税款的发票罪。因此，这里的发票仅指依法办理了税务登记的单位或者个人，在领取税务登记证件后向税务机关领购的发票。凡不是从税务机关领购的发票，均属伪造、擅自制造的发票。出售伪造、擅自制造的增值税专用发票以外可以用于出口退税、抵扣税款的发票，构成出售非法制造的用于骗取出口退税、抵扣税款发票罪，不构成本罪。

（二）立案标准

非法出售可以用于骗取出口退税、抵扣税款的其他发票，涉嫌下列情形之一的，应予立案追诉：

1. 票面可以退税、抵扣税额累计在十万元以上的；

2. 非法出售用于骗取出口退税、抵扣税款的其他发票十份以上且票面可以退税、抵扣税额在六万元以上的；

3. 非法获利数额在一万元以上的。

（三）犯罪处罚

自然人犯本罪的，处三年以下有期徒刑、拘役或者管制，并处二万元以上二十万元以下罚金；数量巨大的，处三年以上七年以下有期徒刑，并处五万元以上五十万元以下罚金；数量特别巨大的，处七年以上有期徒刑，并处五万元以上五十万元以下罚金或者没收财产。

单位犯本罪的，对单位判处罚金，并对其直接负责的主管人员和其他直接责任人员，依照上述的规定处罚。

三十七、非法出售发票罪

非法出售发票罪是指违反发票管理规定，非法出售各种不能用于骗取出口退税、抵扣税款的发票的行为。

（一）犯罪构成

1. 犯罪主体

本罪的主体是一般主体，包括单位和个人。

2. 犯罪客体

犯罪侵犯了国家关于发票的监督管理规定和税收管理制度，扰乱了经济管理秩序。本罪的犯罪对象是普通发票，即增值税专用发票、可以用于骗取出口退税、抵扣税款的发票以外的其他发票。这些发票不是伪造的，也不是擅自制造的。

3. 主观方面

犯罪主观方面是故意，只能由直接故意构成，并且一般以营利为目的，间接故意和过失均不能构成犯罪。

4. 客观方面

非法出售发票罪客观表现为非法出售各种普通发票。发票管理办法规定，开具发票仅限于销售商品、提供服务以及从事其他经营活动的单位和个人对外发生经营业务，收取款项的情况。通常由收款方向付款方开具发票。任何单位和个人都不得转借、转让、代开发票；禁止倒买倒卖发票。从事生产、经营的企业事业单位或个人如果需要使用发票，只能依法向主管税务机关申请领购。因此，除税务机关可以依法发售各种发票外，其他一切出售发票的行为都是非法的。这里的“普通发票”，是指增值税专用发票、可以用于骗取出口退税、抵扣税款的发票以外的其他发票，既不是伪造的，也不是擅自制造的。

（二）犯罪认定

要注意区分非法出售发票罪与非罪的界限：

1. 行为人非法出售普通发票的行为必须达到一定的数量标准才能构成本罪。根据规定，非法出售普通发票一百份以上的，应予立案追诉。对于未达到立案标准的，可由有关部门给予行政处罚。

2. 出售后他人是否使用、是否牟利，不影响成立非法出售发票罪。如果既出售又虚开，应当数罪并罚。

3. 行为人仅仅购买普通发票，不能以犯罪论处。如果购买后又出售，可以非法出售发票罪定罪处刑。

（三）立案标准

非法出售增值税专用发票、用于骗取出口退税、抵扣税款的其他发票以外的发票，涉嫌下列情形之一的，应予立案追诉：

1. 非法出售增值税专用发票、用于骗取出口退说、抵扣税款的其他发票以外的发票一百份以上且票面金额累计在三十万元以上的；

2. 票面金额累计在五十万元以上的；

3. 非法获利数额在一万元以上的。

（四）犯罪处罚

自然人犯非法出售普通发票罪的，处二年以下有期徒刑、拘役或者管制，并处或者单处一万元以上五万元以下罚金；情节严重的，处二年以上七年以下有期徒刑，并处五万元以上五十万元以下罚金。

单位犯本罪的，对单位判处罚金，并对其直接负责的主管人员和其他直接责任人员，依照上述的规定处罚。

三十八、假冒注册商标罪

假冒注册商标罪是指违反国家商标管理法规，未经注册商标所有人许可，在同一种商品、服务上使用与其注册商标相同的商标，情节严重的行为。

（一）犯罪构成

1. 犯罪主体

犯罪的主体是一般主体，包括单位和个人。

2. 犯罪客体

犯罪侵犯的是国家对商标的管理制度和他人的注册商标专用权。犯罪对象是他人的注册商标。“商标”是指单位和个人对其生产、制造、加工、拣选或经销的商品或对其提供的服务项目采用的，由文字、图形、字母、数字、三维标志和颜色及其组合构成的，能够将其商品或服务与他人的商品或服务相区别，具有显著特征的可视性标志。我国商标专用权采用注册原则，按申请注册先后确定商标权归属，谁先申请就授予谁。所以，已注册的商标才受商标法保护，没有注册的商标不在保护之列。已超过商标注册的有效期限或因违法行为被注销的注册商标，法律不予保护，即使有人假冒也不构成侵权。

3. 主观方面

犯罪主观方面表现为故意。如果是因过失，如不知某一商标已被他人注册，或者是自己首先使用的商标但是没有注册却被他人抢先注册，在不知情的情况下仍继续使用，不构成假冒注册商标罪。

4. 客观方面

犯罪客观表现为未经注册商标所有人许可，在同一种商品、服务上使用与其注册商标相同的商标，情节严重。具体包括：

（1）未经注册商标所有人许可。根据我国商标法规定，商标所有人可以允许他人在商品、服务上使用其注册商标。但是未经许可，不得在相同或相似的商品、服务上使用与他人注册商标相同或类似的商标。这项权利是注册商标专用权的重要内容。未经注册商标所有人许可包括：行为人从未获得注册商标所有人使用其注册商标的许可，商标所有人未在任何时间以任何方式许可行为人使用其注册商标；行为人虽曾经获得注册商标所有人的使用许可，但在许可使用期限届满后仍继续使用；行为人虽然曾经获得注册商标所有人的使用许可，但由于不能保证商品质量、服务质量等原因导致许可合同提前解除，行为人在合同解除后仍继续使用该注册商标；行为人获得了注册商标所有人的使用许可，但超越许可规定的商品、服务范围；行为人虽然获得注册商标所有人的使用许可，但超越许可规定的地域范围。

（2）在同一种商品、服务上使用与他人注册商标相同的商标。行为人使用商标的商品与注册商标的商品必须是同一种商品，行为人使用的商标的服务与注册商标的服务必须是同一种服务，行为人所使用的商标与他人注册商标相同。根据商标法的规定，未经注册商标所有人许可，在同一种商品或类似商品上使用与其注册商标相同或近似商标的行为均属假冒商标行为，具体包括：在同一种商品上使用与他人注册商标相同的商标；在同一种商品上使用与他人注册商标近似的商标；在类似商品上使用与他人注册商标相同的商标；在类似商品上使用与他人注册商标近似的商标。上述四种行为中“在同一种商品上使用与他人注册商标相同的商标”属于犯罪，但其余三种行为不以假冒注册商标罪论处，而以商标违法行为处理。“同一种商品”指名称相同的商品以及名称不同但指同一事物的商品。“名称不同但指同一事物的商品”是指在功能、用途、主要原料、消费对象、销售渠道等方面相同或者基本相同，相关公众一般认为是同一种事物的商品。根据有关规定，在相同或者类似服务上，擅自使用与他人服务商标相同或者相似的服务商标，擅自将与他人服务商标相同或近似的文字作为服务名称使用并足以造成误认的，以及利用广告、宣传媒介或者其他引导消费的手段，擅自使用与他人服务商标相同或者近似的服务商标并足以造成误认的，都属于服务商标侵权行为。其中，在同一种服务上使用与他人注册商标相同的商标属于犯罪，其他行为以商标违法行为处理。“相同的商标”是指商标的构成要素及组合相同的商标。“相同商标”与“近似商标”应从文字、图形等构成要素及其组合方式等角度具体认定。

具有下列情形的，可以认定为“与其注册商标相同的商标”：改变注册商标的字体、字母大小或者文字横竖排列，与注册商标之间基本无差别的；改变注册商标的文字、字母、数字等之间的间距，与注册商标之间基本无差别的；改变注册商标颜色的，不影响体现注册商标显著特征的；在注册商标上仅增加商品通用名称、型号等缺乏显著特征要素，不影响体现注册商标显著特征的；与立体注册商标的三维标志及平面要素基本无差别的；其他与注册商标在视觉上基本无差别、足以对公众产生误导的商标。

“使用”是指“在商品、服务上的使用”。根据商标法实施条例规定，商标的“使用”包括将商标用于商品、商品包装或容器以及商品交易文书上，或者将商标用于广告宣传、展览以及其他商业活动中。可见，商标的使用还应包括用于广告宣传、展览以及其他商业活动。根据有关规定，在服务场所，服务招牌，服务工具，带有服务商标的名片、明信片、赠品等服务用品，带有服务商标的账册、发票合同等商业交易文书、广告及其他宣传用品以及为提供服务所使用的其他物品上使用服务商标，视为服务商标的使用。

（3）情节严重。即未经注册商标所有人许可在同一种商品上使用与其注册商标相同的商标的行为，达到了情节严重的程度。如个人假冒他人注册商标非法经营数额在十万元以上的，单位假冒他人注册商标，非法经营数额在五十万元以上的，等等。

（二）犯罪认定

假冒注册商标罪与生产、销售伪劣商品罪的区别在于：

假冒注册商标罪侵犯的是国家商标管理制度，实施的是假冒商标情节严重的行为；生产、销售伪劣商品罪侵犯国家对商品质量的管理制度，其行为是在产品中掺杂、掺假、以假充真、以次充好或者以不合格产品冒充合格产品。对于采用假冒注册商标的手段生产、销售伪劣商品，且销售数额特别巨大或造成严重后果的，同时触犯假冒商标罪和生产、销售伪劣商品罪，应以刑罚较重的一罪定罪量刑。

（三）立案标准

未经注册商标所有人许可，在同一种商品上使用与其注册商标相同的商标，涉嫌下列情形之一的，应予立案追诉：

1. 非法经营数额在五万元以上或者违法所得数额在三万元以上的；

2. 假冒两种以上注册商标，非法经营数额在三万元以上或者违法所得数额在二万元以上的；

3. 其他情节严重的情形。

（四）犯罪处罚

自然人犯本罪，情节严重的，处三年以下有期徒刑，并处或者单处罚金；情节特别严重的，处三年以上十年以下有期徒刑，并处罚金。

单位犯本罪的，对单位判处罚金，并对其直接负责的主管人员和其他直接责任人员依照上述规定处罚。

三十九、销售假冒注册商标的商品罪

（一）犯罪构成

销售假冒注册商标的商品罪是指违反商标管理法规，销售明知是假冒注册商标的商品，违法所得数额较大或者有其他严重情节的行为。

1. 犯罪主体

犯罪的主体是一般主体，可以是单位，也可以是个人。

2. 犯罪客体

犯罪侵犯的是国家对商标的管理制度和他人注册商标的专用权。商标权人依法对自己已注册的商标拥有专有使用权，即商标专用权。商标法明确规定要保护商标专用权。侵害商标专用权的行为都无一例外地侵害注册商标的专用权，而销售明知是假冒商标的商品，却依旧使得大量伪、劣、次产品进入市场，冲击名优产品及其他同类产品，造成消费者难辨真伪、上当受骗，可能给消费者的身体健康、生命安全造成威胁，严重损害消费者的合法利益。这种行为在经济上支持了假冒他人注册商标的犯罪行为，使犯罪心理得到强化。

犯罪对象是假冒注册商标的商品，这种商品多数属于伪、劣、次甚至有害物品。

3. 主观方面

犯罪主观方面表现为故意，即明知是假冒注册商标的商品而故意销售给他人。过失不能构成本罪。“明知”并不等于“确知”，只要行为人应该知道所销售商品是假货即可，认定“明知”的标准为：有证据证明行为人曾被告知销售的是假冒注册商标的商品的；销售商品的进价和质量明显低于市场上被假冒的注册商标商品的进价和质量；根据行为人的经验和知识能够知道自己销售的是假冒注册商标的商品。

4. 客观方面

犯罪客观方面表现为行为人非法销售明知是假冒注册商标的商品，销售金额数额较大。“销售”是指以采购、推销、出售或兜售等方法将商品出卖给他人，包括批发和零售、代销、委托销售等形式。这里销售的商品不应是自己生产、制造或加工的商品。如果销售的商品没有商标、没有注册的商标，或者没有假冒他人注册商标，是自己的注册商标、是他人注册商标但没有使用在与该商品相同的商品等，则不构成本罪。行为人如果在自己的商品上假冒他人注册商标之后又加以出售，可能同时构成两个犯罪，应择一重罪从重处罚。

销售假冒他人注册商标的商品的违法所得数额需达到较大的程度。虽然销售假冒他人注册商标的商品，但违法所得数额不属于较大的不以犯罪论处。这里的“违法所得”是指销售者出售假冒他人注册商标的商品扣除成本、税收等合理支出的所有违法收入。没有违法所得或者虽有违法所得但数额不大，一般不以犯罪论处，但是如果有“其他严重情节”，仍然构成犯罪。这里的“其他严重情节”应当参考销售金额较大等因素予以确定。

（二）犯罪认定

1. 销售假冒注册商标的商品罪与销售伪劣产品罪的区别

（1）销售假冒注册商标的商品罪侵害的是商标权人的商标专用权和消费者的合法利益，以侵犯商标专用权为主。销售伪劣产品罪侵害的是国家产品质量监督管理制度和消费者的合法权益，以侵犯消费者的合法权益为主。

（2）销售假冒注册商标的商品罪客观表现为销售明知是假冒注册商标的商品，违法所得数额较大或者有其他严重情节；销售伪劣产品罪客观表现为行为人在产品中掺杂、掺假，以假充真，以次充好或以不合格产品冒充合格产品，销售金额在五万元以上。

（3）销售假冒注册商标的商品罪犯罪对象是假冒他人已注册商标的商品，可能是伪劣产品，也可能是合格产品。销售伪劣产品罪的犯罪对象是伪劣产品，其质量不合格。

2. 销售假冒注册商标的商品罪与假冒注册商标罪的区别

两罪的关系密切，应注意界限。区别在于：

（1）销售假冒注册商标的商品罪的犯罪对象是假冒注册商标的商品，假冒注册商标罪的犯罪对象是他人注册的商标。

（2）销售假冒注册商标的商品罪客观表现为行为人销售明知是假冒注册商标的商品，假冒注册商标罪表现为行为人未经注册商标所有人许可，在同种商品、服务上使用与他人已注册商标相同的商标。

在实践中，应当注意两种情形：

（1）行为人未经注册所有人许可，在同种商品、服务上使用与他人已注册商标相同的商标后，又将该种商品出售，获取非法利益。前后两种行为构成假冒注册商标罪整个犯罪过程，存在着密切联系，后者是前者的必然结果。这种情况宜按假冒注册商标罪一罪认定，而不是认定为两罪。

(2) 数个行为人有假冒注册商标的共同故意，分工协作，有的制造，有的销售。销售行为是假冒注册商标共同犯罪的组成部分，应认定为假冒注册商标罪，销售者是假冒注册商标罪的共犯。

(三) 立案标准

销售明知是假冒注册商标的商品，涉嫌下列情形之一的，应予立案追诉：

1. 销售金额在五万元以上的；

2. 尚未销售，货值金额在十五万元以上的；

3. 销售金额不满五万元，但已销售金额与尚未销售的货值金额合计在十五万元以上的。

(四) 犯罪处罚

自然人犯本罪，违法所得数额较大或者有其他严重情节的，处三年以下有期徒刑，并处或者单处罚金；违法所得数额巨大或者有其他特别严重情节的，处三年以上十年以下有期徒刑，并处罚金。

单位犯本罪的，对单位判处罚金，并对其直接负责的主管人员和其他直接责任人员，依照上述的规定处罚。

四十、非法制造、销售非法制造的注册商标标识罪

非法制造、销售非法制造的注册商标标识罪是指违反商标管理法规，伪造、擅自制造他人注册商标标识或者销售伪造、擅自制造的注册商标标识，情节严重的行为。

(一) 犯罪构成

1. 犯罪主体

犯罪主体包括单位和个人。其中，单位既可以是法人，也可以是非法人；个人包括持有工商营业执照的个体工商户，也包括没有营业执照

的其他个人。

2. 犯罪客体

犯罪侵害的是国家商标管理制度和他人注册商标的专用权。犯罪对象是他人的注册商标标识。“商标标识”是表明注册商标的商品显著特征的识别标志，指附有商标图样、商标注册标记、“注册商标”字样、注册商标标志、核准注册的名称等的物质载体如商标纸、商标片、商标织带等。包括：在商品上或商品包装、说明书以及其他附着物上标明的“注册商标”字样或注册商标标识及注册标记；在商品或者包装物上印制的注册商标图形，如注册商标的文字、字母、图形及其组合图样；经商标局核准注册或能起到商标作用的商品特定名称及外观装潢。商标必须在有效期内，如果超过有效期限，或者有其他原因使其被注销，其标识就不能成为本罪的对象。

3. 主观方面

犯罪主观表现为故意，行为人明知是他人的注册商标标识而仍故意伪造，或明知违反注册商标标识印制委托合同规定，仍然故意超量制造，或明知是伪造的或擅自制造的他人注册商标标识，仍故意销售。过失不能构成本罪。印制单位受他人欺骗、蒙蔽，不知是他人注册商标标识而印制的不构成本罪。如果印制单位明知行为人的意图，出于某种目的故意伪造或擅自制造的，构成本罪。不知是他人伪造、擅自制造的注册商标标识而销售的不构成本罪。如果销售者和伪造、擅自制造者事先通谋，事后由其销售，则是非法制造注册商标标识罪的共犯。

4. 客观方面

犯罪客观表现为违反商标管理法规，伪造、擅自制造他人注册商标标识或者销售伪造、擅自制造的商标标识，情节严重。

（1）伪造、擅自制造、销售的行为是违反商标管理法规的行为。如果没有违反商标管理法规，即使伪造、擅自制造销售，也不能以本罪论处。如伪造、擅自制造未经注册的商标标识或虽经注册但已超过有效期限的商标标识，不构成本罪。

（2）伪造、擅自制造他人注册商标标识或者销售伪造、擅自制造的商标标识。这里的“伪造”是指无权制作他人注册商标的单位或个人，即未经县级以上工商行政管理机关批准而获得指定印制商标单位的资格的单位或个人，在未经注册商标所有人合法许可、委托或授权的情况下，私自仿照他人注册商标标识式样、文字、图形及组合、形态、色彩、质地、特征及制作技术等制作与他人注册商标标识相同的商标标识，或者非商标所有权人委托他人（包括有权印制商标的单位、个人）为自己非法制造他人注册商标标识。“擅自制造”是指依法经过批准有权印制商标的单位及个人，未经商标所有权人委托而制造与其注册商标标识相同的商标标识，或者虽经注册商标所有人的委托授权，但违反委托合同规定，任意超量印制商标标识。“销售”是指出售、兜售或转手倒卖伪造的或者擅自制造的他人注册商标标识，其中包括擅自出售带有他人注册商标的废次标识。销售属于伪造或擅自制造的注册商标标识的，才可能构成本罪，如果销售的不是伪造的或擅自制造的注册商标标识，不构成本罪。

（3）违反商标管理法规，伪造、擅自制造他人注册商标标识或者销售伪造、擅自制造的商标标识，达到情节严重的程度。这里的“情节严重”是指销售金额数额较大或者具有其他严重情节。

（二）立案标准

伪造、擅自制造他人注册商标标识或者销售伪造、擅自制造的注册商标标识，涉嫌下列情形之一的，应予立案追诉：

1. 伪造、擅自制造或者销售伪造、擅自制造的注册商标标识数量在二万件以上，或者非法经营数额在五万元以上，或者违法所得数额在三万元以上的；

2. 伪造、擅自制造或者销售伪造、擅自制造两种以上注册商标标识数量在一万件以上，或者非法经营数额在三万元以上，或者违法所得数额在二万元以上的；

3. 其他情节严重的情形。

（三）犯罪处罚

自然人犯本罪，情节严重的，处三年以下有期徒刑，并处或者单处罚金；情节特别严重的，处三年以上十年以下有期徒刑，并处罚金。

单位犯本罪的，对单位判处罚金；并对其直接负责的主管人员和其他直接责任人员，依照上述的规定处罚。

四十一、假冒专利罪

假冒专利罪是指假冒他人专利，情节严重的行为。

（一）犯罪构成

1. 犯罪主体

犯罪的主体是一般主体，包括单位和个人。

2. 犯罪客体

犯罪侵犯的是国家专利管理制度，是单位或者个人的专利权利。我国法律明确规定要保护科技发明创造的专利权，国家对专利统一管理，形成专利制度，鼓励发明创造，维护、保护专利权人和国家的专利权益。假冒专利行为侵犯他人的专利权和国家的专利管理制度，必须予以打击。犯罪对象是其他单位和个人的专利。专利是一种知识产权，是无形资产，可分为三类，即发明专利、实用新型专利和外观设计专利。

3. 主观方面

犯罪主观表现为故意，行为人明知自己在假冒他人专利、侵犯他人专利权仍故意实施之。过失行为不能构成本罪。且一般有非法获利的目的，也有的是为了损害他人声誉，破坏他人专利权益。出于何种目的不影响犯罪成立。

4. 客观方面

犯罪客观表现为违反国家法律规定，在法定有效期限内假冒他人或单位已向国家专利主管部门提出申请并经审查获得批准的专利，且情节严重。

发明和实用新型两种专利具有新颖性、创造性和实用性，外观设计具有独特性，与申请日以前的国内外出版物公开发表过或国内外公开使用过的外观设计不相同或不相似。假冒行为是企图使公众相信该产品是专利权人生产、使用或销售，或者经专利权人许可而生产、使用或销售，从而牟取非法利益。

（1）违反法律规定。根据我国专利法规定，专利权的所有人和持有人（即专利权人）享有对专利的独占权和专用权。除法律规定以外，任何单位和个人非经专利权人许可均不得实施其专利，不得为生产经营目的制造、使用或者销售其专利产品。犯罪行为人违反法律规定，假冒专利，使公众相信其生产的产品是专利权人生产、使用或者销售的，或者是经专利权人许可生产、使用或销售的，从而牟取非法利益。

（2）假冒他人专利。假冒专利的行为方式多种多样，具体表现为：以欺骗手段进行专利登记、冒取他人专利；在非专利产品或专利上标明他人的专利标记或专利号；仿造、侵吞、擅自实施他人专利、故意贩运仿造或变造他人专利的产品、伪造、擅自制造他人专利标记、故意销售伪造或擅自制造的他人专利标记、进口假冒他人专利的产品、冒充专利等。

（3）未经专利权人许可实施其专利。行为人未经专利权人许可，以生产经营为目的而非法制造、使用或销售其专利产品，或者使用其专利方法侵犯专利权人合法权益。

（4）假冒专利行为发生在专利权期限内。根据法律规定，专利权人只能在法定期限内享有对其发明创造专有利用的权利。专利期限届满后，发明创造不再作为专利保护，也不存在假冒专利。发明专利权的期限为十五年，自申请之日起计算；实用新型和外观设计专利的期限为五年，自申请之日起计算，期满前专利权人可以申请续展三年。

（5）假冒专利罪侵犯他人专利权益，情节严重。这里的“情节严重”是指假冒他人专利手段恶劣、非法获利数额较大、给专利人或国家造成重大损害的、在国际国内造成恶劣影响的等。

（二）犯罪认定

1. 假冒专利罪与一般专利侵权行为的界限在于“情节是否严重”。只有情节严重的假冒专利行为才构成假冒专利罪，否则只是一般违法行为，不构成犯罪。

2. 把假冒专利罪与专利法允许的行为区别开。根据专利法规定，下列行为不视为侵犯专利权，是法律允许的行为：专利权人制造或者经专利权人制造的专利产品售出后，使用或者销售该产品的；使用或者销售不知道是未经专利权人许可而制造并售出的专利产品的；在专利申请日前已经制造相同产品、使用相同方法或者已经做好制造、使用的必要准备，并且仅在原有范围内继续制造、使用的；临时通过中国领土、领水、领空的外国运输工具，依照其所属国同中国签订的协议或者共同参加的国际条约，或者依照互惠原则，为运输工具自身需要而在其装置和设备中使用有关专利；专为科学研究和实验而使用有关专利的；在国家出现紧急状态或者非常情况时，或者为了公共利益的目的，专利局可以给予实施发明专利或者实用新型专利的强制许可。

3. 把假冒专利罪与冒充专利行为区别开来。冒充专利是指凭空捏造不存在的专利标记或专利号，把自己生产的非专利产品谎称为专利产品，而不是假冒他人专利。冒充专利的行为不构成犯罪，由于行为人冒充的专利权根本不存在，所以不会发生专利侵权的问题，行为人应承担行政法律责任。

（三）立案标准

假冒他人专利，涉嫌下列情形之一的，应予立案追诉：

1. 非法经营数额在二十万元以上或者违法所得数额在十万元以上的；

2. 给专利权人造成直接经济损失在五十万元以上的；

3. 假冒两项以上他人专利，非法经营数额在十万元以上或者违法所得数额在五万元以上的；

4. 其他情节严重的情形。

（四）犯罪处罚

自然人犯本罪，情节严重的，处三年以下有期徒刑或者拘役，并处或者单处罚金。

单位犯本罪的，对单位判处罚金，并对其直接负责的主管人员和其他直接责任人员，依照上述的规定处罚。

四十二、侵犯商业秘密罪

侵犯商业秘密罪是指以盗窃、贿赂、欺诈、胁迫、电子侵入或者其他不正当手段获取权利人的商业秘密，或者非法披露、使用或者允许他人使用其所掌握的或非法获取的商业秘密，给商业秘密的权利人造成重大损失的行为。

（一）犯罪构成

1. 犯罪主体

犯罪主体是一般主体。包括单位和个人，既包括经营者，又包括经营者以外的自然人、法人和非法人组织。企业厂长、经理和其他管理员、企业的职工或临时雇佣工等；已离退休或转调的原企业的人员；受委托并因而知悉、掌握商业秘密的人员如律师、专利代理人、经济顾问等；对企业有监督、检查、调查和管理权的人，如审计、税务、工商人员等；因盗窃、贿赂、欺诈、胁迫或者其他不正当手段获取权利人的商业秘密的人员；依合同或者权利人有关保守商业秘密的要求，披露、使用或者允许他人使用其掌握的商业秘密的有关单位及直接责任人员，都容易成为侵犯商业秘密罪的主体。为了获取、使用商业秘密与披露商业秘密的犯罪人事先有通谋的单位或个人，应以共同犯罪论处。

2. 犯罪客体

犯罪侵犯的是受国家保护的正常市场经济秩序，是商业秘密权利人的合法权益。犯罪对象是商业秘密。反不正当竞争法规定，商业秘密是指不为公众所知悉、具有商业价值并经权利人采取保密措施的技术信息、经营信息等商业信息。我国法律所指的商业秘密包含技术秘密，包括生产技巧、工艺秘诀、产品配方等技术信息，也包括商业经验、经营策略、营业秘密等营业信息。这里的“权利人”是指依法对商业秘密享有所有权或使用权的公民、法人或者其他组织。“不为公众所知悉”是指该信息不能从公开渠道直接获取。“技术信息、经营信息”，包括设计程序、产品配方、制作工艺、制作方法、管理决策、客户名单、货源情报，产销策略、招投标中的标底及标书内容等信息。“具有商业价值”是指该信息有确定的经济利益或者竞争优势。“权利人采取保密措施”是指订立保密协议，建立保密制度及采取其他合理的保密措施。

3. 主观方面

犯罪主观方面表现为故意。行为人有意识地通过多种方式侵犯商业秘密。过失不构成本罪。行为人出于何种动机实施犯罪，不影响犯罪成立。犯罪动机主要包括：为了交换利益而披露商业秘密；为自己从事不正当竞争而使用商业秘密；为击败同业竞争对手而以盗窃、利诱、胁迫或者其他不正当手段获取商业秘密；为出卖而以盗窃、利诱、胁迫或者其他不正当手段获取商业秘密；为报复或泄愤而披露商业秘密。

4. 客观方面

犯罪客观表现为违反国家反不正当竞争法律法规规定，侵犯商业秘密，给商业秘密的权利人造成重大损失。具体表现为以下几个方面：

(1) 以盗窃、贿赂、欺诈、胁迫、电子侵入或者其他不正当手段获取权利人的商业秘密。这里的“盗窃”是指以自认为不被商业秘密所有人、使用人、保管人等发现的方法秘密窃取其商业秘密。“贿赂”是指通过现金、实物、有价证券、红包、礼盒以及各种名义的费用等贿赂使合营者、保管者、知情人等向其泄露商业秘密。“胁迫”是指以伤害、杀害生命、加害亲属、毁坏财产、揭露隐私、损害名誉等相要挟、恐吓，致使知情者向其泄露商业秘密。“电子侵入”是指不具有商业秘密信息电子载体询问权限或未经授权，或者超越询问权限、授权范围，通过“黑客”“病毒植入”等电子信息技术手段非法获取商业秘密。此外，还有抢劫、窃取、骗取等不正当手段。

（2）披露、使用或者允许他人使用以不正当手段获取的权利人的商业秘密。这里的“披露”是指通过各种方式向他人泄露商业秘密。如当面告知、电话告知等；如提供商业秘密原件、复制件等；让其阅读、抄录、复制等。“使用”是指将获知的商业秘密用于生产、经营。披露、使用或者允许他人使用权利人的商业秘密必须是通过以盗窃、利诱、胁迫或者其他不正当的手段获取的。如果不是通过不正当手段获取，即使披露或者使用，也不能以侵犯商业秘密行为论处。此外，明知或应知是不正当手段取得的商业秘密，仍然获取、使用或者披露，以侵犯商业秘密罪论。

（3）违反保密义务或者违反权利人有关保守商业秘密的要求，披露、使用或者允许他人使用其所掌握的商业秘密。违反保密义务或违反权利人有关保守商业秘密的要求是前提，如果没有违反保密义务也没有违反权利人有关保守商业秘密的规定，而是按权利人设定的保密义务、保密要求披露、使用或者允许他人使用其所掌握的秘密，不属于侵犯商业秘密的行为。

（4）教唆、引诱、帮助他人违反保密义务或者违反权利人有关保守商业秘密的要求，获取、披露、使用或者允许他人使用权利人的商业秘密。

（5）属于侵犯商业秘密的行为，并且给商业秘密的权利人造成重大损失。未给商业秘密的权利人造成损失或虽然造成了损失但不是重大损失的，不能构成本罪，应按民事侵权行为处理。这里的“损失”包括直接损失和间接损失。这里的“重大损失”主要是指经营活动受到严重损害，商品滞销、严重积压，营利性服务严重受挫，出现巨大经济损失等。

（二）犯罪认定

侵犯商业秘密罪与故意泄露国家秘密罪的区别主要在于：

1. 侵犯商业秘密罪的主体可以是自然人，也可以是单位。故意泄露国家秘密罪的主体只能是自然人，且以国家机关工作人员为主。

2. 侵犯商业秘密罪侵犯的是权利人对商业秘密的专用权，故意泄露国家秘密罪侵犯的是国家保密制度。

3. 侵犯商业秘密罪的犯罪对象是商业秘密，即不为公众所知悉，能为权利人带来经济利益，具有实用性并经权利人采取保密措施的技术信息和经营信息，是权利人的经济利益。故意泄露国家秘密罪的犯罪对象是国家秘密，依照法定程序确定，是指在一定时间内只限一定范围的人员知悉的事项，代表着国家利益，关系国家安全和利益。

4. 侵犯商业秘密罪客观表现复杂，包括以盗窃、利诱、胁迫或其他不正当手段获取权利人的商业秘密；披露、使用或者允许他人使用以前项手段获取的权利人的商业秘密；违反约定或权利人有关保守秘密的要求，披露、使用或允许他人使用商业秘密。明知或应知上述不正当手段获取的商业秘密，仍然获取、使用或者披露，以侵犯商业秘密行为论。故意泄露国家秘密罪客观表现为违反国家保密法规，使不应该知悉某项国家秘密的人员知悉该项国家秘密，行为特征是泄露。

（二）立案标准

侵犯商业秘密，涉嫌下列情形之一的，应予立案追诉：

1. 给商业秘密权利人造成损失数额在三十万元以上的；

2. 因侵犯商业秘密违法所得数额在三十万元以上的；

3. 直接导致商业秘密的权利人因重大经营困难而破产、倒闭的；

4. 其他给商业秘密权利人造成重大损失的情形。

（三）犯罪处罚

自然人犯本罪，情节严重的，处三年以下有期徒刑，并处或者单处罚金；情节特别严重的，处三年以上十年以下有期徒刑，并处罚金。

单位犯本罪的，对单位判处罚金，并对其直接负责的主管人员和其他直接责任人员，依照上述的规定处罚。

四十三、损害商业信誉、商品声誉罪

损害商业信誉、商品声誉罪是指捏造并散布虚伪事实，损害他人的商业信誉、商品声誉，给他人造成重大损失或者有其他严重情节的行为。

（一）犯罪构成

1. 犯罪主体

犯罪主体为一般主体，包括单位和个人。实践中，主要可以分为两类：一是竞争对手，处于不利地位的同行、其他生产者和经营者；二是新闻、报刊、电视台等媒介。竞争对手主要指生产相同或近似商品，或提供同类服务或近似服务的生产者和经营者。如果行为人受经营者收买或唆使，故意散布捏造的虚伪事实，诋毁和损害他人商业信誉、商品声誉，可能构成损害商业信誉、商品声誉罪的共犯。

2. 犯罪客体

犯罪侵犯的是商业信誉和商品声誉的权利人的合法权益，同时又扰乱了市场秩序。犯罪对象是他人的商业信誉和商品声誉。他人具有特定性，是从事商业活动的人，如生产者、销售者、提供诸如饮食、旅店、旅游等服务的单位和个人。商业信誉是指从事商业活动的诚实信用和名誉，包括信用、资产、经营能力、经营作风等内容。商品声誉是指其商品的良好声望及称誉，包括商品的性能、结构、外观、效用、质量、价格等方面。

3. 主观方面

犯罪主观方面表现为直接故意，并且以损害他人的商业信誉和商品声誉为目的。行为人明知行为会发生损害他人声誉、扰乱竞争秩序的结果，仍追求结果发生。间接故意与过失均不构成损害商业信誉、商品声誉罪。一般讲，行为人捏造并散布虚伪事实损害他人的商业信誉、商品声誉，动机在于降低他人竞争能力，使自己战胜竞争对手获得经济利益。也有的是出于嫉妒、泄愤报复、非法牟利等动机。

4. 客观方面

犯罪客观表现为捏造并散布虚伪事实，损害他人的商业信誉、商品声誉，给他人造成重大损失或者情节严重的行为。

(1) 捏造并散布虚伪事实，损害他人的商业信誉、商品声誉

“捏造并散布虚伪事实”是指利用语言、文字、音像、图画、网络等手段和途径，虚构歪曲某种不利于竞争对手的事实，并向外传播，以便于公众或第三人知晓。“捏造”是指无中生有、凭空编造与真实情况不符、对竞争对手不利的事实，或者以小夸大，引人误解。“散布”是指以各种可以使众人知道的方法传播、扩散所捏造的虚伪事实。“虚伪事实”是指贬低、毁坏他人商业信誉、商品声誉的虚假情况，可以是完全虚构的事实，也可以是部分虚构的事实。散布方式包括语言、文字和图形，或者三者的结合。语言即故意捏造事实，散布足以损害竞争对手商业信誉和商品声誉的言论，可以通过宣传媒体，也可以在产品发布会上。文字即用大字报、小字报、图画、报刊、书信等方法故意捏造事实并散布足以损害竞争对手商业信誉和商品声誉的信息，可以在公众场合，也可以向某些与竞争对手有特定业务关系的经营者传播。

损害商业信誉、商品声誉罪客观表现为以下形式：

有的是在公开场合，如订货会、交易会、产品新闻发布会上公开宣扬虚伪事实。有的是在商品包装或说明书上，贬低和诋毁他人生产、销售的同类商品，损害他人的商品声誉。

有的是利用公开信、传单、对比性广告、声明性公告等散布捏造的虚伪事实，恶意贬低、诋毁他人商业信誉、商品声誉。如对比性广告通过选取某个、某类产品或服务进行对比，以说明商品、服务的优点或特征。可能在对自己的商品质量、制作成分、用途等作直接虚假或引人误解的宣传的同时，直接贬低竞争者的商品，或者引人误解；或者通过对自身商品的质量、制作成分等作直接的虚假宣传或引人误解的宣传，间接对竞争者的商品进行贬低，造成捏造或散布虚伪事实。声明性广告往往借夸大自己商业信誉和商品声誉以贬低竞争对手，抬高自己。有的是在经营活动中利用销售、业务洽谈向业务客户及消费者尤其是被损害人的固定客户贬抑竞争对手。在业务洽谈等公开场合故意向竞争对手的客户或消费者散布虚伪事实，贬低和诋毁他人的商业信誉、商品声誉。通

过商业信息发布会、商品交易会议散布虚假言辞，也可以通过单独的商务洽谈、电话交谈等方式进行。经营者本人利用言辞实施，也可以通过指使、收买、唆使本单位职工或其他人进行。

有的以顾客、消费者的名义向监督部门如消费者协会、工商行政管理部门、新闻单位等作虚假投诉，损害其商业信誉或商品声誉。投诉理由一般为：产品质量低劣，服务质量差，违反法律规定侵犯消费者权益。

有的进行恶意诉讼，捏造侵权事实并通过诉讼向社会公众散布虚假事实，贬低和损害他人的商誉。行为人出于不合法的动机和目的，明知自己缺乏胜诉理由，仍以合法形式进行恶意诉讼，以期通过诉讼而给对方当事人造成某种损害后果。

（2）捏造并散布虚伪事实，损害他人的商业信誉、商品声誉，“给他人造成重大损失”或者“有其他严重情节”。“重大损失”是指客观存在且能够估量和测量的重大物质性损失，不包括间接损失及潜在的损失。“有其他严重情节”包括多次实施损害商业信誉、商品声誉的行为，使他人生产经营活动严重受阻或无法开展，如商品严重积压、滞销，客户纷纷退货或拒收货物、拒付货款，他人濒临破产或被责令停业整顿，以及造成其他恶劣影响的，等等。

（二）犯罪认定

1. 合法行为与违法行为的界限

实践中经常发生一些消费者通过正常渠道反映生产、经营者的商品有假冒伪劣的情况；或者新闻媒体对一些商业信誉、商品声誉差的生产者、经营者予以公开披露、曝光，对于这类正当批评，即使揭露的事实中有部分出入，但是，由于其基本事实的属实，上述公开披露、曝光的行为应当属于合法行为，应予以支持和保护。其次应当严格划清违法与犯罪的界限，在审判实践中，要以损害商业信誉和商品声誉罪的构成要件为标准认定罪与非罪，对于那些确实具有损害商誉性质的行为，应当鉴别其危害程度，如果确系情节显著轻微，损害后果不大的，可依照刑法第十三条规定不认为是犯罪。

2. 合法行为与损害商誉行为的界限

认定合法行为与损害商誉行为的界限，应当区分损害商誉行为与新闻监督行为、合法投诉行为。对于新闻机构经过正常采访，公开披露、曝光、批评一些商誉不好的经营者和一些消费者通过正常渠道（包括在报纸上刊登文章）反映经营者产品有掺假、低劣现象的行为应予法律保护和支持。这些行为都是合法行为。其法律依据是《最高人民法院关于审理名誉权案件若干问题的解释》（1998 年 9 月 15 日起施行）所作规定："消费者对经营者产品质量进行批评、评论，不应当认定为侵害他人的名誉权。但借机诽谤、诋毁、损害其名誉的，应当认定为侵害名誉权。新闻单位对经营者、销售者的产品质量或者服务质量进行批评、评论，内容基本属实，没有侮辱内容的，不应当认定为侵害其名誉权；主要内容失实，损害其名誉的，应当认定为损害名誉权。"例如，国家有关部门每年组织对化妆品、家用电器等进行质量抽查，并将质量不符合标准的产品及生产企业予以曝光。这些行为从表面上看有损于企业的商誉，但真实的披露有利于公众对企业及其产品的正确评价，有利于维护消费者合法权益，不仅不是损害他人商誉的违法行为，而且还是对社会有益的行为。

3. 损害商业信誉、商品声誉罪与诋毁商誉行为的区别

损害商业信誉、商品声誉罪与不正当竞争中的诋毁他人商誉行为都是对从事市场交易的经营者的商业信誉、商品声誉的侵害，具体表现形式相似，但二者存在本质区别：其一，行为主体。损害商业信誉、商品声誉罪的行为主体是一般主体，既可以是从事市场交易的商品生产者、经营者，也可以是普通的消费者；而不正当竞争中的诋毁商誉行为的主体限于参与市场竞争的商品生产者、经营者。诋毁商誉行为的主体较为确定，《反不正当竞争法》第二条第二款规定，不正当竞争是指经营者违反本法规定，损害其他经营者的合法权益，扰乱社会经济秩序的行为。第三款对经营者解释为从事商品经营或者营利性服务（以下所称商品包括服务）的法人、其他经济组织和个人。因此，诋毁商誉行为的主体是

参与市场竞争、从事相关市场交易活动的行为人，包括法人、其他经济组织和个人。损害商业信誉、商品声誉罪主体相比较而言更为宽泛，不仅包括经营者还包括出于其他目的的非市场竞争的行为主体。其二，主观方面。损害商业信誉、商品声誉罪主观方面行为人是出于故意，其目的是损害商业信誉、商品声誉。动机多样，既可以是打击竞争对手实力，也可以是报复泄愤、贪图利益等。诋毁商誉行为的主观方面既可以是故意，也可以是过失，行为人一般是出于竞争的动机。其三，行为性质与法律后果。损害商业信誉、商品声誉罪是对商品生产者、经营者商业信誉、商品声誉造成侵害的犯罪行为，要求行为必须给他人带来重大损害或者造成严重后果，行为人应承担相应的刑事责任；诋毁商誉行为属于经济违法行为，只要一经实施，即构成违法，行为人应承担相应的民事和行政责任。

4. 损害商业信誉、商品声誉罪与诽谤罪的区别

在认定损害商业信誉、商品声誉罪时，应当划清其与诽谤罪的界限。刑法第二百四十六条规定，诽谤罪是指捏造并散布某种事实，损害他人人格，破坏他人名誉，情节严重的行为。该两种罪在主观方面、客观方面、主体方面都有十分相似之处。二者的区别最主要体现在侵犯的客体不同：前者是通过“诽谤”的方式侵犯竞争对手的商业信誉、商品声誉，进而扰乱市场经济秩序；后者则是通过诽谤侵害公民的人格。在现实生活中，如果侵害人的诽谤行为针对企业负责人或者经营者本人的，就应当具体分析行为的特征和侵害人的主观方面特征，以确定罪名。侵害人如果以排挤竞争对手为目的，捏造并散布虚伪的事实，同时指向商业信用主体和其负责人个人的，应当认定为本罪。如果侵害人为发泄个人不满，蓄意贬低企业负责人个人的，应当认定为诽谤罪。如果一行为既贬低企业又贬低个人的，应以想象竞合原则处理。如果是数行为既触犯诽谤罪又触犯损害商业信誉、商品声誉罪之数客体的，则应数罪并罚。

（三）立案标准

捏造并散布虚伪事实，损害他人的商业信誉、商品声誉，涉嫌下列

情形之一的，应予立案追诉：

1. 给他人造成直接经济损失数额在五十万元以上的；

2. 虽未达到上述数额标准，但造成公司、企业等单位停业、停产六个月以上，或者破产的；

3. 其他给他人造成重大损失或者有其他严重情节的情形。

其中，“虽未达到上述数额标准”，是指接近上述数额标准且已达到该数额的百分之八十以上的。

（四）犯罪处罚

自然人犯本罪，给他人造成重大损失或者有其他严重情节的，处二年以下有期徒刑或者拘役，并处或者单处罚金。

单位犯本罪的，对单位判处罚金，并对其直接负责的主管人员和其他直接责任人员，依照上述的规定处罚。

四十四、虚假广告罪

虚假广告罪是指广告主、广告经营者、广告发布者违反国家规定，利用广告对商品或者服务作虚假宣传，情节严重的行为。

（一）犯罪构成

1. 犯罪主体

犯罪主体为特殊主体，指广告主、广告经营者和广告发布者，包括单位和个人。根据《广告法》规定，广告主是指为推销商品或者提供服务，自行或者委托他人设计、制作、发布广告的法人、其他经济组织或者个人。广告经营者是指受委托提供广告设计、制作、代理服务的法人、其他经济组织或者个人。广告发布者是指为广告主或者广告主委托的广告经营者发布广告的法人或者其他经济组织。

2. 犯罪客体

犯罪侵犯的是国家对广告经营的管理秩序，是社会主义市场经济条件下商品正当的交易活动和竞争活动。广告是指商品经营者或者服务者承担费用，通过一定媒介和形式直接或者间接地介绍自己所推销的商品或者提供的服务的商业广告。《反不正当竞争法》规定，商品经营者在市场交易中，遵循自愿、平等、诚实、信用原则的正当活动是受法律保护的。《广告法》规定，广告主、广告经营者、广告发布者应当遵循公平、诚实信用的原则。虚假广告行为，不仅侵犯了国家对广告的正常管理秩序，而且侵犯其他商品生产者、经营者和消费者的利益，侵犯公私财物所有权及公民的生命权、健康权。

3. 主观方面

犯罪主观方面是故意，广告主、广告经营者、广告发布者明知或应知广告为虚假广告，会误导用户和消费者，而希望或放任这种结果的发生。过失不构成本罪。其中，广告主明知虚假广告行为违反广告管理法规规定，而积极实施这种行为，引人误解，欺骗用户和消费者，以牟取巨额非法利益。广告经营者犯虚假广告罪，可以是直接故意，也可以是间接故意。广告经营者在明知广告为虚假广告的情况下代理、设计、制作、发布虚假广告是直接故意，在应知的情况下代理、设计、制作、发布虚假广告是间接故意。广告发布者可以是直接故意，也可以是间接故意。

4. 客观方面

犯罪客观表现为广告主、广告经营者和广告发布者违反国家规定，利用广告对商品或者服务做虚假宣传，情节严重的行为。

（1）违反国家规定。是指违反广告管理法规及国家的有关广告的规章制度和相关的市场经济法律法规，如《广告法》和《反不正当竞争法》等。

（2）利用广告对商品或者服务做虚假宣传。“利用广告对商品或者服务做虚假宣传”，是指广告主、广告经营者、广告发布者明知或者应知的情况下代理、设计、制作、发布虚假广告，欺骗用户和消费者。其中的“虚假广告”是指对商品或者服务作虚假宣传的广告，主要有以下形式：消息虚假，即广告宣传的商品或服务信息本来不存在；品质虚假，即广告宣传的商品或服务并未达到广告中所说的质量或者技术标准；功能虚假，即广告宣传的商品或服务不具备广告所宣传的功能或服务内容；价格虚假，即消费者购买商品或服务所支付的费用与广告宣传的商品或服务价格不符；证明虚假，即广告假借他人言论或采用其他带欺骗性的证据宣传商品的质量、功能；等等。

（3）情节严重。由于使用虚假广告使他人遭受严重损失，或者由于使用虚假广告而误导用户和消费者，造成严重社会影响等。如果行为人发布虚假广告未造成严重后果，不构成犯罪。“情节严重”主要指：多次实施虚假广告行为或为多人实施虚假广告行为的；虚假广告违法所得数额较大的；致使多人受骗上当的；造成恶劣影响的；因相信广告宣传内容而接受所宣传的商品、服务致生产、经营、生活等造成严重损失或受阻的；导致人身伤亡的严重后果的；等等。

（二）犯罪认定

1. 虚假广告罪与假冒注册商标罪的区别

虚假广告罪与假冒注册商标罪的犯罪人主观上都有虚假、假冒的一面，但仍有不同：

（1）虚假广告罪侵犯的直接客体是国家对广告的管理秩序，假冒商标罪侵害的直接客体是国家对注册商标的管理秩序。

（2）虚假广告罪客观方面是使用虚假广告对商品作引人误解的宣传，假冒注册商标罪的客观方面是假冒他人注册商标的行为。

（3）经营者假冒他人注册商标，擅自使用他人企业名称或姓名，伪造或者冒用认证标志、名优标志等质量标志，伪造产地，对商品质量作引人误解的虚假表示，应依《中华人民共和国商标法》《中华人民共和国产品质量法》规定处罚。如果假冒他人注册商标的行为（包括伪造、变造他人注册的商标）不构成犯罪，应进行行政处罚。如果情节严重构成犯罪，应按假冒注册商标罪处罚，不能以虚假广告罪定性。如果擅自使用他人企业名称或姓名、伪造或者冒用认证标志、名优标志等质量标志、伪造产地、对商品质量作引人误解的虚假表示，不是以虚假广告的方式表现的，不能认定为虚假广告罪，只能依《中华人民共和国产品质量法》规定作行政处罚。

2. 虚假广告罪与诈骗罪的区别

（1）虚假广告罪侵犯的是广告市场管理制度和不特定消费者的合法权益，诈骗罪侵犯的是公私财物的所有权。

（2）虚假广告罪采用利用广告作虚假宣传的特定手段，诈骗罪采用隐瞒真相和虚构事实的欺骗方法。

（3）虚假广告罪的主体是广告主、广告经营者和广告发布者，而诈骗罪的主体则是一般主体。

（三）立案标准

广告主、广告经营者、广告发布者违反国家规定，利用广告对商品或者服务作虚假宣传，涉嫌下列情形之一的，应予立案追诉：

1. 违法所得数额在十万元以上的；

2. 假借预防、控制突发事件、传染病防治的名义，利用广告作虚假宣传，致使多人上当受骗，违法所得数额在三万元以上的；

3. 利用广告对食品、药品作虚假宣传，违法所得数额在三万元以上的；

4. 虽未达到上述数额标准，但二年内因利用广告作虚假宣传受过二次以上行政处罚，又利用广告作虚假宣传的；

5. 造成严重危害后果或者恶劣社会影响的；

6. 其他情节严重的情形。

其中“虽未达到上述数额标准”，是指接近上述数额标准且已达到该数额的百分之八十以上的。

（四）犯罪处罚

自然人犯本罪，情节严重的，处二年以下有期徒刑或者拘役，并处或者单处罚金。

单位犯本罪的，对单位判处罚金，并对其直接负责的主管人员和其他直接责任人员，依照上述的规定处罚。

四十五、串通投标罪

串通投标罪是指投标人相互串通投标报价，损害招标人或者其他投标人利益，或者投标人与招标人串通投标，损害国家、集体、公民的合法权益，情节严重的行为。

（一）犯罪构成

1. 犯罪主体

犯罪的主体就招标人而言是特殊主体，就投标人而言是一般主体。单位也能成为本罪主体。本罪投标人、招标人可能构成共同犯罪，行为人可能有主犯和从犯之分。

2. 犯罪客体

犯罪侵犯的是其他投标人或国家、集体的合法权益，以及社会主义市场经济的自由贸易和公平竞争秩序。招标投标是大宗商品买卖或建设大型建筑工程常采用的一种市场交易方法。投标人根据招标人的条件提出要求的价格和相应条件，开列清单向招标方投函。由事主召集开标，选择中标人，招标方与中标人订立合同，进行交易。投标具有要约性质。招标一般有三种形式，即：一般的竞争招标，只要具备一定条件都可以参加招标；指名的竞争招标，指定两个以上的人参加招标，然后择优确定中标人；特定招标，指定一个对象投标。招标投标以招标的表示，使投标人分别提出条件，由招标人选择最优者，并与之订立合同。根据国家相关规定，投标人不得串通投标，抬高标价或者压低标价。投标人和招标人不得相互勾结，以排挤竞争对手的公平竞争。

3. 主观方面

犯罪主观方面必须是故意，明知串通投标会损害招标人或其他投标人的利益，但仍决意为之，希望或放任危害后果发生。过失不能构成本罪。

4. 客观方面

犯罪客观表现为串通投标。

“串通投标”是指在招标投标过程中，投标人之间私下串通，抬高标价或压低标价，共同损害招标人或其他投标人的利益，或者是投标人与招标人相互勾结，损害国家、集体、公民的合法权益。

（1）投标人相互间串通投标。参加投标的经营者通过口头或书面协议、约定，就投标报价互相通气，以避免相互竞争，或协议轮流在类似项目中中标，共同损害招标人或者其他投标人的利益。主要有以下形式：相互约定，一致抬高投标报价；相互约定，一致压低投标报价；约定在类似项目中轮流以高价位或低价位中标。这里的“投标报价”是指投标人向招标人出示的愿意付出的价格，一般应以招标人提出的工程量化表作为计算基础，并考虑中标率、投标企业的未来、竞争人数、投标条件等因素，在投标总额预算中加入适当百分比的利润。

（2）投标人与招标人串通投标。招标人与特定投标人在招标投标活动中，以不正当手段私下交易，使公开招标投标流于形式，共同损害国家、集体、公民的利益。主要表现为：招标人故意泄露标底，招标人有意向某一特定投标人透露其标底；私下启标泄露，即招标人在公开开标之前私下开启投标人标书，并通告给尚未报送标书的投标人；故意引导促使某人中标，即招标人在要求投标人就其标书作澄清事实时故意做引导性提问，以促成该投标人中标；实行差别对待，即在审查、评标时对同样的标书或对不同投标人实行差别对待；故意让不合格投标人中标，即招标人允许不符合投标资格的投标人参加投标，并让其中标；贿赂，即投标人通过贿赂，在公开开标之前，从招标人处获取投标人报价或其他投标条件；给招标人标外补偿，即投标人有意与招标人商定在公开投标时压低标价，中标后再给招标人以额外补偿；给投标人标外补偿金，即招标人与某投标人商定，在公开投标时故意抬高标价，使标价高于通常价，而致其他投标人上当吃亏，高价定标后，招标人按约定给故意抬高标价的投标人一定的补偿。

串通投标罪情节严重，损害招标人或者其他投标人利益的才能构成本罪，情节不属严重的，即使串通投标，损害招标人或者其他投标人利益，也不能以犯罪论处。这里的“情节严重”主要是指：采用卑劣手段串通投标；多次实施串通投标；给招标人或者其他投标人造成严重经济损失；造成恶劣的影响甚至国际影响；等等。

（二）立案标准

投标人相互串通投标报价，或者投标人与招标人串通投标，涉嫌下列情形之一的，应予立案追诉：

1. 损害招标人、投标人或者国家、集体、公民的合法利益，造成直接经济损失数额在五十万元以上的；

2. 违法所得数额在二十万元以上的；

3. 中标项目金额在四百万元以上的；

4. 采取威胁、欺骗或者贿赂等非法手段的；

5. 虽未达到上述数额标准，但二年内因串通投标受过二次以上行政处罚，又串通投标的；

6. 其他情节严重的情形。

其中“虽未达到上述数额标准”，是指接近上述数额标准且已达到该数额的百分之八十以上的。

（三）犯罪处罚

自然人犯本罪，情节严重的，处三年以下有期徒刑或者拘役，并处或者单处罚金。

单位犯本罪的，对单位判处罚金，并对其直接负责的主管人员和其他直接责任人员，依照上述的规定处罚。

四十六、合同诈骗罪

合同诈骗罪是指以非法占有为目的，在签订、履行合同过程中，采取虚构事实、隐瞒真相、使用虚假文件等欺骗手段，骗取对方当事人的财物，数额较大的行为。

（一）犯罪构成

1. 犯罪主体

犯罪主体是一般主体，包括单位和个人。

2. 犯罪客体

犯罪侵犯的是国家对经济合同的管理秩序和公私财产所有权，也就是说犯罪侵犯了合同当事人的财产权，又扰乱了市场交易秩序。犯罪对象是公私财物，指合法正当的财物而不包括违法所得及其孳息。

3. 主观方面

犯罪主观方面表现为故意，且以非法占有为目的。即行为人明知是在骗取他人财物，但为了非法占有的目的，积极追求犯罪结果发生。主观上的“非法占有目的”包括行为人本人意图对非法所得的占有，也包括意图为法人、单位或第三人对非法所得的占有。行为人明知不具备订立合同的主体资格或无履行合同能力及担保能力而故意虚构事实或者隐瞒真相，诱骗对方当事人与之签订或履行合同，以达到骗取对方当事人财物的目的。行为人主观上如果没有诈骗故意，只是由于种种客观原因，导致合同不能履行或所欠债务无法偿还，不能以诈骗罪论处。

4. 客观方面

犯罪客观表现为行为人在合同的签订、履行过程中，采取欺骗方法骗取对方财物，数额较大的行为。

（1）本罪只能发生在合同的签订或者履行过程之中。合同签订是指双方当事人就合同条款达成一致。合同履行是指当事人在合同签订后按照合同约定，全面、完全承担义务。如果不是发生在合同的签订和履行过程之中不能构成本罪。

（2）行为人采取虚构事实或者隐瞒事实真相的手段签订、履行合同，骗取对方财物。行为人在合同诈骗犯罪中，明知自己没有履行合同的实际能力，故意制造假象使对方当事人产生错觉，“自愿”与其签订合同，从而利用合同达到骗取财物的目的。这里的“欺骗行为”包括：以虚构的单位或者冒用他人名义签订合同；以伪造、变造、作废的票据或其他虚假的产权证明作担保，骗取对方当事人与其签订、履行合同，从而骗取财物；没有实际履行能力，先履行小额合同或者部分合同的方法以诱骗对方当事人继续签订和履行合同；收受对方当事人给付的货物、货款与付款或者担保财产后逃匿；等等。

（3）骗取对方当事人的财物数额较大。

（二）犯罪认定

1. 合同诈骗罪与合同纠纷的区别

合同诈骗罪与合同纠纷是两种不同的行为。合同纠纷是指行为人有履行或基本履行合同的诚意，由于客观原因而未能完全履行合同，以当事人的违法行为为前提。合同诈骗罪是犯罪行为。两者的区别从主观、履行能力、欺骗手段的程度、履行合同的行为等方面体现出来。其中，关键的是主观目的，应从行为人是以骗取财物为目的，还是通过履行约定的民事法律行为而获得经济利益上加以区分。划分合同诈骗犯罪与合同纠纷主要可以从以下情形考察：

（1）合同内容真实。行为人具有实际履行能力而签订合同，表明行为人在签订合同时有进行经济往来的真实意思，而不是想诈骗他人钱财，即使合同签订后没有完全履行，也不属于诈骗犯罪。但是，如果行为人以有限的履约能力和他人签订大大超过履约能力的合同，应当区别对待，如果行为人积极落实货源，设法履行合同，即使最终没有完全履约也不能认定为诈骗罪。但是，行为人在合同签订后没有设法履行合同，而是具有故意诈骗的意图，应以合同诈骗罪论处。

（2）合同内容不完全真实。合同内容半真半假，往往是客观上已具备部分履约可能，但受到许多条件制约。如果行为人有意履约，客观上也努力履行，因客观原因未能履约，不能认定为诈骗犯罪。如果行为人借有部分履约能力而行诈骗之实，没有努力进一步履行合同，应以合同诈骗罪论处。

（3）合同内容完全虚假。行为人在完全没有履约能力的情况下签订合同，主观上就没有准备履行合同，具有明显的占有他人财物的动机，应以合同诈骗罪论处。如果行为人主观上无意长期占有他人财物，而是想临时借用，待将来再行归还，一般不宜以合同诈骗罪论处。

2. 合同诈骗罪与民事欺诈行为的区别

合同诈骗也往往同民事欺诈行为交织在一起，二者有明显区别，主要表现在以下方面：

（1）民事欺诈是为了经营，欺诈对方以诱使对方陷入认识错误并与其订立合同，不具有非法占有公私财物的目的，而是希望通过欺诈行为获取对方的一定经济利益，而合同诈骗罪是以签订经济合同为名，达到非法占有公私财物的目的。

（2）民事欺诈有民事内容，欺诈方想通过商品交换，完成工作或提供劳务等经济劳动而取得一定经济利益。合同诈骗罪的行为人根本不准备履行合同或者根本无履行合同的实际能力或担保。民事欺诈一般无须假冒身份，而是以合同条款或内容为主，有的是隐瞒有瑕疵的合同标的物，有的是对合同标的物的质量作虚假说明和介绍等。合同诈骗罪是为了达到利用合同骗取财物的目的，可能千方百计地冒充合法身份，利用虚假的姓名、身份证明、授权委托书等骗取受欺诈方的信任。

（3）民事欺诈的客体是双方当事人在合同中约定的权利义务关系，如欺诈方骗来的合同定金、预付款等，属于合同之债。合同诈骗罪侵犯的是公私财物的所有权，作为犯罪对象的公私财物的所有权属于物权。

（4）民事欺诈是无效的民事行为。若发生争讼，应由民事欺诈方对其欺诈行为的后果承担返还财产、赔偿损失的民事责任。合同诈骗罪严重触犯刑律，应受刑罚处罚，并负担民事责任。

（三）立案标准

以非法占有为目的，在签订、履行合同过程中，骗取对方当事人财物，数额在二万元以上的，应予立案追诉。

（四）犯罪处罚

自然人犯本罪，数额较大的，处三年以下有期徒刑或者拘役，并处或者单处罚金；数额巨大或者有其他严重情节的，处三年以上十年以下有期徒刑，并处罚金；数额特别巨大或者有其他特别严重情节的，处十年以上有期徒刑或者无期徒刑，并处罚金或者没收财产。

单位犯本罪的，对单位判处罚金，并对其直接负责的主管人员和其他直接责任人员，按照上述的规定处罚。

四十七、非法经营罪

非法经营罪是指未经许可经营法律、行政法规规定的专营、专卖物品或者其他限制买卖的物品，买卖进出口许可证、进出口原产地证明以及其他法律、行政法规规定的经营许可证或者批准文件，未经国家有关主管部门批准非法经营证券、期货、保险业务或者非法从事资金支付结算业务，以及从事其他非法经营活动，扰乱市场秩序，情节严重的行为。

（一）犯罪构成

1. 犯罪主体

犯罪的主体是一般主体，包括单位和个人。一切达到刑事责任年龄，具有刑事责任能力的自然人，一切依法成立、具有责任能力的单位都可以成为本罪主体。

2. 犯罪客体

犯罪侵犯的是国家限制买卖物品和经营许可的市场管理制度及市场秩序。为了限制买卖物品和进出口物品，国家针对部分物品实行经营许可制度。进出口许可制度是其中一项重要内容，买卖进出口许可证和进出口原产地证明的行为扰乱了市场秩序，侵犯了对外贸易管理制度。

3. 主观方面

犯罪主观方面是故意，且具有谋取非法利润的目的。行为人不是以谋取非法利润为目的，因不懂法律而买卖经营许可证的，不应以本罪论处。

4. 客观方面

犯罪客观表现为未经许可经营法律、行政法规规定的专营、专卖物品或其他限制买卖的物品、买卖进出口许可证、进出口原产地证明及其他法律、行政法规规定的经营许可证或批准文件，以及从事其他非法经营活动，扰乱市场秩序，情节严重。主要有以下方式：

（1）未经许可经营法律、行政法规规定的专营、专卖物品或者其他限制买卖的物品。为保证正常的市场秩序，我国对有关国计民生、人们生命健康安全及公共利益的部分物资限制经营买卖。从事诸如收购、储存、运输、加工、批发、销售等经营活动必须经过批准，获取经营许可证。没有经过批准而擅自经营的属于非法经营。“限制买卖的物品”是指依规定不允许在市场上自由买卖的物品，包括重要生产资料和紧俏消费品、指定专门单位经营的物品如烟草专卖品、外汇、金银及其制品、金银工艺品、珠宝及贵重药材等。国家法律法规对哪些物品限制买卖作了专门规定。非经许可即经营限制买卖的物品，给国家限制买卖物品市场造成很大混乱。当然，是否为限制物品，并非一成不变，国家可以根据实际需要予以调整。

（2）买卖进出口许可证、进出口原产地证明以及其他法律、法规规定的经营许可证或者批准证件。经营许可证或有关批准文件，是持有人合法进行该项经济活动的有效凭证。经营许可证或有关批准文件属于非法经营。一些本来没有经营国家限制买卖物品资格，无法获取有关经营许可证件或批准文件的单位和个人，从他人处购买或者伪造经营许可证或批准文件，从事非法经营。这里的“进出口许可证”由国务院对外经济贸易管理部门及其授权机构签发，是对外贸易经营者进行对外贸易的合法证明，是国家对进出口货物、技术进行管理的重要凭证，海关对进出口货物、技术查验放行时必须以此为依据。“进出口原产地证明”是用来证明进出口货物、技术原产地属于某国或某地区的有效凭证，进口国和地区视原产地不同征收差别关税和实施其他进口区别待遇。其他法律、行政法规规定的经营许可证或者批准文件一般指对限制买卖物品的经营许可证件或批准文件。如“烟草专卖许可证”是烟草专卖局颁发给企业单位和个人准许其经营烟草专卖品的证书，包括烟草专卖生产许可证、烟草专卖经营许可证。“准运证”是由省级烟草公司根据烟草总公司的调拨计划、文件或合同而签发的办理烟草托运手续的证书。“烟草专卖许可证”是从事烟草专卖业务的资料证明文件，“准运证”是合法从事烟草运输的重要凭证。

（3）未经国家有关主管部门批准，非法经营证券、期货、保险业务或者非法从事资金支付结算业务。

（4）从事其他严重扰乱市场秩序的非法经营行为。如非法传销、非法彩票交易；倒卖国家禁止或限制进口的废弃物；垄断货源、哄抬物价、囤积居奇；倒卖外汇、执照以及有伤风化的物品；等等。

“情节严重”一般是指违法所得数额较大或者巨大；“情节特别严重”是指违法所得数额特别巨大。同时，还要考虑其他情节，如多次非法经营、经行政处罚仍不悔改；利用职权从事非法经营，影响很坏的；垄断货源、哄抬物价，严重扰乱市场，对国民经济和社会安定造成严重影响的；非法经营活动造成严重后果的；等等。

（二）犯罪认定

非法经营罪与非法经营同类营业罪都属于非法经营，但有本质区别：

1. 非法经营罪的主体是一般主体，包括自然人和单位。非法经营同类营业罪的主体是国有公司、企业的董事、经理。

2. 非法经营罪所侵犯的客体是国家对市场的正常管理秩序。非法经营同类营业罪所侵犯的是国有公司、企业的董事、经理的忠诚义务以及公平竞争的经济秩序和国家利益。

3. 非法经营罪一般是为自己谋取利益。非法经营同类营业罪可能以为自己谋取利益为目的，也可能是以为他人谋取利益为目的。

4. 非法经营罪是违反国家规定，扰乱市场秩序，情节严重，并不要求行为人利用职务之便，也不要求数额巨大，更不要求是同类营业。非法经营同类营业罪表现为行为人利用职务上的便利，自己经营或者为他人经营与其所任职公司、企业同类的营业，获取非法利益，数额巨大。

（三）立案标准

违反国家规定，进行非法经营活动，扰乱市场秩序，涉嫌下列情形之一的，应予立案追诉：

1. 违反国家烟草专卖管理法律法规，未经烟草专卖行政主管部门许可，无烟草专卖生产企业许可证、烟草专卖批发企业许可证、特种烟草专卖经营企业许可证、烟草专卖零售许可证等许可证明，非法经营烟草专卖品，具有下列情形之一的：

（1）非法经营数额在五万元以上，或者违法所得数额在二万元以上的；

（2）非法经营卷烟二十万支以上的；

（3）三年内因非法经营烟草专卖品受过二次以上行政处罚，又非法经营烟草专卖品且数额在三万元以上的。

2. 未经国家有关主管部门批准，非法经营证券、期货、保险业务，或者非法从事资金支付结算业务，具有下列情形之一的：

（1）非法经营证券、期货、保险业务，数额在一百万元以上，或者违法所得数额在十万元以上的；

（2）非法从事资金支付结算业务，数额在五百万元以上，或者违法所得数额在十万元以上的；

（3）非法从事资金支付结算业务，数额在二百五十万元以上不满五百万元，或者违法所得数额在五万元以上不满十万元，且具有下列情形之一的：

①因非法从事资金支付结算业务犯罪行为受过刑事追究的；

②二年内因非法从事资金支付结算业务违法行为受过行政处罚的；

③拒不交代涉案资金去向或者拒不配合追缴工作，致使赃款无法追缴的；

④造成其他严重后果的。

（4）使用销售点终端机具（POS 机）等方法，以虚构交易、虚开价格、现金退货等方式向信用卡持卡人直接支付现金，数额在一百万元以上的，或者造成金融机构资金二十万元以上逾期未还的，或者造成金融机构经济损失十万元以上的。

3. 实施倒买倒卖外汇或者变相买卖外汇等非法买卖外汇行为，扰乱金融市场秩序，具有下列情形之一的：

（1）非法经营数额在五百万元以上的，或者违法所得数额在十万元以上的；

（2）非法经营数额在二百五十万元以上，或者违法所得数额在五万元以上，且具有下列情形之一的：

①因非法买卖外汇犯罪行为受过刑事追究的；

②二年内因非法买卖外汇违法行为受过行政处罚的；

③拒不交代涉案资金去向或者拒不配合追缴工作，致使赃款无法追缴的；

④造成其他严重后果的。

（3）公司、企业或者其他单位违反有关外贸代理业务的规定，采用非法手段，或者明知是伪造、变造的凭证、商业单据，为他人向外汇指定银行骗购外汇，数额在五百万美元以上或者违法所得数额在五十万元以上的；

（4）居间介绍骗购外汇，数额在一百万美元以上或者违法所得数额在十万元以上的。

4. 出版、印刷、复制、发行严重危害社会秩序和扰乱市场秩序的非法出版物，具有下列情形之一的：

（1）个人非法经营数额在五万元以上的，单位非法经营数额在十五万元以上的；

（2）个人违法所得数额在二万元以上的，单位违法所得数额在五万元以上的；

（3）个人非法经营报纸五千份或者期刊五千本或者图书二千册或者音像制品、电子出版物五百张（盒）以上的，单位非法经营报纸一万五千份或者期刊一万五千本或者图书五千册或者音像制品、电子出版物一千五百张（盒）以上的；

（4）虽未达到上述数额标准，但具有下列情形之一的：

①二年内因出版、印刷、复制、发行非法出版物受过二次以上行政处罚，又出版、印刷、复制、发行非法出版物的；

②因出版、印刷、复制、发行非法出版物造成恶劣社会影响或者其他严重后果的。

5. 非法从事出版物的出版、印刷、复制、发行业务，严重扰乱市场秩序，具有下列情形之一的：

（1）个人非法经营数额在十五万元以上的，单位非法经营数额在五十万元以上的；

（2）个人违法所得数额在五万元以上的，单位违法所得数额在十五万元以上的；

（3）个人非法经营报纸一万五千份或者期刊一万五千本或者图书五千册或者音像制品、电子出版物一千五百张（盒）以上的，单位非法经营报纸五万份或者期刊五万本或者图书一万五千册或者音像制品、电子出版物五千张（盒）以上的；

（4）虽未达到上述数额标准，二年内因非法从事出版物的出版、印刷、复制、发行业务受过二次以上行政处罚，又非法从事出版物的出版、印刷、复制、发行业务的。

6. 采取租用国际专线、私设转接设备或者其他方法，擅自经营国际电信业务或者涉港澳台电信业务进行营利活动，扰乱电信市场管理秩序，具有下列情形之一的：

（1）经营去话业务数额在一百万元以上的；

（2）经营来话业务造成电信资费损失数额在一百万元以上的；

（3）虽未达到上述数额标准，但具有下列情形之一的：

①二年内因非法经营国际电信业务或者涉港澳台电信业务行为受过二次以上行政处罚，又非法经营国际电信业务或者涉港澳台电信业务的；

②因非法经营国际电信业务或者涉港澳台电信业务行为造成其他严

重后果的。

7. 以营利为目的，通过信息网络有偿提供删除信息服务，或者明知是虚假信息，通过信息网络有偿提供发布信息等服务，扰乱市场秩序，具有下列情形之一的：

（1）个人非法经营数额在五万元以上，或者违法所得数额在二万元以上的；

（2）单位非法经营数额在十五万元以上，或者违法所得数额在五万元以上的。

8. 非法生产、销售“黑广播”“伪基站”、无线电干扰器等无线电设备，具有下列情形之一的：

（1）非法生产、销售无线电设备三套以上的；

（2）非法经营数额在五万元以上的；

（3）虽未达到上述数额标准，但二年内因非法生产、销售无线电设备受过二次以上行政处罚，又非法生产、销售无线电设备的。

9. 以提供给他人开设赌场为目的，违反国家规定，非法生产、销售具有退币、退分、退钢珠等赌博功能的电子游戏设施设备或者其专用软件，具有下列情形之一的：

（1）个人非法经营数额在五万元以上，或者违法所得数额在一万元以上的；

（2）单位非法经营数额在五十万元以上，或者违法所得数额在十万元以上的；

（3）虽未达到上述数额标准，但二年内因非法生产、销售赌博机行为受过二次以上行政处罚，又进行同种非法经营行为的；

（4）其他情节严重的情形。

10. 实施下列危害食品安全行为，非法经营数额在十万元以上，或者违法所得数额在五万元以上的：

（1）以提供给他人生产、销售食品为目的，违反国家规定，生产、销售国家禁止用于食品生产、销售的非食品原料的；

(2) 以提供给他人生产、销售食用农产品为目的，违反国家规定，生产、销售国家禁用农药、食品动物中禁止使用的药品及其他化合物等有毒、有害的非食品原料，或者生产、销售添加上述有毒、有害的非食品原料的农药、兽药、饲料、饲料添加剂、饲料原料的；

(3) 违反国家规定，私设生猪屠宰厂（场），从事生猪屠宰、销售等经营活动的。

11. 未经监管部门批准，或者超越经营范围，以营利为目的，以超过百分之三十六的实际年利率经常性地向社会不特定对象发放贷款，具有下列情形之一的：

(1) 个人非法放贷数额累计在二百万元以上的，单位非法放贷数额累计在一千万元以上的；

(2) 个人违法所得数额累计在八十万元以上的，单位违法所得数额累计在四百万元以上的；

(3) 个人非法放贷对象累计在五十人以上的，单位非法放贷对象累计在一百五十人以上的；

(4) 造成借款人或者其近亲属自杀、死亡或者精神失常等严重后果的；

(5) 虽未达到上述数额标准，但具有下列情形之一的：

①二年内因实施非法放贷行为受过二次以上行政处罚的；

②以超过百分之七十二的实际年利率实施非法放贷行为十次以上的。

黑恶势力非法放贷的，按照第 1、2、3 项规定的相应数额、数量标准的百分之五十确定。同时具有第 5 项规定情形的，按照相应数额、数量标准的百分之四十确定。

12. 从事其他非法经营活动，具有下列情形之一的：

(1) 个人非法经营数额在五万元以上，或者违法所得数额在一万元以上的；

(2) 单位非法经营数额在五十万元以上，或者违法所得数额在十万元以上的；

(3) 虽未达到上述数额标准，但二年内因非法经营行为受过二次以上行政处罚，又从事同种非法经营行为的；

(4) 其他情节严重的情形。

法律、司法解释对非法经营罪的立案追诉标准另有规定的，依照其规定。

其中，“虽未达到上述数额标准”，是指接近上述数额标准且已达到该数额的百分之八十以上的。

(四) 犯罪处罚

自然人犯本罪，情节严重的，处五年以下有期徒刑或者拘役，并处或者单处违法所得一倍以上五倍以下罚金；情节特别严重的，处五年以上有期徒刑，并处违法所得一倍以上五倍以下罚金或者没收财产。

单位犯本罪的，对单位判处罚金，并对其直接负责的主管人员和其他直接责任人员，依照上述的规定处罚。

四十八、提供虚假证明文件罪

提供虚假证明文件罪是指承担资产评估、验资、验证、会计、审计、法律服务、保荐、安全评价、环境影响评价、环境监测等职责的中介组织的人员故意提供虚假证明文件，情节严重的行为。

(一) 犯罪构成

1. 犯罪主体

犯罪的主体是具有一定身份的特殊主体，包括单位和个人。

个人主体包括承担资产评估、验资、验证、会计、审计、法律服务、保荐、安全评价、环境影响评价、环境监测等职责的中介组织的人员，如资产评估师、注册会计师、审计师、安全评价师、环境影响评价工程师，以及法律服务人员、环境监测人员等。虽无评估师、注册会计师、审计师、评价师等职称，但受委托从事评估师、注册会计师、审计师、评价师等工作所出具证明文件具有同样法律效力的，也可成为本罪主体。

如果评估事务所、注册会计师事务所、审计师事务所或法律服务机构、安全评价机构、环境影响评价机构、环境监测机构等单位与公司恶意串通，指定人员为该公司出具虚假验资证明等文件，情节严重的，该单位可以成为提供虚假证明文件罪主体。

2. 犯罪客体

提供虚假证明文件罪侵犯的是国家的工商管理制度。我国公司法对有限责任公司、股份有限公司的成立规定了严格条件，对于建立工商企业制度，规范公司组织和行为、保护公司、股东和债权人的合法利益十分必要。提供虚假证明文件，可能使不具备成立条件的公司成立，从而破坏公司法的规定，妨碍国家工商管理部门对公司的有效管理。

提供虚假证明文件罪的犯罪对象为评估事务所、注册会计师事务所和审计事务所等单位或个人提供的有关公司成立或经营情况的各类虚假证明文件：(1) 评估报告。资产评估事务所及评估师对公司发起人以物产、工业产权、专利技术折抵注册资本而开具的评估报告或证明。(2) 验资报告。注册会计师或审计师对公司的注册资本进行查验，以确定其是否符合公司法有关条款的规定。(3) 验证报告。除对资金情况验证外，注册会计师还应对公司的招股说明书、资产负债表、损益表、近三年公司经济利润情况表及公积金提取情况表等文件进行审查，然后开具验证文件。(4) 审计报告。审计师对公司各类经营情况进行审计，然后开具审计报告。(5) 其他报告。如安全评价报告、环境影响评价报告、环境监测报告、会计报表、律师的法律意见书等。

3. 主观方面

本罪在主观方面是故意，个人或单位明知自己所提供的有关证明文件有虚假内容但仍决意提供。过失不能构成本罪。犯罪动机多种多样，如贪图钱财，碍于情面，讨好他人，迷恋女色，有求于他人，出于报复等，动机如何不影响犯罪成立。

4. 客观方面

犯罪客观表现为提供虚假证明文件，情节严重。这里的“证明文件”

是指资产评估报告、验资证明、验证证明、审计报告、安全评价报告、环境影响评价报告、环境监测报告等中介证明。“虚假证明文件”是指上述证明文件的内容不符合事实、不真实，或杜撰、编造、虚构了事实，或隐瞒了事实真相。“虚假”可以是全部，或者其中的主要内容虚假。具体表现为：资产评估师明知公司以实物、工业产权、非专利技术、土地使用权折抵资本或股本与实际不相符合，高于或低于实际价值，不予指出，仍出具评估证明。如明知公司提出的折抵数额与实际不相符，故意压低或抬高物产、工业产权、非专利技术的折抵数额或股本。验资人员明知公司发起人没有出资或没有足额出资而证明其出资或者证明其足额出资，对发起人足额出资的却说没有足额出资。验证人员明知公司财务报告内容不实，会导致股东和社会公众重大损失而不予指出，或者对公司可能造成股东或其他利害关系人的利益损害的公司财物会计处理予以隐瞒或作不实报告。审计人员对即将成立的公司金融状况审查时，发现股份制公司招股说明书，当年的负债表、损益表、财务变动情况，连续三年的经营情况有虚假内容而置之不理或帮助公司作假。

提供虚假证明文件的行为情节严重，构成犯罪。“情节严重”是指多次提供虚假证明；违法所得数额巨大；造成国有资产严重流失的；给公司、公司股东、债权人及其他利益人造成严重经济损失；提供虚假证明给公司用于进行非法发行股票，低价折股、低价出售国有资产、虚假出资等违法犯罪活动；造成恶劣影响的；等等。如果没有达到情节严重的程度，即使提供了虚假证明文件也不能以提供虚假证明文件罪论处。

（二）犯罪认定

1. 提供虚假证明文件罪与伪证罪的区别

（1）提供虚假证明文件罪的主体主要是承担资产评估、验资、验证、会计、审计、法律服务、保荐、安全评价、环境影响评价、环境监测等职责的中介组织的人员，如资产评估师、注册会计师、审计师、安全评价师、环境影响评估工程师等。伪造罪的主体是刑事诉讼参与人，包括证人、鉴定人、记录人及翻译人员。

（2）提供虚假证明文件罪侵犯的是国家对工商企业的管理活动。伪证罪侵犯的是公民的人身权利和司法机关的正常活动。

（3）提供虚假证明文件罪的行为是在公司申请登记或公司经营的验资、验证过程中，所出具的虚假证明文件也都是有关公司成立、经营等内容的。伪证罪的行为方式表现在刑事案件的侦查、审判过程中故意出具虚假的证言、鉴定结论以及翻译文件等。

2. 提供虚假证明文件罪与伪造、变造、买卖国家机关公文、证件、印章罪的区别

两罪都是故意犯罪，犯罪对象都是证明文件。主要区别在于：

（1）提供虚假证明文件罪的主体是特殊主体，为承担资产评估、验资、验证、会计、审计、法律服务、保荐、安全评价、环境影响评价、环境监测等职责的中介组织的人员或单位。包括自然人和单位。伪造、变造、买卖国家机关公文、证件、印章罪的主体为一般主体，达到法定年龄，具有刑事责任能力的人都能构成，不包括单位。

（2）提供虚假证明文件罪侵犯的是国家对工商企业的管理活动，犯罪对象为有关公司成立或生产经营的证明文件。伪造、变造、买卖国家机关公文、证件、印章罪侵犯的是国家机关、企业、事业单位、人民团体的正常管理活动及其信誉，犯罪对象为公文、证件、印章。

（3）提供虚假证明文件罪表现为承担资产评估、验资、验证、审计、法律服务、保荐、安全评价、环境影响评价、环境监测职责的人员或单位故意提供虚假证明文件、情节严重的行为，它是指有权制作者出具了不真实的证明文件。伪造、变造、买卖国家机关公文、证件、印章罪表现为伪造、变造、买卖公文、证件、印章。其中“伪造”是指无权制作者制作不真实的公文、证件、印章。

（三）立案标准

承担资产评估、验资、验证、会计、审计、法律服务、保荐、安全评价、环境影响评价、环境监测等职责的中介组织的人员故意提供虚假证明文件，涉嫌下列情形之一的，应予立案追诉：

1. 给国家、公众或者其他投资者造成直接经济损失数额在五十万元以上的；

2. 违法所得数额在十万元以上的；

3. 虚假证明文件虚构数额在一百万元以上且占实际数额百分之三十以上的；

4. 虽未达到上述数额标准，但二年内因提供虚假证明文件受过二次以上行政处罚，又提供虚假证明文件的；

5. 其他情节严重的情形。

其中“虽未达到上述数额标准”，是指接近上述数额标准且已达到该数额的百分之八十以上的。

（四）犯罪处罚

自然人犯本罪，情节严重的，处五年以下有期徒刑或者拘役，并处罚金；有下列情形之一的，处五年以上十年以下有期徒刑，并处罚金：

1. 提供与证券发行相关的虚假的资产评估、会计、审计、法律服务、保荐等证明文件，情节特别严重的；

2. 提供与重大资产交易相关的虚假的资产评估、会计、审计等证明文件，情节特别严重的；

3. 在涉及公共安全的重大工程、项目中提供虚假的安全评价、环境影响评价等证明文件，致使公共财产、国家和人民利益遭受特别重大损失的。

有上述行为，同时索取他人财物或者非法收受他人财物构成犯罪的，依照处罚较重的规定定罪处罚。

单位犯本罪的，对单位判处罚金，并对其直接负责的主管人员和其他直接责任人员，依照上述的规定处罚。

四十九、出具证明文件重大失实罪

出具证明文件重大失实罪是指承担资产评估、验资、验证、会计、审计、法律服务、保荐、安全评价、环境影响评价、环境监测等职责的中介组织的人员严重不负责任，出具的证明文件有重大失实，造成严重后果的行为。

（一）犯罪构成

1. 犯罪主体

犯罪主体为特殊主体，即承担资产评估、验资、验证、会计、审计、法律服务、保荐、安全评价、环境影响评价、环境监测等职责的中介组织的人员。单位是指承担资产评估、验资、验证、会计、审计、法律服务等职责的中介组织，即指会计师事务所、审计师事务所及律师事务所等社会中介机构。资产评估人员是指法定资产评估机构中的注册会计师、资产评估师等承担资产评估职责的人员。验资人员是指法定验资机构中的注册会计师等承担验资职责的人员。验证人员是指法定验证机构对公司财务报告的真实性、准确性和可信性进行审查、核实的人员。会计人员是指会计师事务所中的会计师。审计人员是指审计师事务所中对公司的财务会计报表、公司在合并、分立、清算时的审计业务以及法律、行政法规规定的其他业务进行审计的人员。法律服务人员是指律师事务所中的律师以及其他从事法律服务的人员。安全评价人员是指在安全评价机构从事安全评价业务的安全评价师及其他人员。环境影响评价人员是指环境影响评价机构的专业技术人员。环境监测人员是指环境监测机构从事环境监测的专业技术人员。

2. 犯罪客体

犯罪侵害的客体是国家市场管理秩序，犯罪对象是资产评估报告、验资证明、验证证明、审计报告、安全评价报告、环境影响评价报告、环境监测报告等中介证明。其中，资产评估报告是指资产评估人对公司的物产、工业产权、非专利技术、土地使用权等资产折抵资本经过评估所出具的报告。

3. 主观方面

犯罪主观方面是过失，即应当预见自己严重不负责任，可能造成证明文件的重大失实，产生严重后果，却因疏忽大意没有预见或者虽有预见但轻信能够避免，造成证明文件的重大失实，并发生了严重后果。

4. 客观方面

犯罪客观表现为严重不负责任，出具的证明文件有重大失实，造成严重后果。

(1) 发生严重不负责任的行为。这是构成犯罪的前提，如果完全因受蒙蔽无法发现或确因受到水平、能力限制而没有发现，不能以本罪论处。严重不负责任表现为该为而不为，马马虎虎草率应付，不认真。如因公司经营作风好、资信能力强等导致过分相信而不作为，不经评估、不经验资、不经验证、不经审计等即出具相应的证明文件。不认真表现为走马观花，不全面、不仔细，不认真核实就出具有关证明文件。如果明知道公司经营管理混乱、资信能力差而不作为或者因收受贿而不作为，属于故意犯罪，应以提供虚假证明文件罪论处。

(2) 行为人的失职行为造成了证明文件重大失实。失实即指证明文件有虚假内容。重大失实是指内容与实际情况有重大出入，与事实不符，如全部内容或者重要内容失实等。

(3) 行为人的失职行为造成严重后果。没有造成危害后果或虽造成危害后果但不严重，不能以本罪论处。“严重后果”是指给国家、公司、股东等造成重大经济损失；造成极为恶劣的影响；造成市场秩序甚至社会秩序严重混乱的；等等。

(二) 立案标准

承担资产评估、验资、验证、会计、审计、法律服务、保荐、安全评价、环境影响评价、环境监测等职责的中介组织的人员严重不负责任，出具的证明文件有重大失实，涉嫌下列情形之一的，应予立案追诉：

1. 给国家、公众或者其他投资者造成直接经济损失数额在一百万元以上的；

2. 其他造成严重后果的情形。

（三）犯罪处罚

自然人犯本罪，造成严重后果的，处三年以下有期徒刑或者拘役，并处或者单处罚金。

单位犯本罪的，对单位判处罚金，并对其直接负责的主管人员和其他直接责任人员，依照上述的规定处罚。

五十、逃避商检罪

逃避商检罪是指违反进出口商品检验法的规定，逃避商品检验，将必须经商检机构检验的进口商品未报经检验而擅自销售、使用，或者将必须经商检机构检验的出口商品未报经检验合格而擅自出口，情节严重的行为。

（一）犯罪构成

1. 犯罪主体

犯罪主体是一般主体，包括单位和个人。实际构成其罪的单位是非法销售使用和出口应当经过商检而未经商检的进出口商品的单位及个人，如应当进行商检申报工作的进出口商品的收货、发货单位及个人。

2. 犯罪客体

犯罪侵犯的是国家对进出口商品检验的管理秩序。犯罪对象必须是根据进出口商品检验的商品种类表和其他法律、行政法规规定必须经商检机构检验的进出口商品。对不在这一范围内的商品的擅自销售、使用不构成本罪。

3. 主观方面

犯罪主观表现为过失。这是针对行为可能造成重大经济损失的结果而言的，行为人对这种结果应当预见但因疏忽大意而没有预见，或者虽已预见其可能发生，却轻信能够避免，而发生严重危害结果。逃避商检的行为本身是故意，即明知行为违法仍然决意为之。

4. 客观方面

犯罪客观表现为违反国家进出口商品检验法的规定，逃避国家对进出口商品的检验，情节严重的行为。

(1) 违反国家进出口检验法的行为是犯罪成立的前提。我国法律规定，对依法应予进行检验的进出口商品必须在国家特定的商检部门检验允许后才能进行进出口。检验的内容包括商品的质量、规格、数量、重量、包装以及是否符合卫生、安全的要求等。如果无视法律规定，逃避国家对进出口商品的检验，就可能构成本罪。依照进出口商品检验法的规定，逃避检验的非法行为包括三种：对应当进行检验的进口商品，未报经检验而擅自在境内销售或使用的；对应当进行检验的出口商品，未报经检验合格后就擅自出口的；经过商检机构的抽查检验，认为是不合格的商品而擅自出口的。

如果行为人按照规定进行出口商品检验，由于商品检验人员的不负责任，把不合格的商品当作合格的商品而允许出口，不构成本罪。

(2) 违反进出口商品检验法的行为达到情节严重的程度。“情节严重”主要是指造成重大经济损失。“重大经济损失”一般是指直接经济损失达到巨大的标准，这里的“直接经济损失”是指与行为有着直接因果关系而造成公共财产毁损、减少的实际价值，如因出口不合格产品而造成外商索赔的赔偿金，进出口商品因延误时间而腐烂变质造成的经济损失，等等。

(二) 立案标准

违反进出口商品检验法的规定，逃避商品检验，将必须经商检机构检验的进口商品未报经检验而擅自销售、使用，或者将必须经商检机构检验的出口商品未报经检验合格而擅自出口，涉嫌下列情形之一的，应予立案追诉：

1. 给国家、单位或者个人造成直接经济损失数额在五十万元以上的；

2. 逃避商检的进出口货物货值金额在三百万元以上的；

3. 导致病疫流行、灾害事故的；

4. 多次逃避商检的；

5. 引起国际经济贸易纠纷，严重影响国家对外贸易关系，或者严重损害国家声誉的；

6. 其他情节严重的情形。

（三）犯罪处罚

自然人犯本罪，情节严重的，处三年以下有期徒刑或者拘役，并处或者单处罚金。

单位犯本罪的，对单位判处罚金，并对其直接负责的主管人员和其他直接责任人员，依照上述的规定处罚。

第六章

国有企业职务犯罪的预防与调查处置

一、国有企业职务犯罪预防

国有企业职务犯罪的出现原因是多方面的，因而预防国有企业职务犯罪必然是一项综合性工作，需要运用政治的、经济的、法律的、行政的、文化的、教育的手段进行综合治理。

在预防工作的运行机制上应实行企业内部与外部力量尤其是专门机关相结合，形成联手预防的合力。要充分发挥纪检监察机关的作用，强化对国有企业的监督管理。聚焦政治建设，紧盯风险薄弱环节，充分发挥巡视巡察、派驻监督的作用，强化监督执纪问责，扎实推进国有企业党风廉政建设和反腐败工作。政府专门机关和有关部门可以起到较好的预防引导和指导作用，企业则应从自身实际出发，制定相应措施，将预防工作与企业管理结合起来。在预防措施上应当坚持教育先行，奠定基础；健全制度，形成保障；监督到位，落实制度。首先，通过广泛开展廉洁教育，将廉洁教育与企业文化建设结合起来，使企业人员从内心深处摒弃贪念。其次，从制度建设上为企业廉洁建设提供坚实的保障，特别是要重视企业制度建设，使企业运营合乎规范，减少失范行为。最后，加强监督，充分发挥职能部门作用，使企业监督制约机制发挥作用。

概括而言，预防国有企业职务犯罪应当在坚持不断加大惩治力度的同时，突出抓好以下几项工作：

1. 按照现代企业制度的要求，建立健全规范的制度平台，加强公司、企业管理。企业制度是企业产权制度、企业组织形式和经营管理制度的总和，其核心是产权制度，企业组织形式和经营管理制度以产权制度为基础。企业形式的不同决定了公司、企业制度的不同，应分别根据不同的形式，依据不同的法律制度对公司、企业进行制度改造。公司法对有限责任公司和股份有限公司进行了全面规范。根据公司法的要求，应建立适应市场经济要求的现代企业制度，健全法人结构，建立健全权力机构、决策机构、监督机构和经营管理者之间各负其责、协调运转、有效制衡的法人治理结构，形成决策、管理、运行、监督全面完善的管理制度，让企业自主经营，自负盈亏。从加强决策的民主化入手，建立健全国有企业的决策、执行和监督体系，使决策更加符合民主化、制度化、法律化的要求，尽量减少决策失误。应当强化责任，加强对资产运营的监督管理。应当严格按会计法规定健全财务管理制度，加强财务管理，严格企业预算、决算和审计制度，清理和严格禁止“小金库”，严格对收据、发票的管理。理顺劳资关系，规范企业经营者和劳动者的收入分配，使经营者的劳动和贡献大小与收入分配形成正比关系，避免经营者心理失衡。

2. 坚持社会主义市场经济改革方向，深入、全面进行国有企业改革，建立真正适应社会化大生产和市场经济要求的现代企业制度。这包括两个方面的问题：一是从政府宏观层面，进行政府机构改革。持续深化政企分开、政资分开，理顺政府与企业关系，完善企业管理体制和国有资产管理体制，将更多的经营权力下放企业，让企业自主经营，强化企业的市场竞争意识和能力。政府应当建立健全宏观经济调控体系，实施金融、财政、税收、投资、计划等改革，为企业创造良好的环境；培育市场体系、建立市场中介组织，健全市场经济法律规章制度，为企业真正走向市场、按市场规律运作创造良好的条件。二是从国有企业来讲，作为发展新质生产力的主阵地和主力军，深化国资国企改革必须有更加开放的思维观念，敢于打破一切不合时宜的体制机制障碍，推动国有企业公司治理、经营机制、管理模式等与时俱进，以新型生产关系的构建促进新质生产力的发展。三是要加强监督引导。重点围绕国企重组、并购、破产、清算等领域，强化对国企改革过程监督。要防止发生转移、侵吞国有资产，防止贪污、挪用公款，防止利用改革之机收受贿赂，防止不负责任地贱卖、甩卖国有资产等渎职行为，以及防止发生滥用权力、输送利益等行为。

3. 重点加强国有企业领导班子建设。国有企业高级管理层的水平、能力和廉洁状况，直接影响、决定企业的健康发展。管理层的言行直接影响公司、企业员工的理念和行为，建立一支高素质的国有企业管理队伍，对于推进公司、企业廉洁建设十分必要。首先，应当建立优秀企业家、经理人的选拔机制。通过公开、公平和公正的竞争，遴选优秀经营者，与职业经理人培训结合起来。其次，建立有利于优秀企业家、经理人成长、发展的管理、评价体系，设立统一的政治和业务标准体系，制定考核程序，严格素质和业务考评，保证他们有良好的发展条件和环境，培养市场经济条件下职业经理人队伍。再次，建立有效评价和淘汰机制，实行优胜劣汰。把任期经济责任审计结果和资产评估结果作为考察企业领导人员资格的重要参考依据。对国企高管，建立科学的激励机制，引入以绩效评价为基础的竞争机制。吸取社会人员公开竞争上岗，接受市场竞争，积极推动改善经营管理，遏制腐败冲动。建立廉洁档案，对不合格或者有劣迹的应当及时取消任职资格。最后，建立良好的保障机制，保障企业家、经理人的合法权益和福利待遇。

4. 健全监督机制，对公司、企业权力形成有效监控。国有企业党委（党组）书记和纪检部门负责人，要把“两个责任”牢牢地扛在自己肩上，抓好对落实“两个责任”的督促检查。国有企业应当依法建立健全监督机制，明确股东大会、董事会、监事会和经理层的职责，使其各负其责，协调运转，有效制衡。党组织的主体监督作用和纪检监察的专责监督作用，形成对国有企业权力的有力监督。股东大会可以以听证的方式参与企业经营决策并实行监督，以防止权力滥用，一旦发现问题应当及时查处。应当切实赋予职工代表大会对企业经营者考核、质询、评议、奖惩的权力。实行厂务公开，促使经营管理更加民主、客观、公正、科学。应当加强工会、职工代表大会以及职工的民主监督。稳步推行会计委派制度，逐步建立起现代企业财务会计制度，尤其是杜绝国有企业经营者“花销一支笔”现象。

对于国有企业和其他一些国有参股的公司、企业，国有资产管理部门应当充分履行监督职责，充分发挥作用，保证国有资产的安全、运营、增值，促进国有企业领导廉洁履职。加快国资国企在线监管系统建设和实用化水平提升，对于“三重一大”等重大事项，探索推进穿透式监管，强化董事会监督作为出资人监督重要延伸作用，用好企业内部各类监督力量，持续推动监管向基层企业延伸、向境外企业延伸。加强出资人监督与各类监督力量的贯通协同，完善业务监督、综合监督、责任追究三位一体的出资人监督体系，加大违规经营责任追究力度，真正让监督“长牙”“带电”。

对国有大型企业的稽查不能只限于账面监督，必须深入跟踪监督，避免企业建两本账，杜绝私设“小金库”现象。通过强化审计监督与会计监督，对公司、企业的主要负责人和其他经营、管理人员实行任前审计、离任审计和年度审计制度，对主办会计实行统管统派，以防止有关人员与财会人员相互勾结，共同作案。深入贯彻落实中央办公厅、国务院办公厅《关于进一步加强财会监督工作的意见》，加强对国有企业、上市公司、金融企业等的财务、会计行为的监督，严肃查处财务数据造假、出具“阴阳报告”、内部监督失效等突出问题。

5. 关口前移，抓早抓小，重点强化企业合规审查，纠正不规范行为，加大对违规违纪行为的查纠和处理。在企业内部要重点增强制度刚性，强化制度落实，严格执行规章制度，推进制度化、规范化管理，对违反制度和规定的行为及时予以纠正。对违纪违法行为要严格查处，对相关人员给予必要的党纪政务处分，让他们引以为戒、知止知敛，避免向职务犯罪恶化发展。

6. 广泛开展廉洁教育，坚持常抓不懈，努力做到深入人心。要通过形式多样的廉洁教育，使得廉洁意识深入每个公司、企业员工的内心世界，覆盖企业的每个角落。充分发挥党建工作在思想政治教育和廉洁教育方面的优势，依靠党团组织来凝聚人、教育人，想方设法增强公司、企业领导人员主动抵御腐败侵蚀的能力。另外，还可以将廉洁教育同企业文化结合起来，以企业文化为载体营造廉洁从业的良好氛围。

二、国有企业职务犯罪的调查处置

国有企业职务犯罪的调查与刑事处置是指专门机关对国有企业职务犯罪进行的调查、侦查、强制措施、审查起诉、审判和判决执行等工作。从企业风险控制的角度讲，在进入调查和刑事处置之后，国有企业要做两件事，一是尽力将犯罪对企业生产、经营和管理的影响降到最低，二是要充分利用机会扩大案件调查与刑事处置的预防效果。

国有企业职务犯罪的调查与刑事处置重点在于案件调查和对当事人的处理，是以专门机关为中心的案件处理活动，国有企业应当积极配合。这里的专门机关包括纪检监察机关、公安机关、人民检察院、人民法院和刑罚执行机关等。专门机关在处理刑事案件时有基本的法律遵循，应当严格按党纪国法的要求和相关的工作原则进行。实践中分两个阶段，第一个阶段是调查阶段，即对国有企业职务犯罪进行调查，主要由纪检监察机关负责。纪检监察机关根据监察法对涉嫌职务违法、职务犯罪的国有企业公职人员开展调查。第二个阶段是刑事处置，也就是在纪检监察机关调查之后，依法移送检察机关审查起诉，进入司法程序。

（一）对国有企业职务犯罪的调查处理

实践中，必须坚持一体推进不敢腐、不能腐、不想腐，正确区分存量与增量，紧盯腐败和风险多发的重点领域和关键环节，严厉惩处权力寻租、利益输送、侵害国家和群众利益的腐败问题，坚决防止腐败问题引发系统性风险。

1. 关于管辖对象

监察法第三条规定了监察委员会的职能，各级监察委员会是行使国家监察职能的专责机关，依照本法对所有行使公权力的公职人员进行监察，调查职务违法和职务犯罪，开展廉政建设和反腐败工作，维护宪法和法律的尊严。监察法的出台、各级监察委员会的成立，实现了监察对象的全覆盖。监察法第十五条规定了监察机关监察范围，列为六大类。其中，将国有企业管理人员单列为一类。

监察法实施条例第四十条进一步明确规定："监察法第十五条第三项所称国有企业管理人员，是指国家出资企业中的下列人员：（一）在国有独资、全资公司、企业中履行组织、领导、管理、监督等职责的人员；（二）经党组织或者国家机关，国有独资、全资公司、企业，事业单位提名、推荐、任命、批准等，在国有控股、参股公司及其分支机构中履行组织、领导、管理、监督等职责的人员；（三）经国家出资企业中负有管理、监督国有资产职责的组织批准或者研究决定，代表其在国有控股、参股公司及其分支机构中从事组织、领导、管理、监督等工作的人员。"

2. 关于案件范围

根据监察法，监察机关依照监察法和有关法律规定履行监督、调查、处置职责，对涉嫌贪污贿赂、滥用职权、玩忽职守、权力寻租、利益输送、徇私舞弊以及浪费国家资财等职务违法和职务犯罪进行调查。监察法实施条例进一步明确了监察机关的调查范围，对监察机关调查违法和犯罪职责作出规定，列出职务违法的客观行为类型，列举了监察机关有权管辖的 101 个职务犯罪罪名。

对于国有企业来讲，主要涉及以下犯罪：

一是贪污贿赂犯罪等贪利、谋利型职务犯罪，包括贪污罪、挪用公款罪、受贿罪、单位受贿罪、利用影响力受贿罪、行贿罪、对有影响力的人行贿罪、对单位行贿罪、单位行贿罪、介绍贿赂罪、巨额财产来源不明罪、隐瞒境外存款罪、私分国有资产罪、非国家工作人员受贿罪、对非国家工作人员行贿罪、对外国公职人员、国际公共组织官员行贿罪、职务侵占罪、挪用资金罪。

二是渎职型犯罪，包括故意泄露国家秘密罪，过失泄露国家秘密罪，签订、履行合同失职被骗罪，国有公司、企业、事业单位人员失职罪，国有公司、企业、事业单位人员滥用职权罪，徇私舞弊低价折股、出售国有资产罪，非法经营同类营业罪，为亲友非法牟利罪。

三是安全责任型犯罪，包括重大责任事故罪，消防责任事故罪，重大劳动安全事故罪，强令违章冒险作业罪，危险作业罪，不报、谎报安全事故罪，铁路运营安全事故罪，重大飞行事故罪，大型群众性活动重大安全事故罪，危险物品肇事罪，工程重大安全事故罪。

四是其他一些犯罪，大部分是经济犯罪。如背信损害上市公司利益罪，金融工作人员购买假币、以假币换取货币罪，利用未公开信息交易罪，诱骗投资者买卖证券、期货合约罪，背信运用受托财产罪，违法运用资金罪，违法发放贷款罪，吸收客户资金不入账罪，违规出具金融票证罪，对违法票据予以承兑、付款、保证罪，非法转让、倒卖土地使用权罪。

3. 调查处理的基本原则

根据监察法，监察机关调查国有企业公职人员职务犯罪，应当依法独立行使监察权、与有关部门相互配合、互相制约，要求依法予以协助，在调查中应当遵循以下基本原则：严格遵照宪法和法律，以事实为根据，以法律为准绳；在适用法律上一律平等，保障当事人的合法权益；权责对等，严格监督；惩戒与教育相结合，宽严相济。

一是以事实为根据，以法律为准绳。事实是前提，是基础和根据，法律是标准、尺度，二者相互联系，缺一不可。“以事实为根据”，主要是指无论公职人员是否违法犯罪，违法犯罪是轻还是重，要以事实为根据，对事实情况既不夸大，也不缩小，做到客观公正。“以法律为准绳”，是指监察机关开展监督调查处置工作，包括案件线索处置、初核、立案、调查、作出处置决定等，都要以监察法等法律法规为标准。

二是在适用法律上一律平等，保障当事人的合法权益。“在适用法律上一律平等”，是指监察机关对所有监察对象，不论民族、职业、出身、性别、教育程度都应一律平等地适用法律，不允许有任何特权。“保障当事人的合法权益”，是指严格遵循相关法律规定，不得违法侵犯公民、法人和其他组织的合法权益。这里的“当事人”，既包括被调查人也包括涉案人员等其他人员。

三是权责对等，严格监督。这是对党的十八大以来管党治党做法和经验的总结，体现了行使权力和责任担当相统一的思想。有多大的权力就要承担多大的责任，权力就是责任，有权必有责，有责要担当。需要强调的是，纪检监察机关既要监督乱作为，也要管消极的不作为、慢作为，保证公权力正确行使。

四是惩戒与教育相结合，宽严相济。惩前毖后、治病救人，是我们党的一贯方针，是我们党从丰富的实践经验和深刻的历史教训中总结出来的。历史证明，只有坚持这一方针，才能达到既严明法纪又团结同志的目的。惩戒与教育相结合，宽严相济原则是惩前毖后、治病救人方针在纪检监察工作中的具体体现。

在实践中，还要做到坚决、慎重、准确。对职务犯罪严格执法，依法办案，排除各种干扰和阻力。调查办案中重证据，重调查研究，依法进行，于法有据，符合法定条件，法律手续齐备。依法严格区分罪与非罪、此罪与彼罪的界限，既要坚决打击犯罪，又要保护无罪者的合法权益。如果发现错案，应当及时纠正。善于运用政策，教育、挽救失足者。对国有企业职务犯罪定罪量刑时应遵守全面处罚的原则，在对国家工作人员进行刑事制裁的同时，进行党纪、政务处分。对犯罪情节轻微不需要判处刑罚的，要根据案件的不同情况，予以训诫或责令具结悔过、赔礼道歉、赔偿损失，或者由主管部门给予处分。司法实践中，根据犯罪社会危害性的大小、犯罪情节、犯罪动机、犯罪后的认罪态度，进行区别对待。对主动自首、揭发他人犯罪行为、有立功表现的，应当按照法律规定建议减轻或者免除处罚，对拒不悔罪的犯罪分子应当严厉惩处。

4. 调查措施

根据监察法规定，监察机关行使监督、调查职权，有权依法向有关单位和个人了解情况，收集、调取证据。有关单位和个人应当如实提供。纪检监察机关调查国有企业职务犯罪案件，为收集、获取证据，核实、查明违纪违法事实可以采取必要的措施。具体包括谈话、讯问、询问、查询、冻结、调取、查封、扣押、搜查、勘验检查、鉴定、留置12项措施，以及提请有关机关采取的技术调查、限制出境、通缉3项措施。

谈话。谈话是就有关情况与监察对象和相关人员进行交谈，以核实有关问题。根据监察法规定，对可能发生职务违法的监察对象，监察机关按照管理权限，可以直接或者委托有关机关、人员进行谈话或者要求说明情况。

讯问。讯问是为核实有关问题，通过提问和回答的方式，取得印证被调查人涉嫌职务犯罪的供述以及其他情况。根据监察法规定，在调查过程中，涉嫌贪污贿赂、失职渎职等职务犯罪的被调查人，监察机关可以进行讯问，要求其如实供述涉嫌犯罪的情况。

询问。询问是指与有关证人进行谈话。根据监察法规定，在调查过程中，监察机关可以询问证人等人员。

查询、冻结。查询是在调查过程中对涉案单位和个人财产，通过公安、民航、铁路、电讯、银行、证券、邮政等部门进行核查，以获取相关数据和信息的活动。冻结，是向有关部门出具法律文书，在一定时间内中止资金交易、使用，以防止涉案资金转移。根据监察法规定，监察机关调查涉嫌贪污贿赂、失职渎职等严重职务违法或者职务犯罪，根据工作需要，可以依照规定查询、冻结涉案单位和个人的存款、汇款、债券、股票、基金份额等财产。有关单位和个人应当配合。冻结的财产经查明与案件无关的，应当在查明后三日内解除冻结，予以退还。

调取、查封、扣押。监察机关在调查职务违法、职务犯罪过程中发现被调查人涉嫌职务违法或者职务犯罪的财物、文件和电子数据等信息，为防止隐匿、毁灭证据，需要及时、全面、准确地收集、固定，可以采取调取、查封、扣押措施。根据监察法规定，监察机关在调查过程中，可以调取、查封、扣押用以证明被调查人涉嫌违法犯罪的财物、文件和电子数据等信息。采取调取、查封、扣押措施，应当收集原物原件，会同持有人或者保管人、见证人，当面逐一拍照、登记、编号，开列清单，由在场人员当场核对、签名，并将清单副本交财物、文件的持有人或者保管人。对调取、查封、扣押的财物、文件，监察机关应当设立专用账户、专门场所，确定专门人员妥善保管，严格履行交接、调取手续，定期对账核实，不得毁损或者用于其他目的。对价值不明物品应当及时鉴定，专门封存保管。查封、扣押的财物、文件经查明与案件无关的，应当在查明后三日内解除查封、扣押，予以退还。

搜查。搜查是指监察机关依法对人的身体、物品、住处进行搜索、检查，以收集犯罪证据，查获犯罪嫌疑人的活动。根据监察法规定，监察机关可以对涉嫌职务犯罪的被调查人以及可能隐藏被调查人或者犯罪证据的人的身体、物品、住处和其他有关地方进行搜查。在搜查时，应当出示搜查证，并有被搜查人或者其家属等见证人在场。搜查女性身体，应当由女性工作人员进行。

勘验检查。勘验检查是监察机关运用专门知识和科技手段，对与职务违法、职务犯罪有关的场所、物品、人身等进行查看了解、检验和检查，发现和固定违法犯罪活动遗留下来的各种痕迹和物品。根据监察法规定，监察机关在调查过程中，可以直接或者指派、聘请具有专门知识、资格的人员在调查人员主持下进行勘验检查。勘验检查情况应当制作笔录，由参加勘验检查的人员和见证人签名或者盖章。

鉴定。鉴定是指监察机关就案件中的专门性问题，指派或者聘请具有专门知识的人，根据数据、证据、经验和分析，进行科学鉴别和判断，本着客观、公正原则提出专门性意见即鉴定意见。根据监察法规定，监察机关在调查过程中，对于案件中的专门性问题，可以指派、聘请有专门知识的人进行鉴定。鉴定人进行鉴定后，应当出具鉴定意见，并且签名。

留置。留置是将涉嫌职务违法、职务犯罪的人员限制在特定场所的强制性措施。根据监察法规定，被调查人涉嫌贪污贿赂、失职渎职等严重职务违法或者职务犯罪，监察机关已经掌握其部分违法犯罪事实及证据，仍有重要问题需要进一步调查，对于涉及案情重大、复杂的，或者可能逃跑、自杀的，可能串供或者伪造、隐匿、毁灭证据的，或者可能有其他妨碍调查行为的，经监察机关依法审批，可以将其留置在特定场所。对涉嫌行贿犯罪或者共同职务犯罪的涉案人员，监察机关也可以依法采取留置措施。

技术调查。技术调查是监察机关对涉嫌重大贪污贿赂等职务犯罪根据需要，委托公安机关通过技术手段获取证据和信息的措施。根据监察法规定，监察机关调查涉嫌重大贪污贿赂等职务犯罪，根据需要，经过严格的批准手续，可以采取技术调查措施，按照规定交有关机关执行。

限制出境。限制出境是对特定人员采取的禁止、限制、控制出境措施。根据监察法规定，监察机关为防止被调查人及相关人员逃匿境外，经省级以上监察机关批准，可以对被调查人及相关人员采取限制出境措施，由公安机关依法执行。对于不需要继续采取限制出境措施的，应当及时解除。

通缉。通缉是公安机关对在逃的犯罪嫌疑人或者罪犯发布命令进行缉拿、追捕的措施。根据监察法规定，依法应当留置的被调查人如果在逃，监察机关可以决定在本行政区域内通缉，由公安机关发布通缉令，追捕归案。通缉范围超出本行政区域的，应当报请有权决定的上级监察机关决定。

5. 调查程序

监察机关对国有企业职务犯罪进行调查主要是基于报案或者举报，或者调查过程中发现、掌握的线索。对于群众信访举报，监察机关按照程序开展工作，对反映的问题线索进行处置。对监察对象的问题线索，应当按照有关规定提出处置意见，履行审批手续，进行分类办理。

涉嫌违纪或者职务违法、职务犯罪的问题线索，有可查性的，一般都要经过初步核实，通过收集客观证据，查证问题事实，然后作出相应处置。需要采取初步核实方式处置问题线索的，监察机关应当依法履行审批程序，成立核查组。初步核实工作结束后，核查组应当撰写初步核实情况报告，提出处理建议。承办部门应当提出分类处理意见。初步核实情况报告和分类处理意见报监察机关主要负责人审批。

初步核实是一个初步调查核实的过程。经过初步核实，可能出现不同的结果。有的监察对象仅仅涉嫌违规违纪，不涉嫌职务犯罪，则依规依纪作出处理。对于监察对象涉嫌职务违法犯罪，需要追究法律责任的，监察机关应当按照规定的权限和程序办理立案手续。根据监察法规定，监察机关主要负责人依法批准立案之后，应当主持召开专题会议，研究确定调查方案，决定需要采取的调查措施。立案调查决定应当向被调查人宣布，并通报相关组织。涉嫌严重职务违法或者职务犯罪的，应当通知被调查人家属，并向社会公开发布。

立案之后，监察机关对职务违法和职务犯罪案件实施调查，采取调查措施，依法收集被调查人有无违法犯罪以及情节轻重的证据，查明违法犯罪事实，形成相互印证、完整稳定的证据链。对于需要采取留置措施的，应当由监察机关领导人员集体研究决定。采取留置措施，应严格履行审批程序。

在调查结束之后，应根据调查结果，对被调查对象依法作出处置，对违法取得的财物，依法予以没收、追缴或者责令退赔。对有职务违法行为但情节较轻的公职人员，按照管理权限，直接或者委托有关机关、人员，进行谈话提醒、批评教育、责令检查，或者予以诫勉；对违法的公职人员依照法定程序作出警告、记过、记大过、降级、撤职、开除等政务处分决定；对不履行或者不正确履行职责负有责任的领导人员，按照管理权限对其直接作出问责决定，或者向有权作出问责决定的机关提出问责建议。对没有证据证明被调查人存在违法犯罪行为的，应当撤销案件，并通知被调查人所在单位。

对涉嫌职务犯罪的，监察机关经调查认为犯罪事实清楚，证据确实、充分的，制作起诉意见书，连同案卷材料、证据一并移送人民检察院依法审查、提起公诉，对涉嫌犯罪取得的财物，应当随案移送人民检察院。对监察机关移送的案件，人民检察院依照刑事诉讼法对被调查人采取强制措施，对案件进行审查，依法决定起诉或者不起诉。

（二）刑事处置

1. 刑事处置的基本原则

刑法的基本原则是刑事实体法所特有的、贯穿于刑事立法和刑事司法之中的基本准则。我国刑法规定了罪刑法定、刑法面前人人平等、罪责刑相适应三项基本原则，为刑法所特有，贯穿于立法和司法全过程之中。刑事诉讼基本原则是经司法实践总结和概括出来，用以指导司法人员准确理解刑事诉讼法，解决刑事诉讼法执行过程中遇到的法律适用问题，保障办案质量，以实现刑事诉讼法的目的和任务的基本准则，包括：侦查权、检察权、审判权由专门机关行使；分工负责，互相配合，互相制约；独立行使审判权、检察权；法律监督；未经法院判决不得确定任何人有罪；有权获得辩护；有权用本民族语言文字进行诉讼；保障诉讼参与人诉讼权利；对一切公民在适用法律上一律平等；严格遵守法定程序；不追究刑事责任不能追诉；以事实为根据，以法律为准绳；依靠群众；审判公开；两审终审；追究外国人刑事责任适用我国刑事诉讼法；国际司法协助；等等。

司法实践中，具体处置刑事案件时主要遵循以下几项基本原则：

（1）罪刑法定原则。罪刑法定即“法无明文规定不为罪”“法无明文规定不受罚”。我国刑法规定了罪刑法定原则，即法律明文规定为犯罪行为的，依照法律定罪处刑，法律没有明文规定为犯罪行为的不得定罪处刑。罪刑法定原则的具体要求为：罪刑法定化，犯罪和刑罚必须由法律事先明文规定，不允许法官擅断；罪刑要实定化，刑法应对构成犯罪的行为和犯罪的具体法律后果作出实体性规定；罪刑要明确化，刑法条文必须文字表达确切、意思清楚，不得含糊其词、模棱两可。司法机关在具体办理个案时必须以事实为根据，严格按刑法明文规定的犯罪的罪状和法定刑，以刑法的原则为指导，准确定罪，恰当判刑，不得偏离法律条文的规定滥定罪、滥处刑。司法机关应当在忠于法律规定的原意和符合法律规范含义的范围之内正确进行司法解释。

（2）罪责刑相适应原则。也称罪刑相适应原则、罪刑相当原则。其基本含义是罪行大小与刑事责任的刑罚轻重应当相称，重罪重判、轻罪轻判。也就是说，被告人犯多大的罪就应承担多大的刑事责任，人民法院应当综合考虑犯罪的社会危害和行为人的人身危险，分析罪轻罪重和刑事责任大小，从而确定其刑事责任程度，适用相应轻重的刑罚，判处被告轻重相当的刑罚，做到重罪重罚、轻罪轻罚，罪刑相称、罚当其罪。

罪责刑相适应原则首先体现在刑事立法中。我国刑法规定："刑罚的轻重，应当与犯罪分子所犯罪行和承担的刑事责任相适应。"为了保证做到罪责刑相适应，我国刑法确立了科学的刑罚体系，各种刑罚方法相互区别，相互衔接，可以分别根据不同情况灵活运用。同时对犯罪区别对待，根据犯罪行为的社会危害和人身危害的大小，规定了轻重有别的处罚原则。我国刑法采取轻重不同的量刑幅度，根据犯罪的性质和不同犯罪的社会危害性程度的不同，建立了严密的罪名体系，为具体的个罪设置了有弹性的、幅度较大的法定刑。

罪责刑相适应原则在刑事司法中体现为：要贯彻量刑原则，定罪、刑事责任与量刑相对应；要根据个案中罪行的轻重准确确立被告人刑事责任大小，精确地判处刑罚；要正确适用刑罚制度，如考虑从轻、从重、减轻、免除刑罚的法定情节制度，累犯从重处罚制度，自首和立功从轻、减轻、免除处罚制度，数罪并罚制度，缓刑制度，减刑制度，假释制度，等等。

（3）适用法律人人平等原则。这是现代法治原则的重要组成部分。刑事处置人人平等原则是法律面前人人平等原则在刑事领域的体现。我国刑法规定，"对任何人犯罪，在适用法律上一律平等。不允许任何人有超越法律的特权"。刑事诉讼法规定，对于一切公民，在适用法律上一律平等。这一原则的含义：一是公民不分民族、种族、性别、职业、家庭出身、宗教信仰、教育程度、财产状况、居住期限，一律平等享有宪法和法律规定的权利，同时平等履行宪法和法律规定的义务。二是公民合法权益一律平等地受到保护，对违法行为一律依法追究，决不允许任何违法犯罪分子逍遥法外。三是不允许任何公民享有法律以外的特权，任何人不得强迫任何公民承担法律以外的义务，不得使公民受到法律以外的处罚。

适用法律人人平等原则要求：任何人犯罪都应当受到刑事追究；任何人受到犯罪侵害都应受到刑法保护；任何人不得享有超越法律规定的特权；对于一切犯罪行为一律平等适用刑法，定罪量刑时不得因犯罪人的社会地位、家庭出身、职业状况、财产状况、政治面貌、才能业绩差异而区别对待；不同被害人的同等权益，应受到刑法的同样保护。

在司法实践中，专门机关办理刑事案件，应贯彻法律面前人人平等原则，对一切公民的合法权益都依法给予保护，对一切公民的违法犯罪行为都依法予以追究。一是追诉平等。对任何人犯罪，都适用同样的起诉标准。二是定罪平等。对任何人犯罪，都适用相同的定罪标准，不能因人而异，对同样的犯罪事实确定不同的犯罪性质。三是量刑平等。如果犯罪性质相同、犯罪情节相同，就应适用相同的量刑标准。四是行刑平等。执行刑罚时，应当按照法律规定，不允许有特殊的受刑人，在执行减刑、假释等方面不允许有人享受特权。另外，适用刑法人人平等原则与犯罪人或被害人的特定个人情况对定罪量刑的合理影响并不冲突。在刑事立法、司法中，如果犯罪分子的主体情况、被害人的个人情况对犯罪的社会危害以及犯罪人主观恶性的大小有影响，应在适用刑法时有所区别。

（4）未经法院判决不得确定任何人有罪的原则。根据刑事诉讼法规定，未经人民法院依法判决，对任何人都不得确定有罪。实行未经法院判决不得确定任何人有罪的原则或无罪推定原则，有利于增强人们的法制观念，进一步完善社会主义法制，有利于保障人民法院统一行使审判权，保障犯罪嫌疑人和被告人的合法权益免遭不法侵犯，有利于促进文明司法、民主司法，防止搞有罪推定。未经法院判决不得确定任何人有罪的原则的基本含义和要求：只有法院有确定某人有罪的权力。在人民法院的发生法律效力的判决宣告前，不能在法律上确定任何人有罪。人民法院的一切判决都必须是依法作出的。

（5）不追究刑事责任不能追诉的原则。本原则的意义在于保障国家的追诉权能得到统一正确行使，防止扩大追诉范围，保障依法不应受到刑事追究的人不被追诉和判罪。根据刑事诉讼法规定，有下列情形之一的，不追究刑事责任，已经追究的，应当撤销案件或者不起诉，或者终止审理，或者宣告无罪：情节显著轻微，危害不大，不认为是犯罪的；犯罪已过追诉时效期限的；经特赦令免除刑罚的；依照刑法告诉才处理的犯罪，没有告诉或者撤回告诉的；犯罪嫌疑人、被告人死亡的；其他法律规定免予追究刑事责任的。

不追究刑事责任不能追诉的原则实际上包括两方面内容：一是不追究刑事责任的情形，法律规定有六种情形。二是对有不追究刑事责任情形的案件的处理，即根据法律规定，只要有不追究刑事责任的六种情形中的任何一种，就不能追究刑事责任，不能进行追诉；如果在刑事诉讼开始前，已经发现有法定不追究刑事责任的某种情形，则不能立案，也不应当立案；对于立案后在诉讼过程中发现有法定不追究刑事责任的某种情形的案件，应当采取措施终止诉讼。

（6）以事实为根据、以法律为准绳的原则。这项原则在各项刑事诉讼基本原则中处于核心地位，对于贯彻落实刑事诉讼基本原则，保障客观公正地处理案件，树立法制权威具有重要意义。根据刑事诉讼法规定，刑事诉讼必须以事实为根据、以法律为准绳。这项原则是指司法机关必须在深入调查研究、彻底查清案件事实、获取全面证据的基础上，才能依据证据，按照法律规定准确认定案件性质，对案件作出处理。以事实为根据，就是必须以查对属实的证据和凭借这些证据认定的案件事实为根据。以法律为准绳，就是必须以刑法等法律的规定为标准的衡量尺度，定罪量刑，处理案件。以事实为根据和以法律为准绳两者联系紧密，缺一不可。不以事实为根据就不可能正确适用法律，不以法律为准绳，即使以真实可靠的案件事实为根据，也不可能正确处理案件、正确定罪量刑。很多刑事犯罪案件比较复杂，案件涉及领域宽、人员多，有关账目繁多，调查取证难度大，存在难以准确划分罪与非罪的界限的情形。因此，必须全面查清事实，然后再予以定性。在查处职务犯罪案件的时候应当严格把好事实关、证据关、法律关，正确定性，准确断案，确保司法公正。

2. 单位犯罪的处罚原则

单位犯罪的处罚原则包括单罚制和双罚制。单罚制是指在单位构成犯罪的情况下，法律规定只处罚单位内部自然人或只处罚单位本身。双罚制又称为两罚制，是指在单位构成犯罪的情况下，既对单位自身进行处罚，又对单位内部的自然人进行处罚。

我国刑法对单位犯罪的处罚绝大多数是采取双罚制，实行以双罚制为主、单罚制为补充的处罚原则，即对绝大部分单位犯罪采取双罚制，对个别单位犯罪实行单罚制。根据刑法第三十一条规定，“单位犯罪的，对单位判处罚金，并对其直接负责的主管人员和其他直接责任人员判处刑罚”。也就是对单位处以罚金刑，对直接负责的主管人员和其他直接责任人员处以自由刑或罚金和没收财产。对单位判处罚金的，采用的是无限额罚金，也就是罚金的具体数额未明确规定。在司法实践中，应当根据单位犯罪行为造成的危害结果、犯罪情节、手段及被处罚单位的执行能力等具体情况，酌定适用罚金的数额。一次性缴纳罚金确有困难的，可以判令分期缴纳。对直接负责的主管人员和其他直接负责人员处以刑罚时主要以自由刑为主，当然也有适用罚金和没收财产的。

根据我国刑法，少量单位犯罪只规定了对单位直接负责的主管人员和其他直接责任人员进行处罚，对单位不适用刑罚。这主要是由于犯罪虽然是以单位形式实施，但实际上社会危害性主要体现在个人行为，如果个人不实施具体犯罪行为，也就不会产生危害结果。所以，在某些情况下只处罚单位中直接负责的主管人员和责任人员就可以了，没有必要再对单位本身进行处罚。采取单罚制的单位犯罪主要包括不为本单位谋取利益但以本单位名义实施的单位犯罪，以及处罚单位会损害无辜者利益的单位犯罪。我国刑事立法中采取单罚制的单位犯罪包括资助危害国家安全犯罪活动罪、工程重大安全事故罪、妨害清算罪、私分国有资产罪、私分罚没财物罪和违规披露、不披露重要信息罪等。

单位犯罪是自然人和单位两者共同实施的，缺少任何一方都不可能构成，因此两者都应承担刑事责任并接受刑罚。单罚制在客观上会导致犯罪主体与受刑主体分离，或者由单位完全承担，或者由自然人完全负责，存在承担刑事责任的现实不公平性。实行单罚制可能出现犯罪单位自身或内部自然人逃过刑事处罚的情况，即单位组织通过牺牲内部自然人的办法来达到犯罪目的，或者单位内部的自然人通过只处罚单位自身来满足私欲、逃避制裁，因而单罚制削弱了刑罚的威慑效力。实行双罚制是对单位犯罪行为的全面处罚，具有比单罚制更加强大的预防犯罪功能。这种对单位内部自然人和单位两方面进行处罚的办法更能体现刑罚的公正性。

3. 刑罚体系及其裁量

我国刑法规定了严格的刑罚体系，刑罚包括主刑和附加刑两大类。主刑只能独立适用，不能附加于其他刑罚适用，有管制、拘役、有期徒刑、无期徒刑、死刑五种。附加刑既可以附加适用，也可以独立适用，包括罚金、剥夺政治权利、没收财产。

(1) 主刑

管制。管制是指对犯罪分子不实行关押，依法实行社区矫正，限制其一定自由的刑罚方法。管制的期限为三个月以上二年以下，在数罪并罚时，管制最高不能超过三年。管制的刑期，从判决执行之日起计算。判决执行以前先行羁押的，羁押一日折抵刑期二日。

拘役。拘役是短期剥夺犯罪人的人身自由，就近强制进行劳动改造的一种刑罚。拘役的刑期为一个月以上六个月以下。数罪并罚时拘役不能超过一年。

有期徒刑。有期徒刑是在一定期限内剥夺犯罪分子的人身自由，在监狱或者其他执行场所强制进行教育改造和劳动改造的一种刑罚方法。有期徒刑的刑期为六个月以上十五年以下。

无期徒刑。无期徒刑是剥夺犯罪分子终身自由，在监狱强制进行教育改造和劳动改造的一种刑罚。

死刑。死刑是剥夺犯罪人生命的一种刑罚，是最严厉的刑罚。在我国，死刑包括两种不同的执行制度，一是死刑立即执行，二是死刑缓期二年执行。死刑立即执行是指审判机关对犯罪人判处死刑后，判决生效即执行死刑。死刑缓期二年执行即判处死刑，缓期二年执行，强迫劳动，以观后效，通常简称“死缓”。

（2）附加刑

罚金。罚金是强制犯罪分子向国家交纳一定数量金钱的刑罚，是对犯罪人财产权益的剥夺。根据刑法规定，判处罚金，应当根据犯罪情节决定罚金数额。

剥夺政治权利。剥夺政治权利是指剥夺犯罪人参加国家管理和政治活动的权利。剥夺政治权利是一种资格刑，要剥夺的是犯罪人参加国家管理和政治活动的资格。

没收财产。没收财产是指将犯罪分子个人所有财产的一部分或者全部强制无偿收归国有的一种刑罚，是剥夺犯罪人财产权益的刑罚方法。

4. 刑罚裁量

刑罚裁量即量刑，是指人民法院对被指控犯罪的被告人依照刑法规定裁量决定刑罚的刑事审判活动。对公司、企业职务犯罪量刑要考虑以下两个方面的内容：一是犯罪的情节、手段和结果，实行区别对待。二是要适用量刑制度。量刑制度包括自首、立功、数罪并罚和缓刑制度等。自首、立功制度可以鼓励职务犯罪人主动投案，检举揭发其他人员的犯罪行为。数罪并罚是为了全面惩治犯罪。缓刑可以很好地体现惩办与宽大相结合的政策，有利于把犯罪分子改造成为守法公民。

（1）量刑情节

量刑情节是指刑罚裁量的情节，是指审判机关在对犯罪人决定刑罚适用和刑罚轻重时必须考虑的各种情节，包括法定量刑情节和酌定量刑情节。

法定情节是指刑法明文规定在量刑时审判机关应当考虑的情节。一些法定情节是硬性的，这些情节由刑法明文规定，在刑法中表述为“应当”如何裁量，在量刑时必须考虑。如刑法规定的犯罪后自首又有重大立功表现的，应当减轻或者免除处罚；“索贿的从重处罚”，即有索贿情节应当从重处罚；等等。另外一些法定情节是弹性的，可供审判机关量刑时选择适用，在刑法条文中表述为“可以”如何裁量。刑法规定犯罪较轻且自首的，可以免除处罚。刑法规定，有重大立功表现的、个人贪污数额在五千元以上不满一万元的、犯罪后有悔改表现、积极退赃的、在被追诉前主动交待向国家工作人员行贿行为的、在被追诉前主动交待介绍贿赂行为的，是可以减轻或者免除处罚的情节。

酌定情节在刑法中没有明文规定，在实践中可以根据具体情况斟酌考虑。主要包括以下几种：

犯罪的手段。不同的犯罪手段直接体现犯罪行为不同的社会危害程度，是量刑时需要考虑的重要情节。

犯罪的环境。是指实施犯罪的时间和地点。犯罪时间、地点不同，社会危害程度就不同。

犯罪的对象。犯罪的对象不同，社会危害程度就不同。例如，贪污救灾款、扶贫款比贪污某一普通企业的货款危害要严重。

犯罪的结果。犯罪结果可以是犯罪的直接结果，也可以是间接结果，能够表明犯罪对社会造成的损害程度。如因企业经理贪污造成企业破产，因收受贿赂而泄露国家秘密造成严重损失。

犯罪的动机。犯罪动机表现出犯罪人的主观恶性，如出于追求享乐动机而贪污、侵占，与因家庭困难而贪污、侵占，动机差别很大。

犯罪后的态度。犯罪后的态度能够反映犯罪人危险性的大小和接受教育改造的难易。如犯罪后坦白认罪、主动退回赃款的，与犯罪后拒不认罪、拒不退赃的，认定的情节明显不同。

犯罪人的一贯表现。一贯遵守法律、道德的人偶然犯罪，与一贯不守法、不讲道德的人多次违法犯罪不同。当然，看一贯表现必须实事求是，不能为假象所蒙骗。

（2）自首

根据刑法规定，自首是指犯罪人在犯罪以后自动投案，如实供述自己的罪行，或者被采取强制措施的犯罪嫌疑人、被告人和正在服刑的罪犯如实供述司法机关还未掌握的本人的其他罪行的行为。

自首的前提条件是犯罪人自动投案，没有这个前提就谈不上自首。自动投案是指犯罪人在犯罪之后、归案之前，主动、直接向司法机关交待自己的犯罪事实，听候处理，包括三种基本情况：在犯罪事实和犯罪人都没有被发现的情况下自动投案；在犯罪事实已被发现但不知犯罪人是谁的情况下自动投案；在犯罪事实和犯罪人都已经被发现，但是司法机关还没有采取强制措施的情况下自动投案。

实践中，以下情况都应视为自动投案：犯罪嫌疑人向所在单位、城乡基层组织或者有关负责人员投案的；因病、因伤或者为减轻犯罪后果，委托他人先代为投案的；先以信函、电话投案的；在罪行尚未被发觉，但经盘问、教育后主动交代罪行的；犯罪后逃跑，在被通缉、追捕过程中主动投案的；经查实确已准备去投案或正在投案途中被捕获的。犯罪嫌疑人并非出于主动，而是经亲友规劝、在亲友陪同下投案的；或者经司法机关通知犯罪嫌疑人的亲友，或者亲友主动报案后，将犯罪嫌疑人送去投案的情况，也应视为自动投案。但是，犯罪嫌疑人自动投案后又逃跑的，不能认定为自首。

犯罪人自首必须如实供述自己的罪行，而且是如实供述自己的全部罪行，这是自首成立的根本条件。这一条件包括以下几个方面：犯罪人供述的必须是自己的罪行，如果供述的是与己无关的他人的罪行，那是检举而非自首。犯罪人供述的必须是自己的全部罪行，不能有任何隐瞒。

全部罪行是指犯罪人的主要犯罪事实，而不只是犯罪过程的一些细节。犯罪人供述罪行的方式多种多样，可以是口头的，也可以是书面的，或者其他方式，只要是如实供述全部罪行，即为自首。

司法实践中，犯有数罪的犯罪嫌疑人如果仅仅如实供述所犯数罪中的部分犯罪，只能对如实供述部分的犯罪认定自首。共同犯罪的犯罪嫌疑人，除如实供述自己的罪行外，还应供述其所知的同案犯，主犯应供述所知的其他同案犯的共同犯罪事实，才能认定为自首。

被采取强制措施的犯罪嫌疑人、被告人和正在服刑的罪犯，如实供述司法机关还未掌握的本人的其他罪行的，是特殊自首。特殊自首既包括被采取强制措施的未决犯，也包括正在服刑的已决犯。罪犯必须如实供述司法机关还未掌握的自己的其他罪行，而不是他人的罪行，必须是司法机关正在审查的罪行或正在服刑之罪以外的其他罪行，而不能只是补充已经为司法机关所知罪行的犯罪细节。

我国刑法规定了对自首从宽处罚的原则。刑法规定："对于自首的犯罪分子，可以从轻或者减轻处罚。其中，犯罪较轻的，可以免除处罚。""犯罪分子……有重大立功表现的，可以减轻或者免除处罚。""可以从轻或者减轻处罚"是处罚自首犯的总原则和基本出发点。自首犯中犯罪较轻的，对犯罪人从宽的幅度是"可以免除处罚"，对有重大立功表现的自首犯，应当减轻或者免除处罚。

（3）立功

根据刑法规定，立功是指犯罪分子揭发他人的犯罪行为并经查证属实的，或者是提供重要线索，从而使得其他案件得以侦破等的表现。司法实践中，协助司法机关抓捕没有归案的同案犯，阻止他人犯罪，或者具有其他利于国家和社会的突出表现的等，也应当视为立功。

立功包括一般立功和重大立功。一般立功是指犯罪分子揭发他人犯罪行为经查证属实是较轻的犯罪，或者司法机关根据犯罪分子提供的线索侦破的案件是一般的犯罪案件。重大立功是指犯罪分子检举、揭发他人重大犯罪行为，经查证属实，或者提供侦破其他重大案件的重要线索经查证属实的，或者阻止他人重大犯罪活动，或者协助司法机关抓捕其他重大犯罪嫌疑人（包括同案犯），或者对国家和社会有其他重大贡献等表现的。“重大犯罪”“重大案件”“重大犯罪嫌疑人”的标准，一般是指犯罪嫌疑人、被告人可能被判处无期徒刑以上刑罚或者案件在本省、自治区、直辖市或者全国范围内有较大影响等情形。

根据刑法规定，有一般立功表现的犯罪分子，“可以从轻或者减轻处罚”，有重大立功表现的，“可以减轻或者免除处罚”。

（4）数罪并罚

根据刑法规定，一人在判决宣告以前犯有数罪，或者在判决宣告以后、刑罚执行完毕以前，发现被判刑的犯罪分子在判决宣告以前还有其他罪没有判决，或者被判刑的犯罪分子在刑罚执行完毕以前又犯新罪，审判机关依照刑法规定的数罪并罚原则和方法，对犯罪分子所犯的数罪进行合并处罚。可见，数罪并罚实际上是审判机关对一人所犯数罪的合并处罚。

适用数罪并罚的前提是犯罪人犯有数罪，可能都是职务犯罪，也可能包括其他刑事犯罪。根据刑法规定，判决宣告以后，刑罚执行完毕以前，发现犯罪分子在判决宣告以前还有其他罪没有判决，即使没有判决的罪和已经判决的罪属于同一种类犯罪，也应当实行数罪并罚；判决宣告以后，刑罚执行完毕以前，犯罪分子又犯新罪，即使所犯的新罪和已经判决的罪属于同一种类的数罪，也应当实行数罪并罚。

刑法第六十九条规定：“判决宣告以前一人犯数罪的，除判处死刑和无期徒刑的以外，应当在总和刑期以下、数刑中最高刑期以上，酌情决定执行的刑期，但是管制最高不能超过三年，拘役最高不能超过一年，有期徒刑总和刑期不满三十五年的，最高不能超过二十年，总和刑期在三十五年以上的，最高不能超过二十五年。数罪中有判处有期徒刑和拘役的，执行有期徒刑……数罪中有判处附加刑的，附加刑仍须执行……”

具体来说，数罪并罚的原则包含三个含义：一是数刑中只要有一个是死刑或无期徒刑的，应当执行死刑或者无期徒刑。二是数刑中有两个以上有期徒刑、两个以上拘役，或者两个以上管制的，应当在总和刑期以下、数刑中最高刑期以上，酌情决定应当执行的刑期。但是管制最高不能超过三年，拘役最高不能超过一年，有期徒刑总和刑期不满三十五年的，最高不能超过二十年。就是说，对犯数罪的有期徒刑犯、拘役犯、管制犯不能无限加重处罚。三是如果数罪中判处有附加刑的，附加刑仍须执行。

根据我国刑法，数罪并罚有三种不同情况：

判决宣告以前，一人犯有数罪的。应当对所犯各罪分别裁量刑罚，然后根据第六十九条规定的原则和方法，决定应当执行的刑罚。

"先并后减"，是将原判决确定的刑罚与对新发现罪所判刑罚进行并罚，然后从新判决所定刑期中将已经执行的刑期减去。

"先减后并"，是将前罪没有执行的刑罚与新犯罪所判刑罚进行并罚，犯罪分子已经执行的刑期，不计算在新判决确定的刑期之内。

（5）缓刑

缓刑是指对被判处拘役或者三年以下有期徒刑的犯罪分子，根据犯罪情节和悔罪表现，认为适用缓刑确实不致再危害社会的，人民法院可以在宣判刑罚的同时宣告缓刑，规定一定的考验期限，暂缓执行所判的刑罚。在缓刑考验期限内，被宣告缓刑的犯罪分子如果没有犯新罪，没有发现在判决宣告以前还有未判决的罪，也没有违反法律、行政法规或者国务院公安部门有关缓刑监督规定且情节严重的情况，原判刑罚就不再执行。

根据刑法规定，适用缓刑必须符合以下三个条件：缓刑适用的对象必须是被判处拘役或者三年以下有期徒刑的犯罪分子；适用缓刑的对象必须是犯罪情节比较轻微，悔罪表现比较好，不致再危害社会的犯罪分子；不是累犯。

缓刑有一定的考验期限，即对适用缓刑的犯罪分子进行考察的一定期限。对适用缓刑的犯罪分子应当在刑法所规定的考验期限内考察其表现，然后根据犯罪分子的表现决定是否需要执行原判刑罚。根据刑法规定，拘役的缓刑考验期限为原判刑期以上一年以下，但是不能少于二个月。有期徒刑的缓刑考验期限为原判刑期以上五年以下，但是不能少于一年。缓刑的考验期限从判决确定之日起计算，判决确定之日就是判决发生法律效力之日。判决以前先行羁押的时间不能折抵缓刑的考验期限。被宣告缓刑的犯罪分子原判刑罚不再执行，是指原判的主刑不再执行，如果犯罪分子在主刑之外还被判处有附加刑，附加刑仍然应当执行而不受主刑缓刑的影响。

根据刑法规定，被宣告缓刑的犯罪分子，在缓刑考验期限内应遵守以下规定：遵守法律、行政法规，服从监督；按照考察机关的规定报告自己的活动情况；遵守考察机关关于会客的规定；离开所居住的市、县或者迁居，应当报经考察机关批准。

被宣告缓刑的犯罪分子在缓刑考验期限内由公安机关考察，所在单位或者基层组织予以配合。根据缓刑犯在缓刑考验期限内的表现，可以有不同的处理结果：

缓刑犯在缓刑考验期限内如果又犯新罪，或者发现在判决宣告以前还有其他罪没有判决的，应当撤销缓刑，对新犯的罪或者新发现的罪作出判决，把前罪和后罪所判处的刑罚进行合并，实行数罪并罚。刑法对新犯的罪和新发现的罪没有特别规定，应该理解为无论新犯的罪和新发现的罪是什么性质的犯罪，也无论是故意犯罪还是过失犯罪，罪轻还是罪重，都应当撤销缓刑，按照数罪并罚的原则处理。

缓刑犯在缓刑考验期限内如果违反法律、行政法规或者国务院公安部门有关缓刑的监督管理规定，情节严重的，应当撤销缓刑，执行原判的刑罚。

缓刑犯在缓刑考验期限内如果没有上述情况，缓刑考验期满，原判的刑罚就不再执行，并且应当公开予以宣告。

另外，刑法还针对军人犯罪规定了特别缓刑制度：“在战时，对被判处三年以下有期徒刑没有现实危险宣告缓刑的犯罪军人，允许其戴罪立功，确有立功表现时，可以撤销原判刑罚，不以犯罪论处。”

5. 对职务犯罪的非刑事处罚

除刑罚之外，在某些特定的情况下，人民法院可以采取刑罚以外的方法对犯罪人进行处理，即非刑罚处理。非刑罚处理不是刑罚，不具有刑罚所产生的法律后果，但是也很重要。

非刑罚处理包括赔偿损失、训诫、责令具结悔过、赔礼道歉。赔偿损失即人民法院根据犯罪人给被害人造成的损失情况判处犯罪人给予被害人一定的经济赔偿。训诫是指人民法院对情节轻微的犯罪分子当庭予以谴责和教育。责令具结悔过是指人民法院责令情节轻微的犯罪分子以书面形式保证改过并不再重犯。赔礼道歉是指人民法院责令情节轻微的犯罪分子向被害人承认错误并表示歉意。

人民法院对情节轻微不需要判处刑罚的犯罪分子，可以交由主管部门，由主管部门给予这些人一定的处理，如警告、记过、留用察看、开除等，对职务犯罪分子给予处分的做法比较普遍。同时，纪检监察机关可以给予党纪处分和政务处分。根据监察法规定，监察机关根据监督、调查结果，依法作出如下处置：一是对有职务违法行为但情节较轻的公职人员，按照管理权限，直接或者委托有关机关、人员，进行谈话提醒、批评教育、责令检查，或者予以诫勉；二是对违法的公职人员依照法定程序作出警告、记过、记大过、降级、撤职、开除等政务处分决定；三是对不履行或者不正确履行职责负有责任的领导人员，按照管理权限对其直接作出问责决定，或者向有权作出问责决定的机关提出问责建议。

国有公司、企业中很多工作人员是党员。如果国有企业人员违犯党纪，将受到党纪处分。实施党纪处分，是指党的组织和纪律检查机关及其工作人员，依照一定的程序运用纪律对违犯党纪的行为进行定性、量纪的专门活动。对党员的处分有五种：警告、严重警告、撤销党内职务、留党察看、开除党籍。

（1）警告。这是最轻的一种党纪处分，适用于违纪情节较轻而又必须给予党纪处分的党员。受到警告处分的一年时间内，不得在党内提升职务，也不得向党外组织推荐担任高于原任职务的党外职务。

（2）严重警告。重于警告，适用于违纪性质和情节比较严重的党员。在受到严重警告处分后的一年半时间内，不得在党内提升其职务，也不得向党外组织推荐其担任高于原任职务的党外职务。

（3）撤销党内职务。重于警告和严重警告，适用于所犯错误性质、情节严重的违纪党员。对于在党内担任两个以上职务的，党组织在作处分决定时，应当明确是撤销其一切职务还是一个或者几个职务。如果决定撤销其一个职务，必须撤销其担任的最高职务。如果决定撤销其两个以上职务，则必须从其担任的最高职务开始依次撤销。对于在党外组织担任职务的，应当建议党外组织依照规定作出相应处理。对于应当受到撤销党内职务处分，但是本人没有担任党内职务的，应当给予其严重警告处分。同时，在党外组织担任职务的，应当建议党外组织撤销其党外职务。党员受到撤销党内职务处分，或者依照前述规定受到严重警告处分的，二年内不得在党内担任和向党外组织推荐担任与其原任职务相当或者高于其原任职务的职务。

（4）留党察看。属于党纪重处分，适用于严重违犯党纪，但尚未完全丧失共产党员条件的党员。留党察看分为留党察看一年、留党察看二年。在留党察看期间，受留党察看处分的党员没有表决权、选举权和被选举权。留党察看处分期满后确已改正错误的，应按期恢复其党员权利。在留党察看期间坚持错误不改的，期满后应开除其党籍。在留党察看期间又犯应受党纪处分错误的，应开除其党籍。受留党察看处分的党员不能继续担任党内领导职务。给予留党察看处分之时，自然撤销其原任的党内职务，不需在处分决定中另外写明撤销其党内职务。如果其在党外组织担任领导职务，应在给予留党察看处分的同时建议党外组织撤销其党外职务。对受到留党察看处分的党员，在恢复党员权利后的二年时间内，不得让其在党内担任，也不得向党外组织推荐其担任与原任职务相当或高于原任职务的工作。

（5）开除党籍。这是党内的最重纪律处分，适用于严重违犯党的纪律，已丧失共产党员条件的党员。受到开除党籍处分的党员在五年时间内不准重新入党。另有规定不准重新入党的，按有关规定执行。受到开除党籍处分的党员受处分前的党内职务自然撤销，党组织同时要建议党外组织撤销其党外职务。如果本人在五年以后向党组织提出重新入党申请，除党中央规定不得重新入党者外，经过党组织严格审查，符合党员条件的可以重新入党。

这里还要补充的是，《国有企业管理人员处分条例》已经 2024 年 4 月 26 日国务院第 31 次常务会议通过，自 2024 年 9 月 1 日起施行。作为《公职人员政务处分法》的配套行政法规，《条例》制定坚持依法处分原则，将散见于现行法律、行政法规以及党中央、国务院有关文件中对国有企业领导人员、有关责任人员应予追究法律责任的有关规定进行梳理、归集，在与公职人员政务处分法保持衔接一致的基础上，进一步细化国有企业管理人员违法行为及处分的适用，对处分的程序、申诉等作出具体规定。

需要指出的是，对公职人员的违法行为，《公职人员政务处分法》规定了由监察机关给予政务处分，由任免机关、单位给予处分。政务处分和处分本质上都是对违法的公职人员追究责任，实施对象都是公职人员，主要区别是实施主体不同：由监察机关作出的是政务处分；由国有企业管理人员任免机关、单位作出的是处分。

实践中，对违法犯罪的党员，应当按照规定给予党纪处分，做到适用纪律和适用法律有机融合，党纪政务等处分相匹配。这就需要在处置程序上有机融合、处分档次上相互匹配，实现执纪执法贯通，发挥党纪和国法的协同作用。

图书在版编目（CIP）数据

国有企业职务犯罪风险防控/李卫国编著．—北京：中国方正出版社，2024.7

ISBN 978-7-5174-1180-2

Ⅰ.①国…　Ⅱ.①李…　Ⅲ.①国有企业—职务犯罪—预防犯罪—研究—中国　Ⅳ.①D924.304

中国国家版本馆 CIP 数据核字（2023）第 057174 号

国有企业职务犯罪风险防控

GUOYOU QIYE ZHIWU FANZUI FENGXIAN FANGKONG

李卫国　**编著**

责任编辑：张晓双　安乐明
责任校对：周志娟
责任印制：李惠君

出版发行：中国方正出版社
（北京市西城区广安门南街甲 2 号　邮编：100053）
编辑部：（010）59594619　出版部：（010）59594625
发行部：（010）66560645　门市部：（010）66562733
网址：www. lianzheng. com. cn
经　　销：新华书店
印　　刷：保定市中画美凯印刷有限公司

开　　本：787 毫米×1092 毫米　1/16
印　　张：23
字　　数：316 千字
版　　次：2024 年 7 月第 1 版　2024 年 7 月北京第 1 次印刷

ISBN 978-7-5174-1180-2　　定价：68.00 元